全国职业院校智能网联汽车新形态工作手册式教材
全国技工院校智能网联汽车工学一体化教材

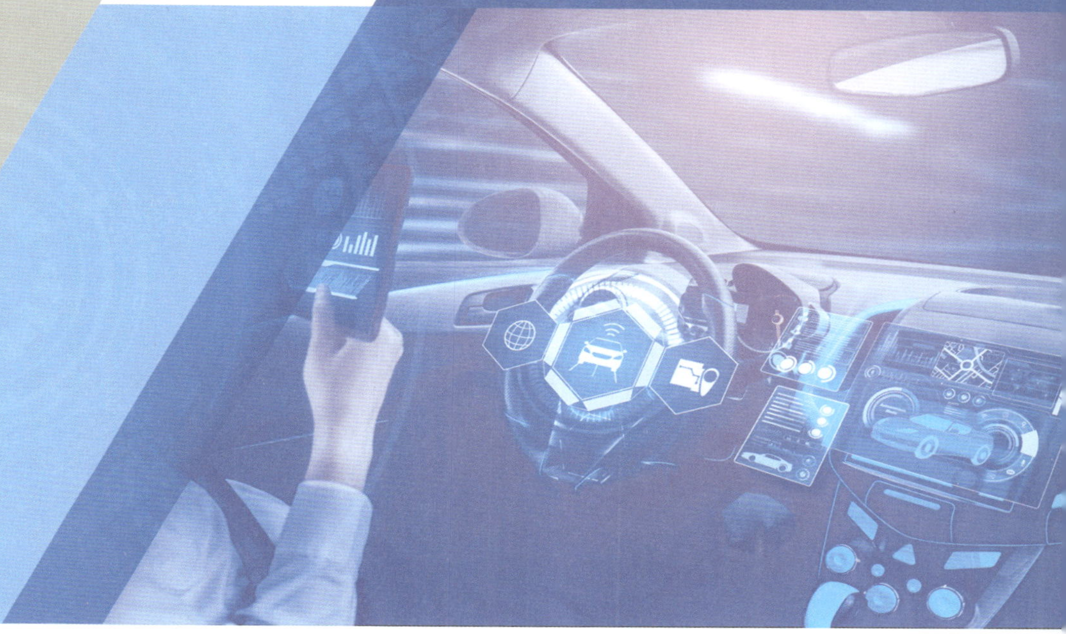

智能网联汽车电控系统检修

中德诺浩汽车职业教育研究院　组织编写

主　编　王洪佩　吕丕华
副主编　谢先树　郭复欣　童晓红
参　编　文　建　杨　曼　李　元

中国劳动社会保障出版社

内容简介

本书以新一代汽车企业岗位（群）任职要求、职业标准、典型工作任务为主体内容，以“教、学、做”合一的形式编写而成，具有工作手册和教材的共同特征。全书共有 4 个情境、16 个任务，内容包括电源管理系统检修、燃油供给系统检修、点火控制系统检修、进气控制系统检修、排放控制系统检修、混合动力控制系统检修、防抱死制动系统（ABS）检修、双离合变速器控制系统检修、无级变速器控制系统检修、胎压监控系统（TPMS）检修、自动空调控制系统检修、电动座椅控制系统检修、电控中央门锁控制系统检修、电控防盗系统检修、自适应巡航控制系统（ACC）检修、碰撞预警系统检修等。

本书可作为职业院校与技工院校智能网联汽车相关专业教学用书，也可作为汽车企业相关技术人员与社会人士培训参考用书。

图书在版编目（CIP）数据

智能网联汽车电控系统检修 / 王洪佩，吕丕华主编 . -- 北京：中国劳动社会保障出版社，2023
全国职业院校智能网联汽车新形态工作手册式教材　全国技工院校智能网联汽车工学一体化教材
ISBN 978-7-5167-5980-6

Ⅰ. ①智…　Ⅱ. ①王…②吕…　Ⅲ. ①汽车 - 智能通信网 - 电气控制系统 - 车辆检修 - 技工学校 - 教材　Ⅳ. ①U463.67

中国国家版本馆 CIP 数据核字（2023）第 182619 号

中国劳动社会保障出版社出版发行
（北京市惠新东街 1 号　邮政编码：100029）
*
三河市华骏印务包装有限公司印刷装订　　新华书店经销

880 毫米 ×1230 毫米　16 开本　18.5 印张　395 千字
2023 年 10 月第 1 版　　2023 年 10 月第 1 次印刷
定价：66.00 元

营销中心电话：400-606-6496
出版社网址：http://www.class.com.cn
http://jg.class.com.cn

前言

近年来，我国汽车产销总量连续位居全球第一，汽车产业已发展成为我国国民经济重要的战略性、支柱性产业。伴随新一轮科技革命和产业变革，智能网联汽车已成为全球汽车产业发展的战略方向。

党的二十大报告指出，“坚持把发展经济的着力点放在实体经济上，推进新型工业化，加快建设制造强国、质量强国、航天强国、交通强国、网络强国、数字中国”。国家发展和改革委员会等部门印发的《智能汽车创新发展战略》提出，“发展智能汽车，有利于提升产业基础能力，突破关键技术瓶颈，增强新一轮科技革命和产业变革引领能力，培育产业发展新优势”，具有重要的战略意义。与之呼应，汽车产业对于高素质技术技能型人才的需求越来越紧迫。

根据中共中央办公厅、国务院办公厅印发的《关于加强新时代高技能人才队伍建设的意见》，为贯彻落实全国职业教育大会精神，为我国汽车产业提供有力的人才和技能支撑，编者团队以岗位职业技能为核心，以优化课程结构、加强实践教学、突出能力培养和提高教材质量为突破口，编写了这套职业院校智能网联汽车新形态工作手册式教材。

本套教材融入企业新知识、新技术、新工艺、新方法，根据汽车产业链典型岗位工作标准，将智能网联汽车理论知识与实践应用有机结合，综合培养学生的专业知识、技术技能、职业道德等职业综合素质和行动能力，具有以下特点：

（1）产教融合，内容前瞻。集合职业院校与龙头企业等多方力量，依据职业教育国家专业教学标准，按照生产实际和岗位需求，将新技术、新工艺、新规范、典型生产案例纳入教材内容，对接职业标准和岗位（群）能力要求。

（2）理实结合，工学一体。以真实生产项目、典型工作任务等为载体，把握学生认知规律，体现先进职业教育理念，将工作过程和学习过程融为一体，培养学生的综合职业能力。

（3）模式先进，编排合理。采取行动导向教学模式，按照结构化、模块化、系统化的要求精心编排教材内容，满足项目学习、案例学习、模块化学习等不同学习方式的需求。

（4）形态创新，数字引领。采用工作手册式教材形式，图、文、表并茂，“岗课赛证”融通，配套数字资源形式多样、信息技术应用充分，附有专属二维码便于使用者浏览和学习，有效激发学生的学习兴趣和创新潜能。

（5）课程思政，导向明确。内容编写坚持正确的政治方向和价值导向，落实课程思政要求，弘扬劳动光荣、技能宝贵、创造伟大的时代风尚，培育劳模精神、劳动精神和工匠精神。

（6）彩色印刷，制作精良。全书采用彩色印刷，版面清晰，主题明确，满足理论及实训等多种教学场景。

本套教材可作为职业院校智能网联汽车相关专业核心教材，也可作为其他汽车类专业的专业课教材和拓展课教材使用，同时还可供从事汽车研究、设计、制造、使用和维修的工程技术人员学习和参考。

智能网联汽车技术是传统汽车技术与信息技术、人工智能、通信技术、传感器技术等新技术的深度融合，整个行业还在不断地创新探索技术和服务的内容、模式，加之编写团队水平有限，使本书在一些具体问题的处理上难免有不尽如人意之处，敬请广大读者批评指正！

《智能网联汽车电控系统检修》由菏泽职业学院王洪佩、中德诺浩（北京）教育科技股份有限公司吕丕华担任主编，贵州电子科技职业学院谢先树、枣庄职业学院郭复欣、合肥职业技术学院童晓红担任副主编，贵州电子科技职业学院文建、杨曼、李元参加编写。

此外，本教材在编写过程中还得到了相关行业、企业，以及职业院校产、学、研各方面的专家和技术骨干的参与和支持，在此致以诚挚的谢意。

编　者

Contents 目录

情境一
动力电控系统检修

情境介绍

当今智能网联汽车能够达到智能、安全、可靠、经济、舒适的性能表现，得益于动力电控系统在智能网联汽车上的应用。智能网联汽车动力电控系统作为整个车辆结构中的核心系统，对车辆性能的好坏起着至关重要的作用，它不仅会影响车辆的正常运行，还会引发安全隐患，当智能网联汽车动力电控系统出现故障时，如何合理地运用检修技术快速有效地诊断及排除故障是维修人员面临的主要问题。要检修智能网联汽车动力电控系统出现的故障，需首先掌握动力电控系统的结构、控制原理，还要能熟练掌握、运用电控系统故障诊断方法，这也是排除汽车动力电控系统故障的能力基础。

本情境包含电源管理系统检修、燃油供给系统检修、点火控制系统检修、进气控制系统检修、排放控制系统检修、混合动力控制系统检修 6 个工作任务，具体内容主要包括电源管理系统、燃油供给系统、点火控制系统、进气控制与排放控制系统、混合动力控制系统等的功能、结构、控制原理、常见故障现象及故障原因分析、故障诊断思路及故障排除方法。

▸ 能根据电源管理系统组成及控制原理，结合故障现象、电路图、故障码及数据流分析，确定故障范围，运用故障诊断思路及检修方法，正确使用检修工具和设备，规范完成电源管理系统故障检修。

▸ 能根据燃油供给系统结构和工作原理，结合故障现象、电路图、故障码及数据流分析，确定故障范围，运用故障诊断思路及检修方法，正确使用检修工具和设备，规范完成燃油供给系统故障检修。

▸ 能根据点火控制系统组成及控制原理，结合故障现象、电路图、故障码及数据流分析，确定故障范围，运用故障诊断思路及检修方法，正确使用检修工具和设备，规范完成点火控制系统故障检修。

▸ 能根据进气控制与排放控制系统组成及控制原理，结合故障现象、电路图、故障码及数据流分析，确定故障范围，运用故障诊断思路及检修方法，正确使用检测工具和设备，规范完成进气控制与排放控制系统故障检修。

▸ 能根据混合动力控制系统基本组成和工作原理，结合故障现象、电路图、故障码及数据流分析，确定故障范围，运用故障诊断思路及检修方法，正确使用检修工具和设备，规范完成混合动力控制系统故障检修。

任务一
电源管理系统检修

任务导入

场景：某国产智能网联汽车售后维修中心

人物：客户周先生、维修技师赵师傅

情节：客户周先生出车时，启动发动机时启动困难，于是到售后维修中心更换了新蓄电池，但一周后，启动发动机时又出现了上述现象。现在，周先生向售后维修中心赵师傅提出要求重新更换新蓄电池，如果你是赵师傅，将如何针对客户周先生的要求开始检修工作呢?

任务目标

▸能运用电源管理系统组成、工作原理及数据流读取方法，正确使用检测设备，完成电源管理系统检测。

▸能根据故障现象、电路图、故障码及数据流分析，完成电源管理系统功能失效故障范围确定。

▸能正确使用检测工具和设备，规范作业流程，完成电源管理系统故障诊断与排除。

任务实施

（一）电源管理系统检测

1. 知识学习

（1）电源管理系统功能

近年来，汽车电气装置越来越多，汽车电量消耗也随之增大，为延长蓄电池的使用寿命和改善汽车的启动性能，中高端汽车上开始配置电源管理系统，用于监测车辆工作状态和蓄电池电量，控制各电气设备用电，优化发电机工作，当系统出现故障时，及时为驾驶员提供故障信息，从而延长蓄电池使用寿命，提升车辆整体性能。电源管理系统主要包括蓄电池管理、休眠电源管理、静态电源管理、动态电源管理等功能。

1）蓄电池管理

蓄电池管理主要负责蓄电池的诊断，它通过传感器持续监测蓄电池的电压、电流和温度，并将数据发送给控制器进行计算，得出蓄电池当前的充电状态和功率，并对后续状态进行预测。蓄电池管理向电源管理系统提供蓄电池当前的实时状态和所预测的性能信息，它不仅能更好地满足用电设备的功率需求，还能提高整车电气系统的经济性。

2）休眠电源管理

为了降低汽车在停放期间的电量消耗，在点火开关关闭的情况下，休眠电源管理持续监测车辆停放期间各种用电设备的电能消耗情况，依据蓄电池管理监测的蓄电池参数，控制对各种用电设备的电能供给，根据蓄电池的充电状态，逐渐关闭不必要的用电设备，从而保持汽车的启动性能。

3）静态电源管理

在发动机未工作时，为降低汽车在停放期间整车的电能消耗，在点火开关关闭的情况下，静态电源管理控制各种用电设备的电能供给，根据对蓄电池的剩余电量状态和电压的监控，会逐步关闭某些用电设备，从而保持汽车的启动性能，并延长蓄电池的使用寿命。

通过对整车用电负载进行分级管理，蓄电池传感器实时监测蓄电池的状态，在蓄电池不同状态下，对整车用电负载依次关闭电源供给，从而降低电流的消耗，保障汽车的启动能力。当发动机没有运转的情况下，蓄电池传感器监测到蓄电池电压低于某一值时，将会关闭某些不重要的用电设备，以减少蓄电池电量的进一步消耗。同时以总线信号发送给仪表进行蓄电池电压过低报警的提示信息，一般是限制或取消汽车中舒适相关的功能或对汽车行驶无影响的功能，而与车辆行车相关的功能则不能取消。由于不同厂家蓄电池的特性不同，具体的蓄电池低电压阈值需根据蓄电池的类型和供应商来确定，但需保证蓄电池电压达到低电压阈值时，仍能正常启动发动机。

4）动态电源管理

在汽车行驶期间，动态电源管理持续监测车辆行驶期间各种用电设备的电能消耗情况，并将发电机产生的电能按需分配给不同的用电设备。当发电机产生的电能超过用电设备的需求时，调节发电机的输出电压，向蓄电池供电，使其达到最佳充电状态。当发动机处于长时间怠速运转时，如果由于负载电流消耗较大而导致蓄电池电压低于某一电压，蓄电池传感器将发送发动机怠速提升信号给发动机管理系统，请求发动机提高怠速转速到一定值，从而提高发电机的输出电流，以保证电气负载的电流消耗和蓄电池的充电需求。

借助于蓄电池的相关参数，电源管理系统能够优化充电电压，并在蓄电池性能退化时采取减少整车

电气系统的负载或增加发电机输出功率（如提高发动机的怠速转速）的措施，或者同时采取以上两种措施。采取相应的措施后，若蓄电池的性能状态仍低于规定的阈值，电源管理系统就会发送相关报警信息给仪表进行显示，以提示驾驶员进行相应的处理。

（2）电源管理系统组成

电源管理系统是监测车辆工作状态和蓄电池电量，控制各电气设备用电，优化发电机工作相关控制器、传感器、执行器及控制系统的总称，它主要由发电机、蓄电池、电流传感器、电源管理控制单元、数据总线控制单元、用电设备等部件组成，如图 1-1 所示。

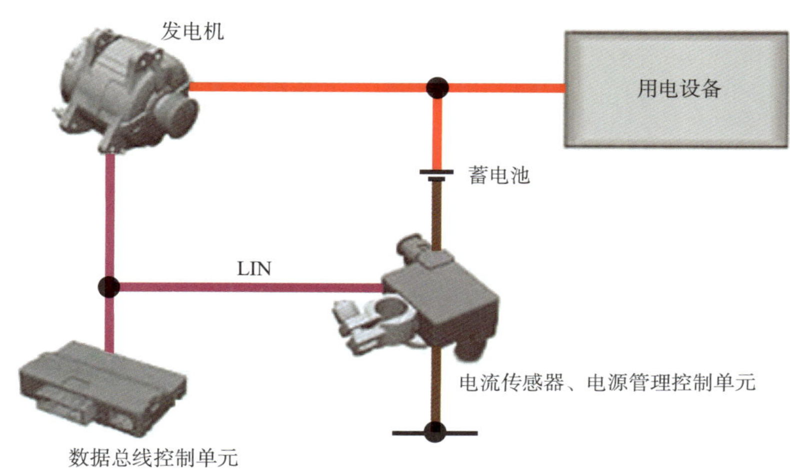

图 1-1　电源管理系统组成示意图

1）蓄电池

作为主要电源，蓄电池有发动机启动电源、稳压器、在发电机过载时作为替代电源 3 项功能。通常在蓄电池标签上会注明额定冷启动电流（CCA）和额定容量 2 个重要参数。额定冷启动电流是蓄电池在低温下启动发动机的能力指标，是指在低温（一般为 -18 ℃）条件下，12 V 蓄电池电压降至 7.2 V 前连续 30 s 释放出的电流量。额定容量是指均匀放电 20 h，可使用的电流安培数，例如 55 A · h 表示该蓄电池可以提供 2.75 A 电流连续放电 20 h，直到电压下降至 10.5 V（10.5 V 是完全放电水平，此时需对蓄电池充电）。

2）发电机

发电机由发动机传动带驱动。当发电机转子旋转时，定子线圈产生交流电（AC），通过一系列二极管整流转换为供车辆电气系统使用的直流电（DC），以维持电气负载用电，并为蓄电池充电。电压调节器与发电机控制装置集成为一体，控制转子的电流量，以此来控制发电机的输出电压。如果发电机磁场控制电路出现故障，发电机默认输出电压为 13.8 V。发动机启动后，电压调节器通过控制脉冲宽度来改变励磁电流，调节发电机输出电压，使蓄电池正常充电，电气系统正常运行。电源管理模块使用脉宽调制信号输入来确定发电机负载，向电压调节器提供一个占空比调节的电压，从而控制电压调节器接通和断开磁场电路。

3）电流传感器

如图 1–2 所示，电流传感器与蓄电池负极电缆连接，用于监测蓄电池电流，并将信号输入到电源管理控制单元中，由此计算蓄电池的充电状态、功能状况及寿命。

图 1–2　电流传感器

4）电源管理控制单元

电源管理控制单元主要执行监测蓄电池电压并判定蓄电池的状态，通过提高怠速转速和调节电压进行校正和诊断，并提醒驾驶员等功能。当点火开关置于断开位置时，蓄电池停止工作数小时后，通过测量其断路电压来判断蓄电池的充电状态。充电状态可作为一种诊断手段，以确定蓄电池的状态。点火开关置于接通位置时，电源管理控制单元根据蓄电池容量、初始充电状态和温度，持续估算充电状态。发动机运行时，蓄电池放电程度主要由电流传感器确定。此外，电源管理控制单元还用于执行电压调节控制，以改善蓄电池的充电状态和寿命。

（3）电源管理系统工作原理

如图 1–3 所示，电源管理控制单元通过 LIN 总线连接数据总线控制单元和交流发电机，通过 CAN 网络监控车辆负载用电情况，并通过 CAN 网络执行相关指令。电源管理控制单元收到电流传感器所监测的蓄电池电流信号，计算蓄电池的充电状态、功能状况，根据车辆不同工作状态信息启动不同的功能模块。

当蓄电池出现故障，电源管理系统会在仪表上出现相应的故障提示信息。电源管理系统能记录静态电压历史数据、静态电流历史数据、断路等级历史数据、蓄电池更换记录、临界电能平衡、最后 20 次行驶的电能平衡、最后 20 次驻车时间的电能平衡、发电机偶发故障历史数据、动态能量管理信号；当 CAN 舒适系统休眠、15 号接线柱至少已切断两小时、车上电流消耗小于 100 mA 时，系统开始记录数据。当电压升高、电流升高、控制单元终止休眠模式、控制单元识别出一个新蓄电池时，系统数据记录结束。

当发动机不运转，而车辆用电设备仍在工作时，电源管理系统静态电源管理功能启动，系统会根据蓄电池的充电状态请求控制单元关闭相应的用电设备。用电设备关闭分为不同等级，蓄电池的充电量越少，关闭的用电设备就越多。所需关闭用电设备由电源管理系统经数据总线控制单元来控制。当发动机运转时，电源管理系统动态电源管理功能启动，动态电能管理通过测量电气系统电压、蓄电池电流和发电机的负载情况，来调节蓄电池、加热系统、发电机、发动机的工况。

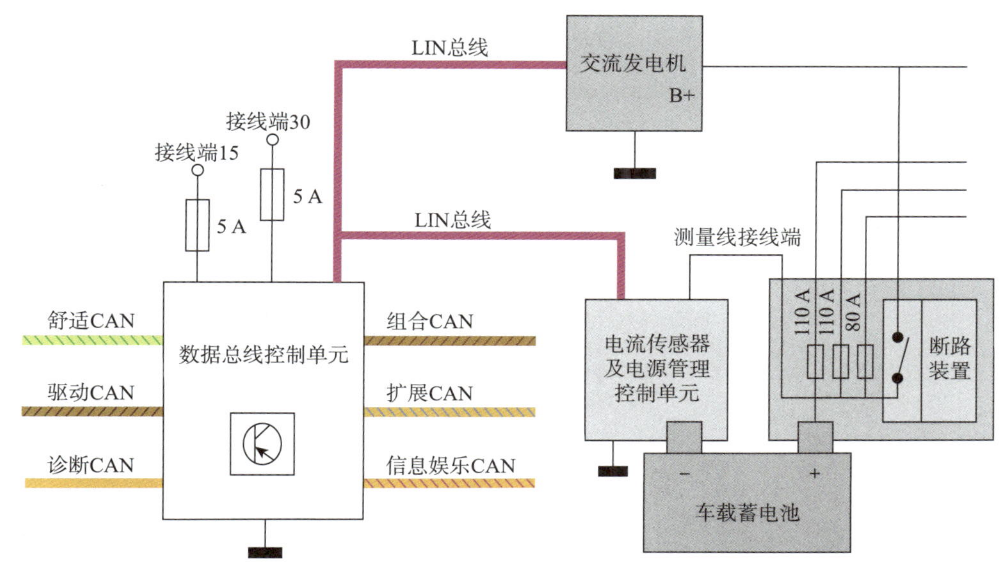

图 1-3　电源管理系统工作原理示意图

（4）电源管理系统数据流

电源管理系统数据流体现出电源管理系统各传感器及执行器的工作状态，为汽车故障诊断提供依据，技术人员可使用故障诊断仪连接车辆诊断接口读取电源管理系统，读取静态电压、静态电流、断路等级、临界能力、电能平衡等数据，与车辆维修手册标准数据进行对比，即可发现电源管理系统是否存在异常。

1）蓄电池静态电压历史数据

蓄电池静态电压历史数据是指蓄电池空载时的低于标准电压的时间和次数，它体现出蓄电池的性能，通过读取蓄电池静态电压历史数据，可以了解蓄电池之前的工作情况，为故障诊断提供必要的信息。蓄电池静态电压低于 11.5 V 以下，蓄电池处于非再生范围，较长时间的低压会导致蓄电池损坏。如果确定蓄电池较长时间低于 12.2 V 和 11.5 V，则必须检测蓄电池。

分别读取实训车辆最近一次 12.5 V/12.2 V/11.5 V 的静态电压历史数据，如图 1-4 所示，静态电压历史数据在某车型上按以下格式存储。

YYYY-MM-DD-hh-mm*DD.D*LL*GGGGG***

- YYYY-MM-DD = 日期
- hh-mm = 时间
- DD.D = 空载电压欠范围的时间（以小时计）
- LL = 蓄电池序列号
- GGGGG = 空载电压欠范围事件的总次数

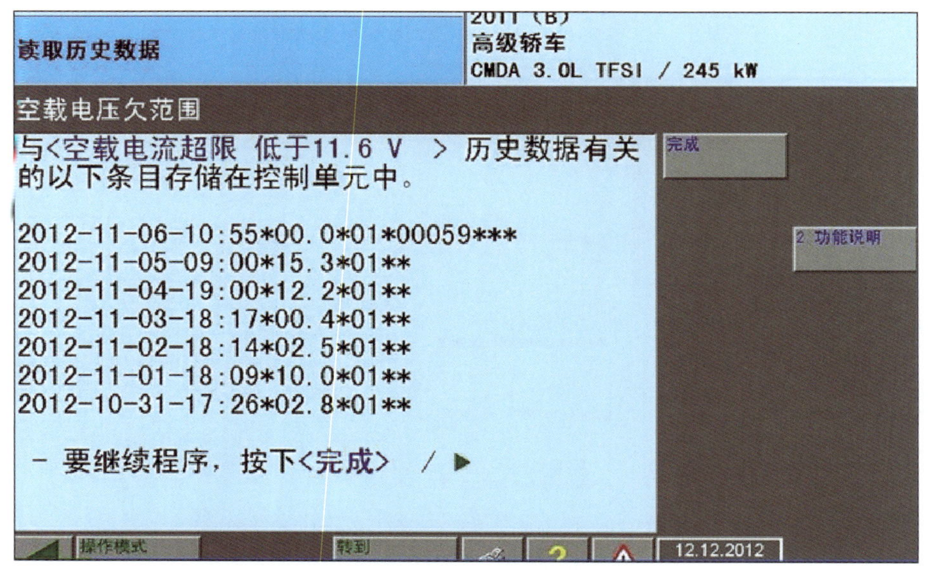

图 1-4　某车型静态电压历史数据

2）蓄电池静态电流历史数据

蓄电池静态电流历史数据是指当 CAN 舒适系统休眠、15 号接线柱至少已切断两次、车上电流消耗大于 50 mA，系统测量的电流数据；当电流等于或小于 50 mA，控制单元终止休眠模式，电流测量结束。蓄电池静态电流历史数据主要包括平均空载电流、空载电流超出规定范围的时间、可用充电量等。对较长时间的高于静态电流的分析非常重要。如果高电流的时间显示为 0 或 1，就说明高电流的时间小于或等于 1 h。如果静态电流的数值显示为 0，这是短暂的电流峰值，可以忽略。

读取实训车辆的静态电流历史数据，如图 1-5 所示，静态电流历史数据在某车型上按以下格式存储。

3）蓄电池断路等级历史数据

当蓄电池充电状态太低或蓄电池内部电阻太高或损失电容太高，当前放电电流下的蓄电池启动临界电压、充电状态小于 30% 等情况时，电源管理系统断路等级触发，系统将存储断路触发的日期、时间、蓄电池充电状态、蓄电池电流等相关数据，即蓄电池断路等级历史数据，这些对诊断排除电源管理系统故障非常重要。

YYYY-MM-DD-hh-mm*DDDD*BBB*+EE.ee*1-2-3-4-5-6*A*LL*GGGGG***

- YYYY-MM-DD = 日期
- hh-mm = 时间
- DDDD = 空载电流过范围的时间（以小时计）
- BBB = 可用充电量（以安培小时计）
- +EE.ee = 平均空载电流（以安培计）
- 1 = 危险警告灯闪烁（0= 关闭，1= 打开）
- 2 = 停车灯（0= 关闭，1= 打开）
- 3 = 侧灯（0= 关闭，1= 打开）
- 4 = 近光灯（0= 关闭，1= 打开）
- 5 = 雾灯（0= 关闭，1= 打开）
- 6 = 远光灯（0= 关闭，1= 打开）
- A = 变速箱挡位（1 不等于 P 挡，0 等于 P 挡）
- LL = 蓄电池序列号
- GGGGG = 空载电流过范围事件的总次数

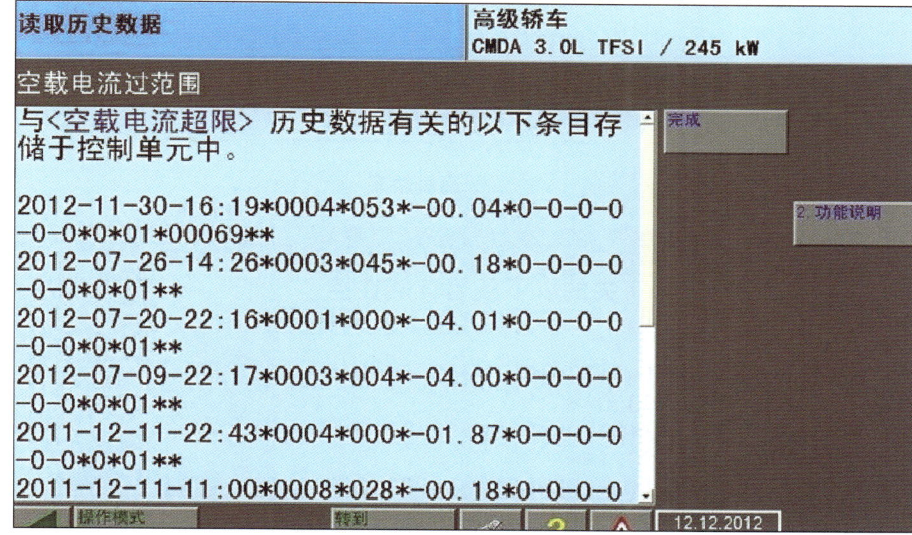

图 1-5　某车型静态电流历史数据

读取实训车辆的断路等级历史数据，如图 1-6 所示，断路等级历史数据在某车型上按以下格式存储。

4）蓄电池更换记录数据

电源管理系统可以存储蓄电池更换的最后 3 次数据，如图 1-7 所示，蓄电池更换记录数据在某车型上按以下格式存储。

YYYY-MM-DD-hh-mm*A*Q*SSS*BBB*+EE.ee*1-2-3-4-5-6*G*K*OO.o*PP.p**

- YYYY-MM-DD = 设置切断级的日期
- hh-mm = 设置切断级的时间
- A = 切断级
- Q = 不相关
- SSS = 蓄电池充电状态（SOC）（%）
- BBB = 不相关
- +EE.ee = 蓄电池电流
- 1 = 危险警告灯闪烁（0= 关闭，1= 打开）
- 2 = 停车灯（0= 关闭，1= 打开）
- 3 = 侧灯（0= 关闭，1= 打开）
- 4 = 近光灯（0= 关闭，1= 打开）
- 5 = 雾灯（0= 关闭，1= 打开）
- 6 = 远光灯（0= 关闭，1= 打开）
- G = 变速箱挡位
- K = 驻车加热（1= 打开，0= 关闭）
- OO.o = 端子 15 接通持续时间（以小时计）
- PP.p = 总线唤醒持续时间（以小时计）

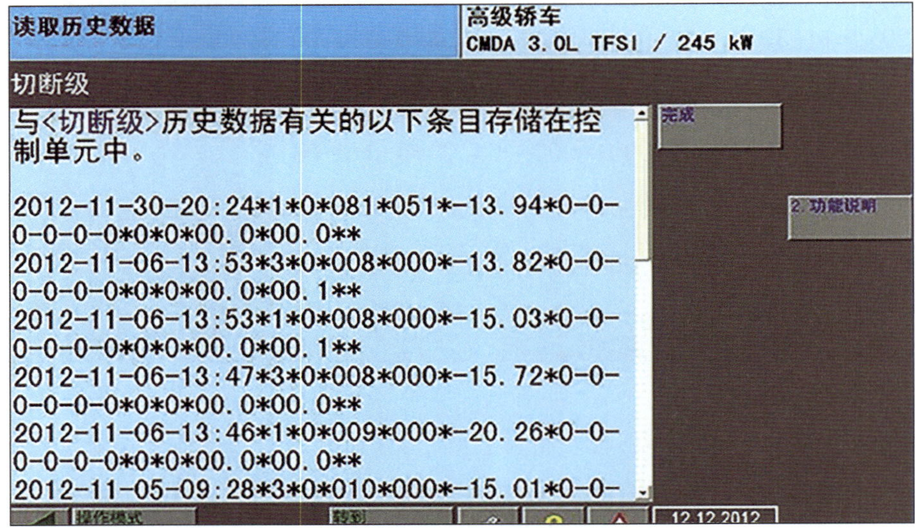

图 1-6　某车型断路等级历史数据

YYYY-MM-DD-hh-mm*LL*AAA*CCC*BBBBBBBBBB*GGGGG*FFFFF*MMMM*NNNN*OOOO

- YYYY-MM-DD = 蓄电池编码的日期
- hh-mm = 时间
- LL = 车辆蓄电池的序列号
- AAA = 蓄电池规格（以安培小时计）
- CCC = 蓄电池制造商（制造商代码）
- BBBBBBBBBB = 10 位蓄电池序列号
- GGGGG = 蓄电池的能量平衡
- FFFFF = 蓄电池的能量通过量
- MMMM = 蓄电池温度增加（60 ℃以下）的时间（以小时计）
- NNNN = 蓄电池温度增加（75 ℃以下）的时间（以小时计）
- OOOO = 蓄电池温度增加（75 ℃以上）的时间（以小时计）

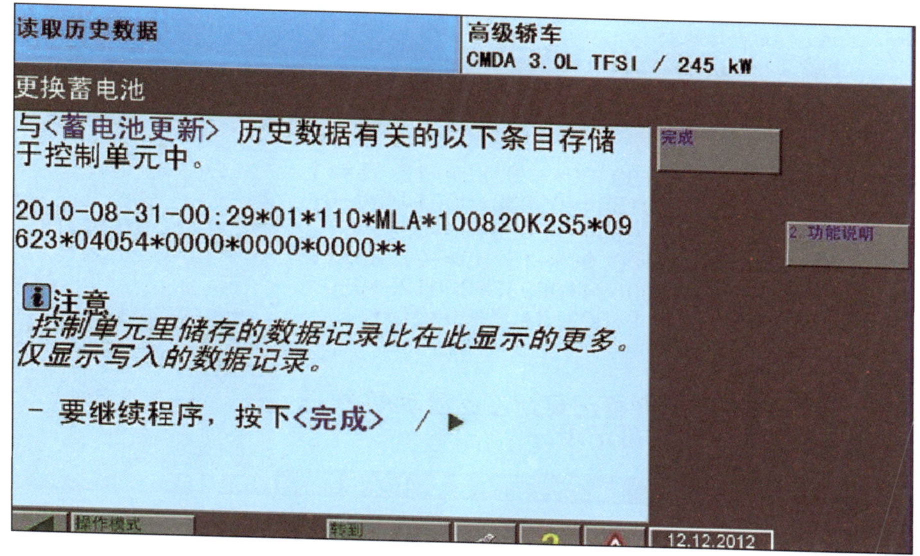

图 1-7　某车型蓄电池更换记录数据

5）临界能量平衡数据

当电源管理系统控制单元识别到“车辆无法启动”状态时，系统会存储蓄电池的内部电阻、充电状态、电流量、公里里程数、电能平衡等数据，这些数据为临界能量平衡数据。读取车辆的临界能量平衡数据，有助于分析诊断电源管理系统的故障。

读取实训车辆的临界能量平衡数据，如图 1-8 所示，临界能量平衡数据在某车型上按以下格式存储。

- 00.05 A，平均静态电流
- 19.75 A，平均供电电流
- −10.73 A，历史数据记录时刻的电流强度
- 17%，蓄电池的充电状态
- 03 mΩ，蓄电池的内部电阻
- +0118 Ah，电流量
- −00067 Ah，电能平衡

009624 km，里程数
2005−06−13，23:24:47 日期和时间
报警信号灯关闭
停车灯关闭
近光灯关闭
前雾灯关闭
远光灯关闭
07.1小时，总线端 15 打开
07.1小时，数据总线唤醒状态
007.1小时，最后停车时间
1.数据总线打开/关闭次数
2.总线端 15 打开/关闭次数
3.历史数据中停驶记录次数
4.车辆上安装（更换）蓄电池次数

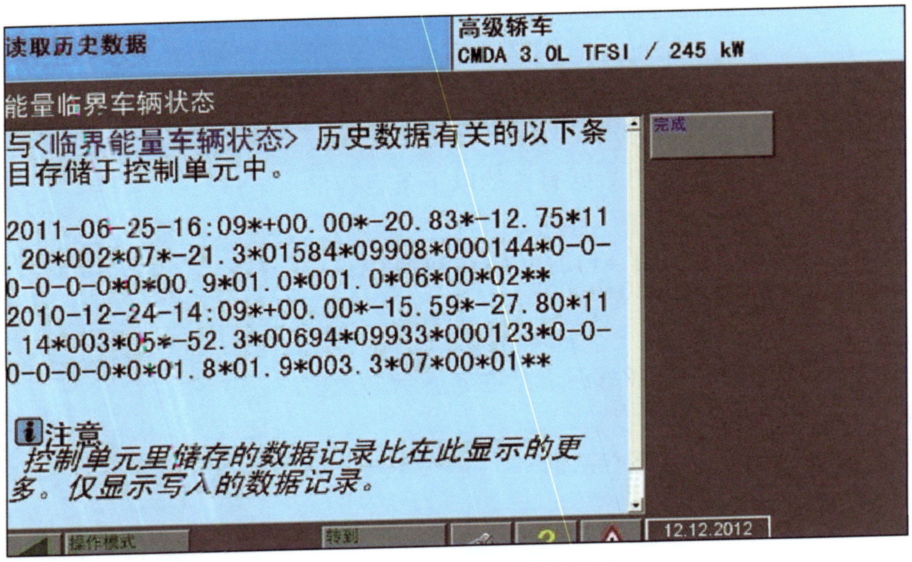

读取历史数据
高级轿车
CMDA 3.0L TFSI / 245 kW
能量临界车辆状态
与<临界能量车辆状态> 历史数据有关的以下条目存储于控制单元中。
2011-06-25-16:09*+00.00*-20.83*-12.75*11.20*002*07*-21.3*01584*09908*000144*0-0-0-0-0-0*0*00.9*01.0*001.0*06*00*02**
2010-12-24-14:09*+00.00*-15.59*-27.80*11.14*003*05*-52.3*00694*09933*000123*0-0-0-0-0-0*0*01.8*01.9*003.3*07*00*01**
注意
控制单元里储存的数据记录比在此显示的更多。仅显示写入的数据记录。
完成
操作模式 转到 12.12.2012

图 1−8　某车型临界能量平衡数据

6）行驶时的能量平衡数据

车辆行驶时，电源管理系统会存储蓄电池温度、行车时间、剩余可用电量等数据，即行驶时的能量平衡数据，这些数据有助于分析蓄电池的工作状态，有利于诊断排除蓄电池故障。

读取实训车辆行驶时的能量平衡数据，如图 1−9 所示，行驶时的能量平衡数据在某车型上按以下格式存储。

YYYY–MM–DD–hh–mm*LL*AAA*CCC*BBBBBBBBBB*GGGGG*FFFFF*MMMM*NNNN*OOOO
● YYYY–MM–DD = 蓄电池编码的日期 ● hh–mm = 时间 ● LL = 车辆蓄电池的序列号 ● AAA = 蓄电池规格（以安培小时计） ● CCC = 蓄电池制造商（制造商代码） ● BBBBBBBBBB = 10 位蓄电池序列号 ● GGGGG = 蓄电池的能量平衡 ● FFFFF = 蓄电池的能量通过量 ● MMMM = 蓄电池温度增加（60 ℃以下）的时间（以小时计） ● NNNN = 蓄电池温度增加（75 ℃以下）的时间（以小时计） ● OOOO = 蓄电池温度增加（75 ℃以上）的时间（以小时计）

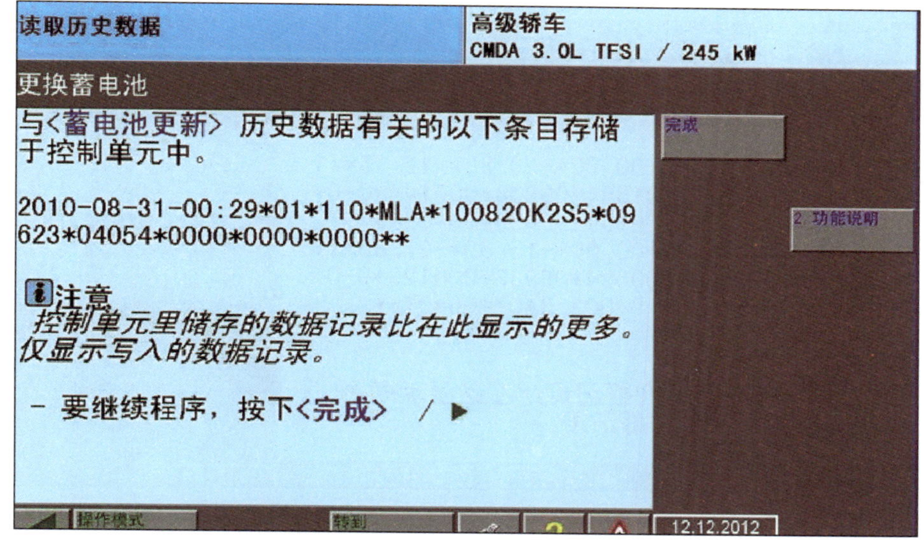

图 1–7　某车型蓄电池更换记录数据

5）临界能量平衡数据

当电源管理系统控制单元识别到“车辆无法启动”状态时，系统会存储蓄电池的内部电阻、充电状态、电流量、公里里程数、电能平衡等数据，这些数据为临界能量平衡数据。读取车辆的临界能量平衡数据，有助于分析诊断电源管理系统的故障。

读取实训车辆的临界能量平衡数据，如图 1–8 所示，临界能量平衡数据在某车型上按以下格式存储。

- 00.05 A，平均静态电流
- 19.75 A，平均供电电流
- –10.73 A，历史数据记录时刻的电流强度
- 17%，蓄电池的充电状态
- 03 mΩ，蓄电池的内部电阻
- +0118 Ah，电流量
- –00067 Ah，电能平衡

009624 km，里程数
2005–06–13，23:24:47 日期和时间
报警信号灯关闭
停车灯关闭
近光灯关闭
前雾灯关闭
远光灯关闭
07.1小时，总线端 15 打开
07.1小时，数据总线唤醒状态
007.1小时，最后停车时间
1.数据总线打开/关闭次数
2.总线端 15 打开/关闭次数
3.历史数据中停驶记录次数
4.车辆上安装（更换）蓄电池次数

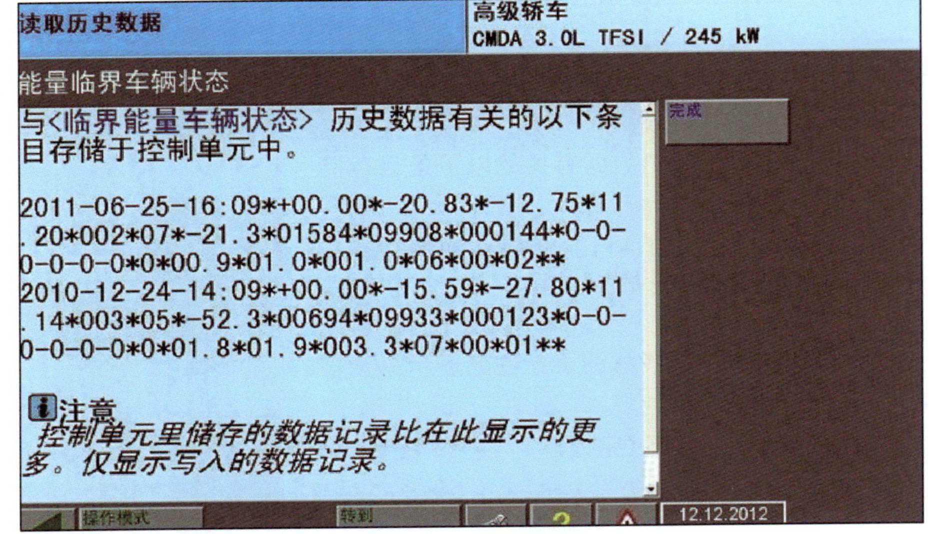

图 1–8　某车型临界能量平衡数据

6）行驶时的能量平衡数据

车辆行驶时，电源管理系统会存储蓄电池温度、行车时间、剩余可用电量等数据，即行驶时的能量平衡数据，这些数据有助于分析蓄电池的工作状态，有利于诊断排除蓄电池故障。

读取实训车辆行驶时的能量平衡数据，如图 1–9 所示，行驶时的能量平衡数据在某车型上按以下格式存储。

YYYY–MM–DD–hh–mm*CCC*+BB*+GGG.g*RR.rr

- YYYY–MM–DD = 日期
- hh–mm = 时间
- CCC = 剩余可用蓄电池电量（以安培小时计）
- +BB = 蓄电池温度
- +GGG.g = 驱动的能量平衡
- RR.rr = 行车时间（以小时、分钟计）

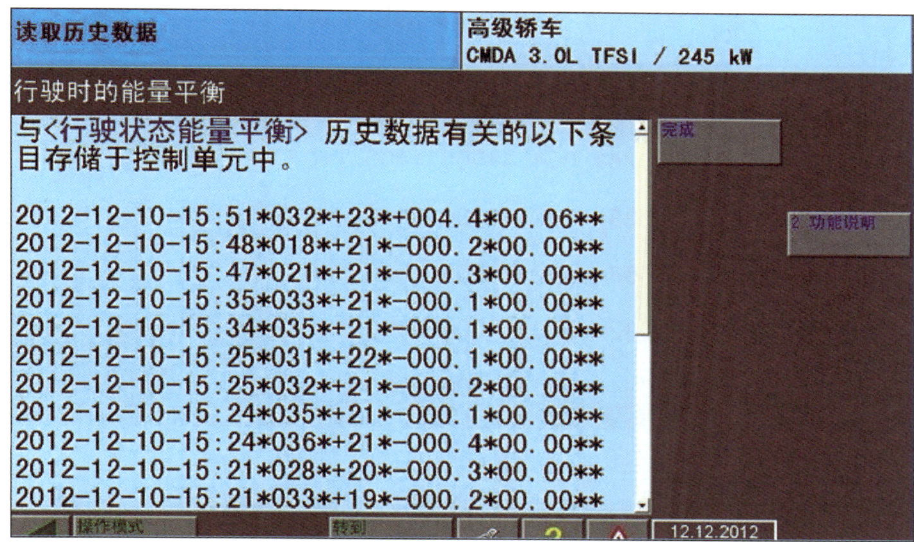

图 1–9　某车型行驶时的能量平衡数据

7）驻车时的能量平衡数据

驻车时的能量平衡数据主要包括现存蓄电池电量、静止阶段期间的能量平衡、静止时间、总线唤醒时间、端子 15 接通时间，将标准数据与系统数据进行比较分析，即可发现异常点。

读取实训车辆驻车时的能量平衡数据，如图 1–10 所示，驻车时的能量平衡数据在某车型上按以下格式存储。

YYYY–MM–DD–hh–mm*CCC*+BBB.b*+GGG.g*RR.r*OO.o*

- YYYY–MM–DD = 静止时间的日期
- hh–mm = 时间
- CCC = 现存的蓄电池电量（以安培小时计）
- +BBB.b = 静止阶段期间的能量平衡
- +GGG.g = 静止时间
- RR.r = 总线唤醒持续时间（以小时计）
- OO.o = 端子 15 接通持续时间（以小时计）

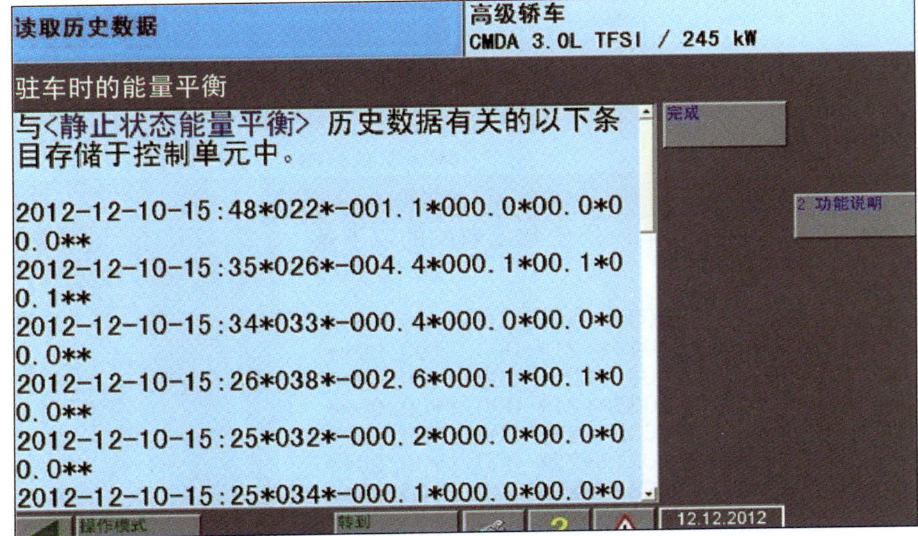

图 1–10　某车型驻车时的能量平衡数据

2. 技能操作

（1）操作准备

准备技能操作所需的物料，见表 1–1。

表 1–1　物料准备

类别	所需物料
教学车辆 / 平台	具有电源管理系统的车辆或实训台
设备、仪器、工具、资料	故障诊断仪、万用表、电源插座、车辆维修手册

（2）电源管理系统检测（数据流读取）

1）读取实训车辆最近一次 12.5 V/12.2 V/11.5 V 的静态电压历史数据，将相关数据记录在表 1–2 中。

表 1-2　静态电压历史数据记录

序号	数据名称	数据值	是否正常
1	最近一次 12.5 V 空载电压欠范围的时间		是□　否□
2	最近一次 12.2 V 空载电压欠范围的时间		是□　否□
3	最近一次 11.6 V 空载电压欠范围的时间		是□　否□
4	空载电压欠范围事件的总次数		是□　否□

2）读取实训车辆的静态电流历史数据，仔细阅读最近一次的数据条目，将相关数据记录在表 1-3 中。

表 1-3　静态电流历史数据记录

序号	数据名称	数据值	是否正常
1	空载电流超出标准范围的时间		是□　否□
2	可用充电量		是□　否□
3	平均空载电流		是□　否□
4	变速箱挡位（1 不等于 P 挡，0 等于 P 挡）显示	是＿＿＿＿＿＿， 当前是＿＿＿＿挡位	是□　否□
5	空载电流超出标准范围事件的总次数		是□　否□
6	危险警告灯闪烁（打开 / 关闭）		是□　否□
7	停车灯（打开 / 关闭）		是□　否□
8	侧灯（打开 / 关闭）		是□　否□
9	近光灯（打开 / 关闭）		是□　否□
10	雾灯（打开 / 关闭）		是□　否□
11	远光灯（打开 / 关闭）		是□　否□

3）读取实训车辆断路等级历史数据，将相关数据记录在表 1–4 中。

表 1–4　断路等级历史数据记录

序号	数据名称	数据值
1	切断级	______级
2	蓄电池充电状态（SOC）	______%
3	平均空载电流	
4	端子 15 接通持续时间	
5	总线唤醒持续时间	
6	危险警告灯闪烁（打开 / 关闭）	
7	停车灯（打开 / 关闭）	
8	侧灯（打开 / 关闭）	
9	近光灯（打开 / 关闭）	
10	雾灯（打开 / 关闭）	
11	远光灯（打开 / 关闭）	

4）读取实训车辆临界能量平衡数据，将相关数据记录在表 1–5 中。

表 1–5　临界能量平衡数据记录

序号	数据名称	数据值
1	平均静态电流	
2	平均供电电流	
3	历史数据记录时刻的电流强度	
4	蓄电池的充电状态	
5	蓄电池的内部电阻	
6	电能平衡	

5）读取实训车辆行驶时的能量平衡数据，并将相关数据记录在表 1–6 中。

表 1-6 行驶时的能量平衡数据记录

序号	数据名称	数据值
1	剩余可用蓄电池电量（以安培小时计）	
2	蓄电池温度	
3	驱动的能量平衡	
4	行车时间	

6）读取实训车辆驻车时的能量平衡数据，并将相关数据记录在表 1-7 中。

表 1-7 驻车时的能量平衡数据记录

序号	数据名称	数据值
1	现存的蓄电池电量（以安培小时计）	
2	静止阶段期间的能量平衡	
3	静止时间	
4	总线唤醒持续时间	
5	端子 15 接通持续时间	

（二）电源管理系统故障诊断与排除

1. 知识学习

（1）电源管理系统故障现象

电源管理系统出现故障，即蓄电池管理、静态电源管理、动态电源管理功能失效，仪表上可能出现电源故障相关提示信息，车辆启动性能变差，启动机运转无力或无法运转，蓄电池使用寿命缩短。

（2）电源管理系统故障原因分析

如图 1-11 所示为电源管理系统控制电路，根据其工作原理，蓄电池使用寿命缩短，车辆启动性能变差，其根本原因是电源管理系统功能失效，导致蓄电池过放电，而使电源管理系统功能失效的原因如下。

1）电源管理控制单元供电电路断路，导致电源管理控制单元不能工作。

2）电流传感器及相关电路损坏，不能监测蓄电池充放电情况。

3）电源管理控制单元出现故障。

4）电源管理控制单元与数据总线控制单元的通信 LIN 总线出现故障。

5）发电机电压调节器出现故障。

6）其他电气系统控制出现故障，不能执行电源管理系统相关指令。

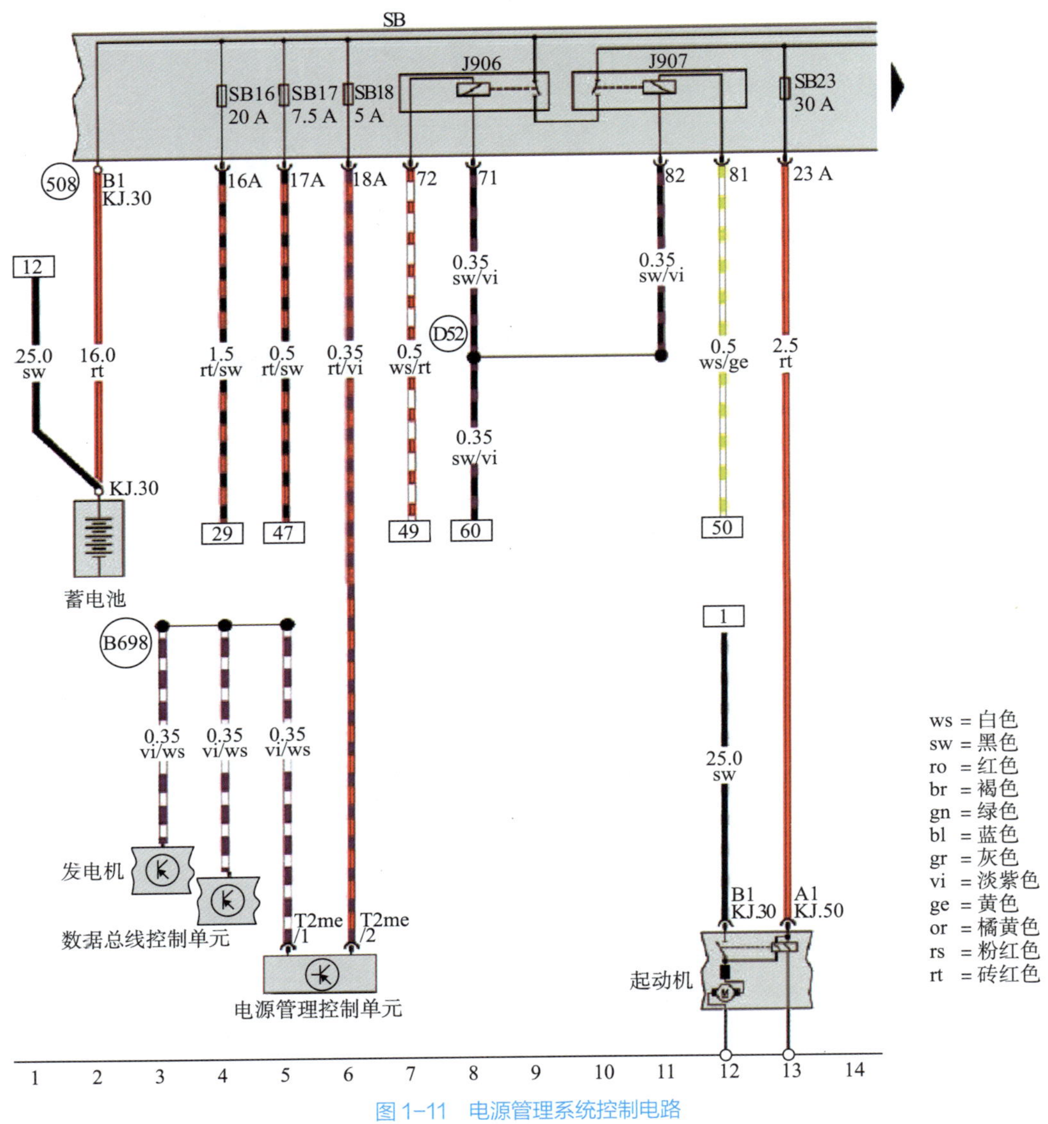

图 1–11 电源管理系统控制电路

（3）蓄电池使用寿命短故障诊断流程

电源管理系统功能直接影响车辆启动性能和蓄电池使用寿命，当配置电源管理系统车辆的蓄电池使用寿命严重缩短时，应先从电源管理系统排除可能的故障原因，最后再排查蓄电池自身原因，如图 1–12 所示。

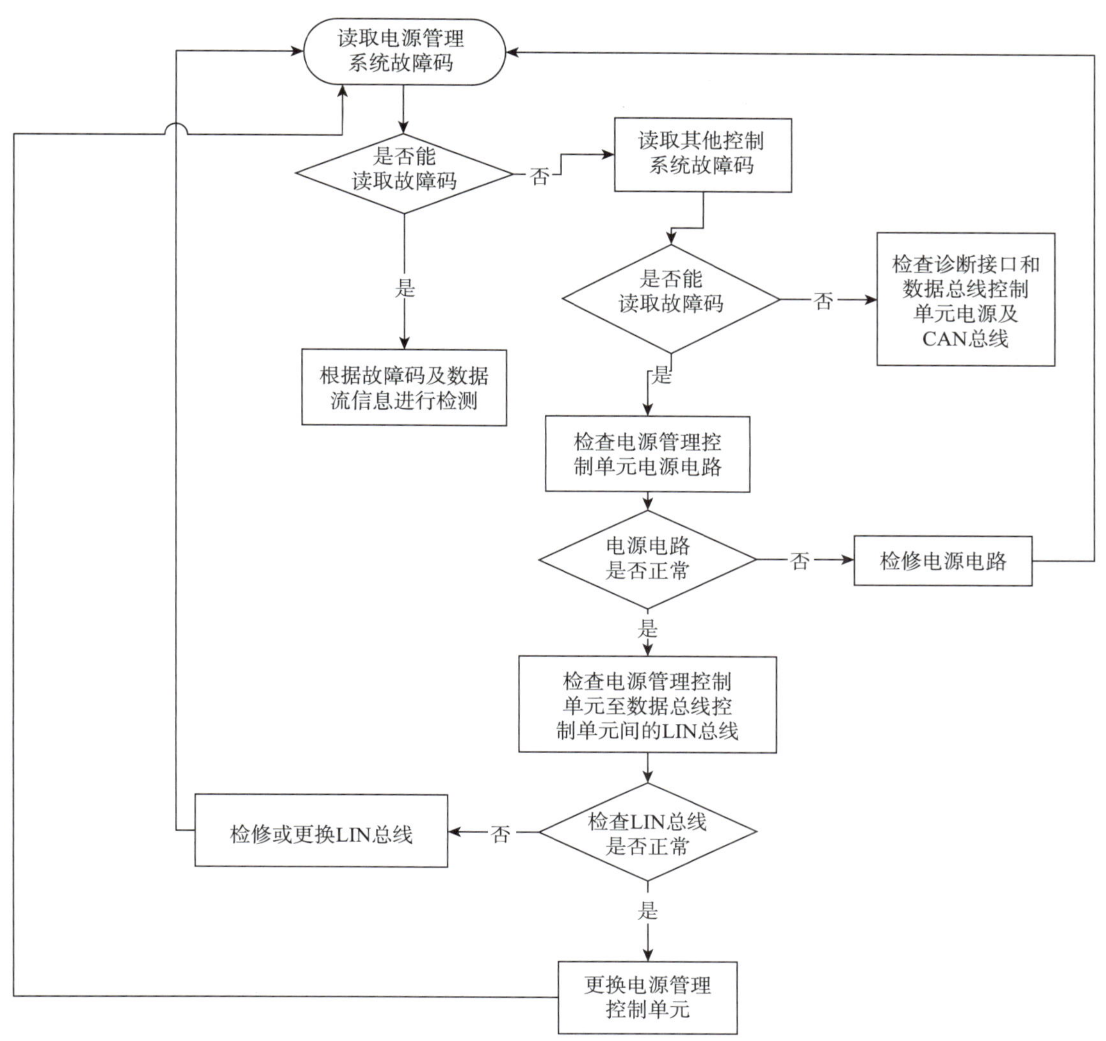

图 1-12　电源管理系统故障诊断流程

2. 技能操作

（1）操作准备

准备技能操作所需的物料，见表 1-8。

表 1-8　物料准备

类别	所需物料
教学车辆 / 实训平台	配置有电源管理系统的实训车或实训平台
设备、仪器、工具、资料	故障诊断仪、万用表、车辆维修手册

（2）电源管理系统故障诊断与排除操作

1）读取故障码及数据流

读取实训车电源管理系统故障码及数据流，将电源管理系统故障相关信息填写在表 1-9 中。

表 1-9　电源管理系统故障码及数据流

序号	故障码及数据流名称	故障码及数据流参数
1		
2		
3		
4		
5		
6		

2）在图 1-13 中绘制实训车辆电源管理系统控制电路图，并分析可能的故障原因，制定故障诊断排除方案。

图 1-13　实训车辆电源管理系统控制电路图

3）电源管理系统控制电路检测

对电源管理系统控制电路进行检测，将检测结果填写在表 1-10 中。

表 1-10　电源管理系统控制电路检测记录

序号	项目	检测条件	标准值	实测值	是否正常
1	蓄电池电压				是□　否□
2	电源管理控制单元供电熔丝电压降	蓄电池正常			是□　否□
3	电源管理控制单元供电熔丝电阻	空载	<5 Ω		是□　否□
4					是□　否□
5					是□　否□
6					是□　否□
7					是□　否□
8					是□　否□
9	LIN 总线两端电阻				是□　否□
10					是□　否□

检查评估

对本任务的学习情况进行检查，并将相关内容填写在表 1-11 中。

表 1-11　检查表

检查项目	检查结果	结果点评
电源管理系统检测		
是否规范完成数据流读取及记录	是□　否□	
是否完成数据流分析任务	是□　否□	
电源管理系统故障诊断		
电源管理系统故障诊断过程是否正确	是□　否□	
电源管理系统控制电路图绘制是否正确	是□　否□	
电源管理系统控制电路检测项目是否正确	是□　否□	
可能的故障点和故障原因分析是否合理	是□　否□	
故障排除方案、流程是否合理	是□　否□	
故障是否排除	是□　否□	
故障排除结果是否验证	是□　否□	
工作页记录是否完整	是□　否□	

续表

检查项目	检查结果	结果点评
现场管理		
工具设备是否整理并放至指定位置	是□　否□	
实训工位是否打扫干净	是□　否□	

任务小结

本任务小结如图 1–14 所示。

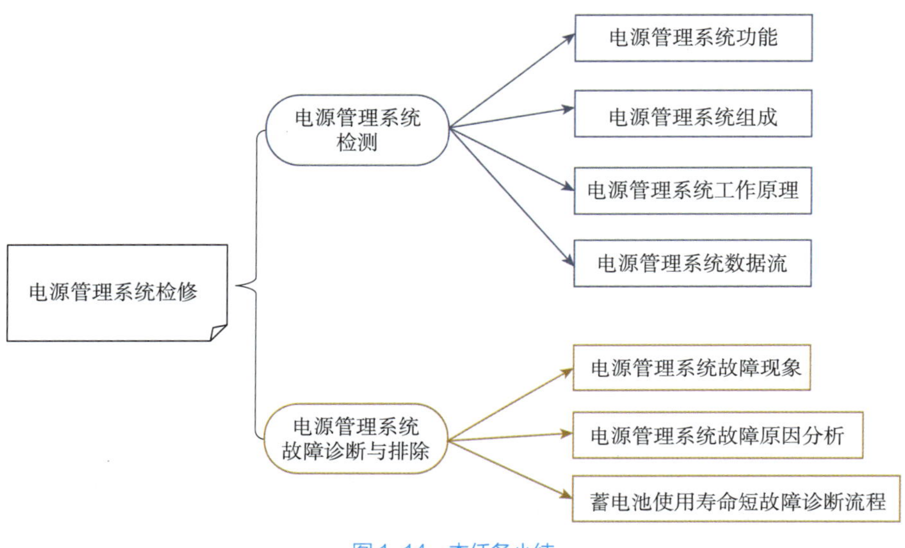

图 1–14　本任务小结

任务二
燃油供给系统检修

任务导入

场景：某国产智能网联汽车售后维修中心

人物：车主赵先生、售后维修技师张师傅

情节：车主赵先生出车时，启动发动机时，起动机运转，但发动机没有启动的迹象，于是到售后维修中心寻求帮助，维修技师张师傅拟对该车进行故障诊断与排除。张师傅初步判定该车故障为燃油供给系统故障，如果你是维修技师张师傅，将如何规范、高效地排除该车故障?

任务目标

- 能运用燃油供给系统组成、工作原理和性能参数，正确使用检测工具，完成燃油供给系统检测。
- 能根据故障现象、电路图、故障码及数据流分析，完成燃油供给系统故障范围确定。
- 能正确使用检测工具和设备，规范检测燃油压力、阅读燃油泵和燃油控制单元控制电路，排除因燃油压力低引起的发动机不能启动故障。

任务实施

（一）燃油供给系统检测

1. 知识学习

（1）燃油供给系统的功能及类型

燃油供给系统的功能是根据发动机的工作需要，将适量的燃油适时地输送至发动机的燃烧室。为提

升发动机综合性能，当今汽车发动机燃油供给系统主要采用电控方式，因发动机设计不同，燃油供给系统的类型也有所不同，如图 2–1 所示，汽油机燃油供给系统主要分为歧管喷射燃油供给系统、缸内直喷燃油供给系统和混合喷射燃油供给系统，柴油机燃油供给系统主要采用高压共轨燃油喷射系统。

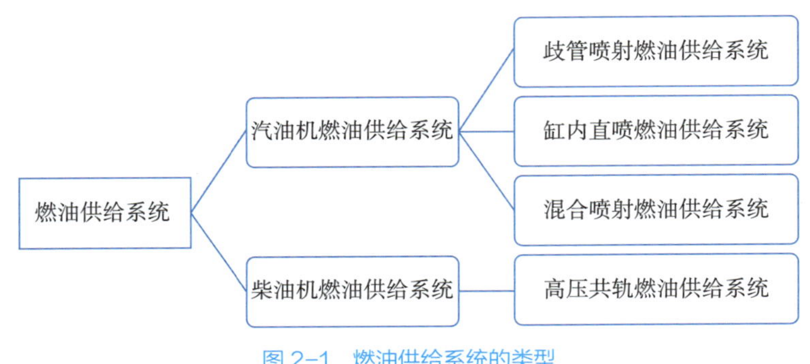

图 2–1　燃油供给系统的类型

1）歧管喷射燃油供给系统

如图 2–2 所示，歧管喷射燃油供给系统主要应用在自然吸气式汽油发动机上，主要由油箱、燃油泵滤清器、燃油泵、压力调节器、燃油滤清器、燃油分配器、脉动缓冲器、喷油器、输送管等组成。燃油过滤后，被燃油泵从油箱吸出，经燃油泵加压后到输送管，由喷油器在压力下进行喷射。燃油管里的燃油压力须由压力调节器和脉冲缓冲器进行调节，以保持稳定的燃油喷射。

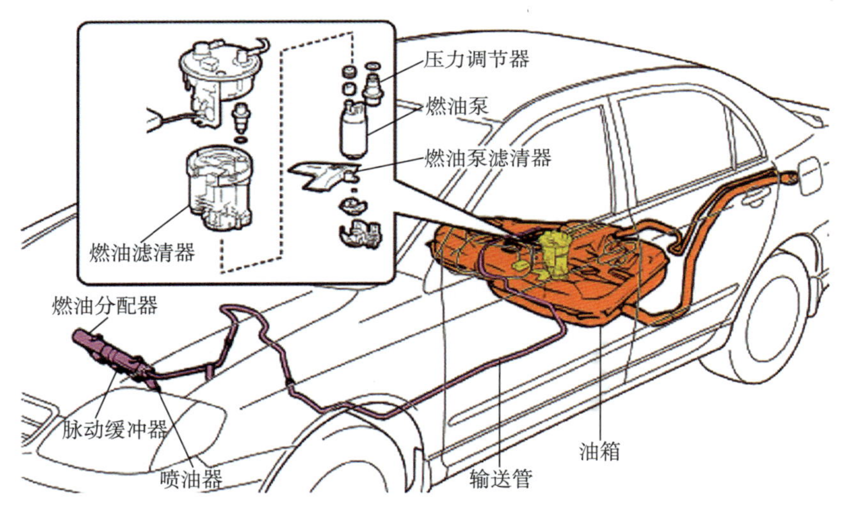

图 2–2　歧管喷射燃油供给系统组成示意图

2）缸内直喷燃油供给系统

如图 2–3 所示，缸内直喷燃油供给系统主要由低压燃油泵、燃油泵控制单元、燃油滤清器、高压燃油泵、燃油压力传感器、高压油轨、喷油器等组成，与歧管喷射燃油供给系统相比，缸内直喷燃油供给系统多了一个高压燃油泵，喷油器内燃油压力更高。燃油泵控制单元使用脉冲宽度调制信号来控制电动燃油泵，调节低压燃油系统中的燃油压力（正常工况下为 0.5~5 bar）。在热启动和冷启动时，此压力最大可升至 6.5 bar。在冷启动时，升高的燃油压力可以使得高压燃油系统内产生较高的起始压力，可以改善混合气形成，实现快速启动。在热启动时，升高的燃油压力可以防止高压燃油系统内产生气阻。高压燃油泵通常是用螺栓固定在缸盖上，由进气凸轮轴上的一个双凸轮进行驱动，其为高压燃油系统提供 30~110 bar 的压力。具体压力范围根据发动机的不同而不同。

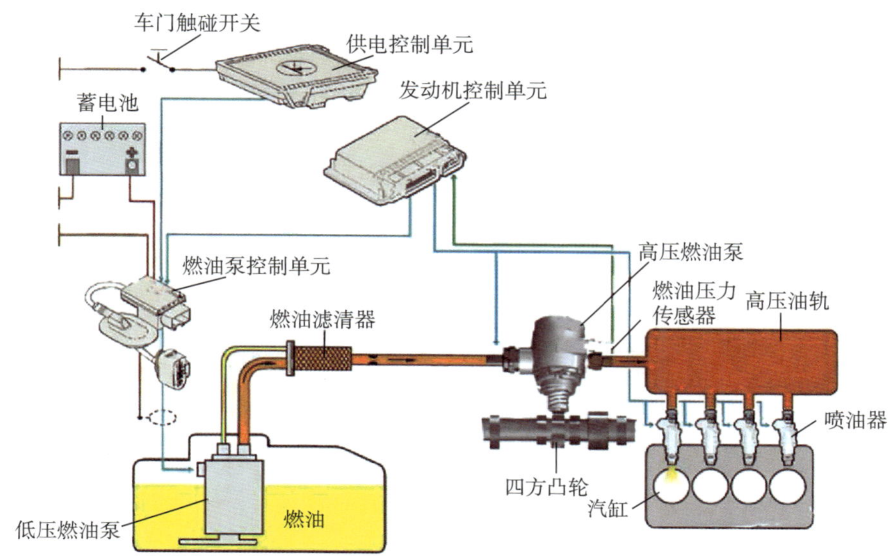

图 2-3 缸内直喷燃油供给系统组成示意图

3）混合喷射燃油供给系统

混合喷射指歧管喷射和缸内直喷共同存在，二者相互协作，以此来提高燃油喷射系统的精度、速度和可靠性。混合喷射燃油供给系统组成如图 2-4 所示，它主要由低压燃油泵、燃油滤清器、高压燃油泵、燃油泵控制单元、燃油压力传感器、低压燃油油轨、高压燃油油轨、歧管喷射喷油器等组成。在发动机低负荷工况下使用歧管喷射，中负荷工况下歧管喷射和缸内直喷两套喷射系统同时启动，高负荷工况下采用缸内直喷方式供油的方式，混合喷射燃油供给系统解决了传统缸内直喷发动机进气道、燃烧室积炭现象和排放性不佳的劣势。

4）高压共轨燃油供给系统

如图 2-5 所示，高压共轨燃油供给系统（主要应用于柴油发动机）是指高压油泵、压力传感器和 ECU 组成的闭环系统中，将喷射压力的产生和喷射过程彼此完全分开的一种供油方式，它主要由高压油泵、齿轮泵、柴油预滤器、柴油细滤器、高压油轨、喷油器、发动机 ECU 等组成，齿轮泵将柴油从油箱吸到高压油泵，由高压油泵把高压燃油输送到高压油轨的管路，发动机 ECU 精确控制喷油器喷油时间，高压油管压力大小与发动机的转速无关，很好地解决了传统柴油发动机由于各缸各自喷油，喷油量和压力不一致，运转不均匀，造成燃烧不平稳、噪声大、油耗高等问题。但是高压共轨燃油供给系统要求滤清器提供 95% 的水分离效率和 98.6%（3~5 μm）的颗粒过滤效率。

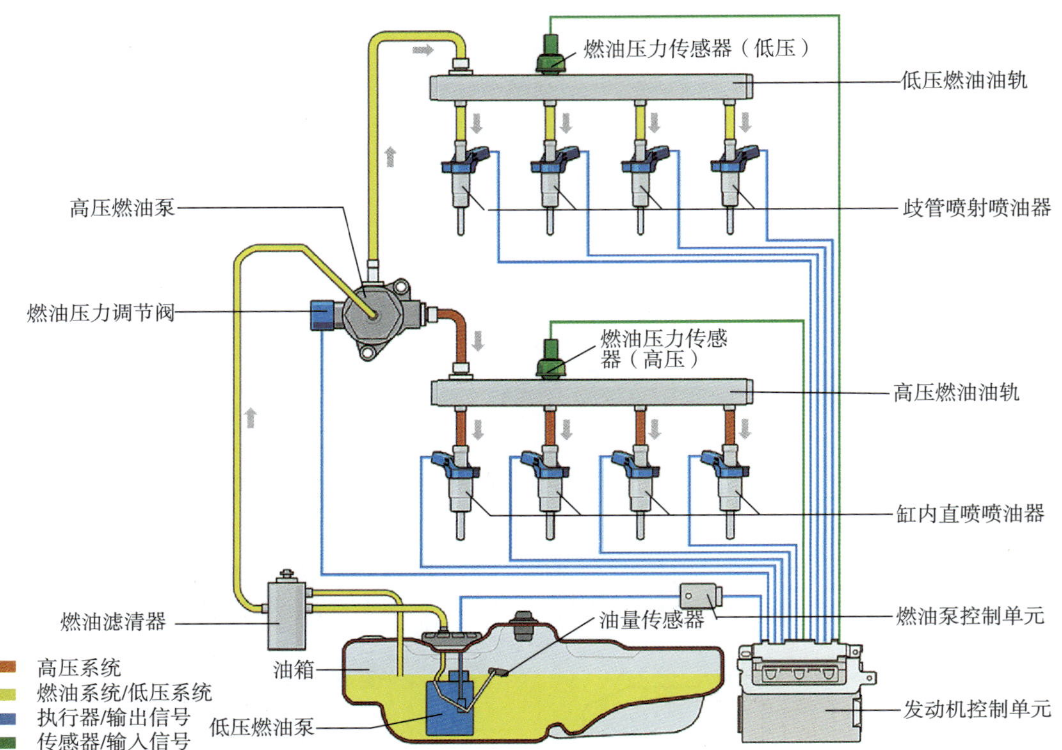

图 2-4　混合喷射燃油供给系统组成示意图

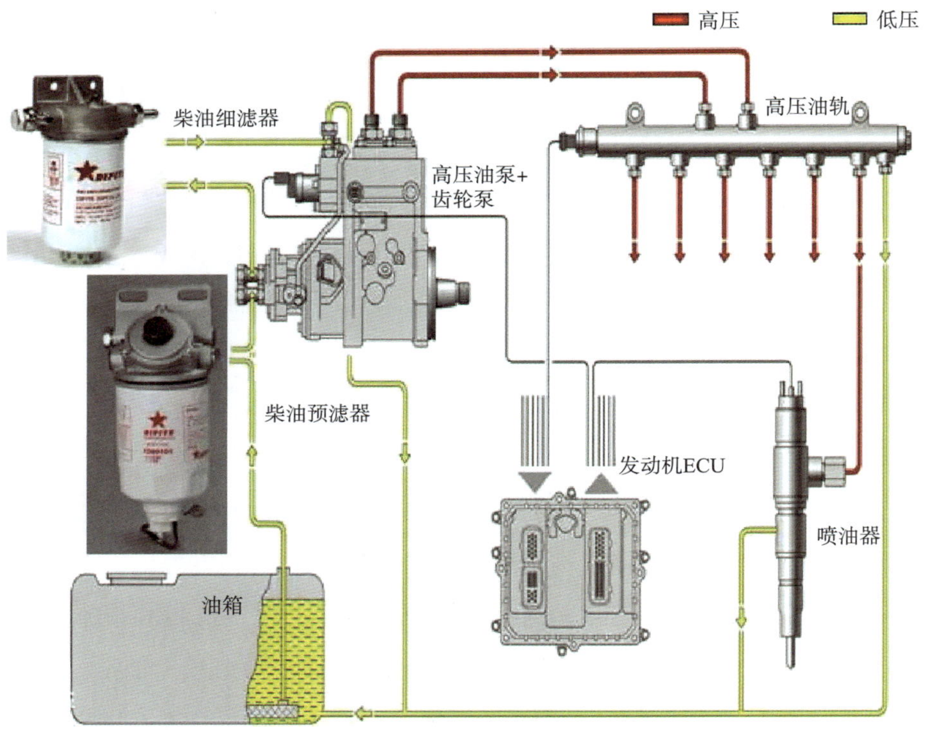

图 2-5　高压共轨燃油供给系统组成示意图

（2）燃油泵控制工作原理

如图 2–6 所示，当点火开关位于“IG”位置时，EFI 继电器接通，发动机 ECU 内部的晶体管接通，从而使开路继电器触点闭合，电动燃油泵工作，使燃油系统建立发动机启动所需的规定压力，当燃油压力达到规定值后，若发动机未启动运转，发动机 ECU 会控制开路继电器断开，使电动燃油泵停止工作。当发动机启动时，从点火开关的 ST 端子会传递一个 STA 信号到发动机 ECU。当 STA 信号被输入到发动机 ECU 时，发动机 ECU 内部的晶体管接通，开路继电器被打开。随后，电流流进燃油泵，使燃油泵开始运作。若发动机停止，即使点火开关仍处于开启状态，NE 信号不再被输入发动机 ECU，故发动机 ECU 会关闭晶体管，其结果是开路继电器被关闭，使燃油泵停止工作。在某些型号的燃油泵中，燃油泵的速度是通过燃油泵 ECU 控制的，而不是由开路继电器、燃油泵控制继电器和电阻控制。此外，这种控制系统中，还有一个燃油泵系统诊断功能。

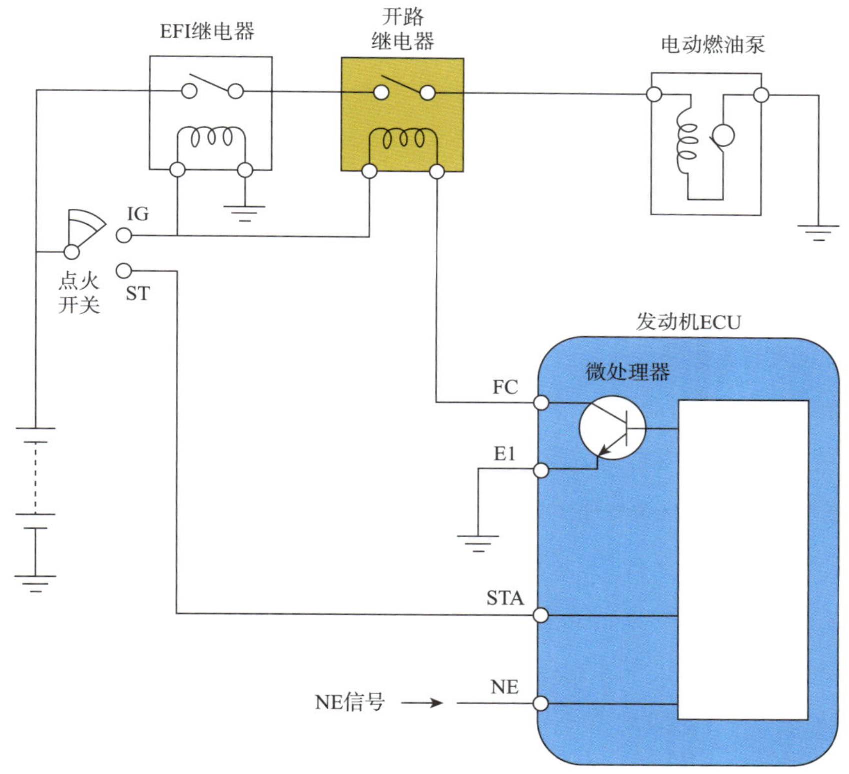

图 2–6 电动燃油泵控制示意图

（3）燃油供给系统性能参数

燃油压力是燃油供给系统的主要性能参数，分为初始油压、怠速油压、保持油压、高压侧油压。

初始油压是指打开点火开关，发动机未启动时燃油管内的油压，标准值为 196~833 kPa，因发动机设计不一样，其初始油压也有所不同，具体可参考车辆维修手册。初始油压会影响发动机的启动性能，初始油压达不到规定要求，会导致发动机启动困难，甚至无法启动。初始油压小于标准值，则检查燃油软管及其连接情况、燃油泵及其控制电路、燃油滤清器和主燃油阀总成。

怠速油压是指发动机怠速时的燃油压力，标准值一般为 196~833 kPa，因发动机设计不一样，其初始油压也有所不同，具体可参考车辆维修手册。怠速油压会影响发动机怠速时的工作性能，怠速油压达不到规定要求，会导致发动机怠速不稳，严重时导致发动机熄火。怠速油压小于标准值，则应检查燃油软管及其连接情况、燃油泵、燃油滤清器和主燃油阀总成。

保持油压是指发动机停机 5 min 后的油压，标准值为 98 kPa 或更高。因发动机设计不一样，其保持油压也有所不同，具体可参考车辆维修手册。保持油压会影响发动机的启动性能，保持油压达不到规定要求，会导致发动机启动困难。保持油压不符合规定，则检查燃油泵总成、主燃油阀总成和喷油器总成。

高压侧油压是指高压燃油泵至喷油器间的燃油压力，标准值为 2 400~20 000 kPa，因发动机设计不一样，其高压侧油压也有所不同，具体可参考车辆维修手册。高压侧油压会影响发动机工作性能，高压侧油压不符合规定，则检查燃油泵总成、燃油压力传感器和控制电路。

（4）燃油供给系统检测要点

1）检查燃油泵运行情况

检查燃油泵总成（带滤清器）的工作情况。将故障诊断仪连接到诊断接口，打开点火开关（不要启动发动机），打开故障诊断仪，读取发动机冷却液温度、燃油压力等数据流，对燃油泵进行主动测试，检查并确认能听到燃油箱中燃油泵运转的声音，如果听不到其声音，则检查燃油泵继电器、燃油泵总成、发动机控制单元和控制线路。

2）检查燃油供给系统是否泄漏

打开点火开关，连接故障诊断仪，对燃油泵进行主动测试，使燃油供给系统燃油压力达到标准值，用棉纱擦拭各油管接头，查看是否有油渍，如有油渍则说明存在泄漏，需要进行检修。

（5）燃油压力检测作业步骤

1）释放燃油系统压力。

2）测量蓄电池电压，蓄电池标准电压为 11~14 V。

3）从蓄电池负极端子上断开电缆。

4）从燃油管分总成上断开燃油管，安装燃油压力表。

5）将电缆连接到蓄电池负极端子上。

6）将故障诊断仪连接到诊断接口，打开点火开关（不要启动发动机），打开故障诊断仪，对发动机进行主动测试。

7）测量燃油压力。检查燃油管分总成内来自燃油管路的压力是否与标准燃油压力一致，如果小于标准值，则检查燃油软管及其连接情况、燃油泵总成、燃油滤清器和主燃油阀总成。

8）断开故障诊断仪，启动发动机，测量发动机怠速时的燃油压力。

9）使发动机停机 5 min 后，检查并确认保持油压是否与标准保持油压一致。如果结果不符合规定，则检查燃油滤清器、燃油泵总成、主燃油阀总成和进气口喷油器总成。

10）检查燃油压力后，释放燃油系统压力将电缆从蓄电池负极端子上断开，并小心地拆下燃油压力表，以防燃油溅出。

11）将燃油管分总成连接到燃油管上。

12）检查燃油是否泄漏。

13）检测燃油系统高压侧油压。

启动发动机暖机至 75 ℃或更高，关闭空调系统，将发动机转速保持在 3 000 r/min，用故障诊断仪读取发动机燃油供给系统高压侧油压。

2. 技能操作

（1）操作准备

准备技能操作所需的物料，见表 2-1。

表 2-1 物料准备

类别	所需物料
教学车辆 / 平台	实训整车或燃油供给系统实训台
设备、仪器、工具、资料	故障诊断仪、万用表、燃油压力表、电源插座、车辆维修手册

（2）燃油供给系统检测

对燃油供给系统进行检测，并将检测结果记录在表 2-2 中。

表 2-2 燃油供给系统检测数据记录

序号	数据名称	数据值	是否正常
1	蓄电池电压		是□ 否□
2	静态油压		是□ 否□
3	怠速油压		是□ 否□
4	保持油压		是□ 否□
5	高压侧油压		是□ 否□

（二）燃油供给系统故障诊断与排除

1. 知识学习

（1）燃油供给系统工作原理

如图 2-7 所示，以混合喷射燃油供给系统油路为例讲解其工作原理，燃油经滤网过滤后，进入低压燃油泵，燃油被低压燃油泵加压后，通过燃油滤清器，一路到达进气口喷射喷油器，一路到达高压燃油泵，燃油经高压燃油泵再次加压后，达到直接喷射喷油器。主燃油阀自动调节燃油供给系统油压，使燃油供给系统油压始终保持在一定范围内。

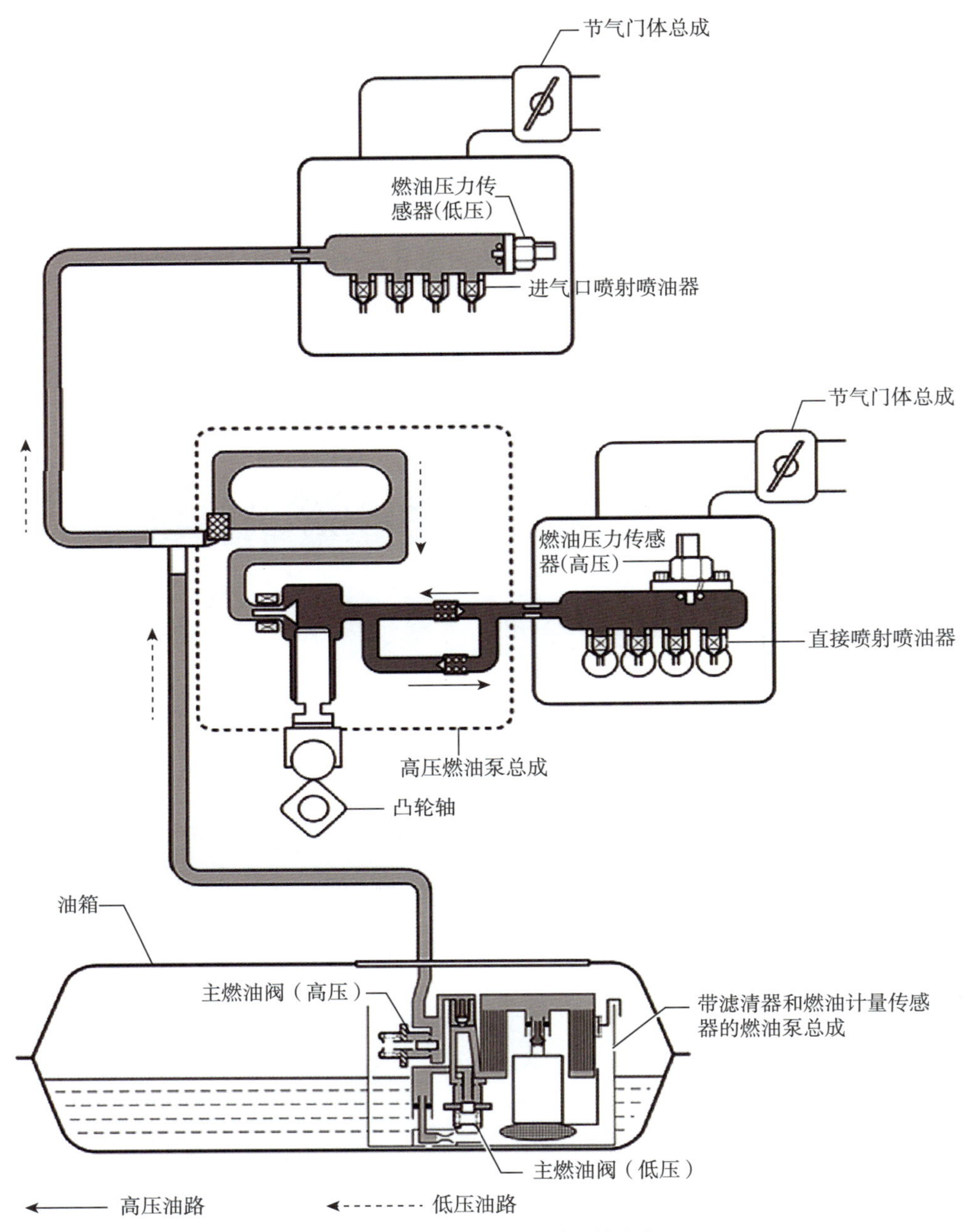

图 2-7　混合喷射燃油供给系统油路

燃油供给系统燃油压力、喷油器喷油由发动机控制单元管理。发动机控制单元根据车辆运行状态和燃油供给系统燃油压力，给燃油泵控制单元、高压燃油泵、喷油器发送指令，喷油器根据发动机控制单元指令信号执行喷油，燃油泵控制单元依据发动机控制单元信号管理低压燃油泵的工况，高压燃油泵也根据发动机控制单元指令调节高压燃油压力，如图 2-8 所示。

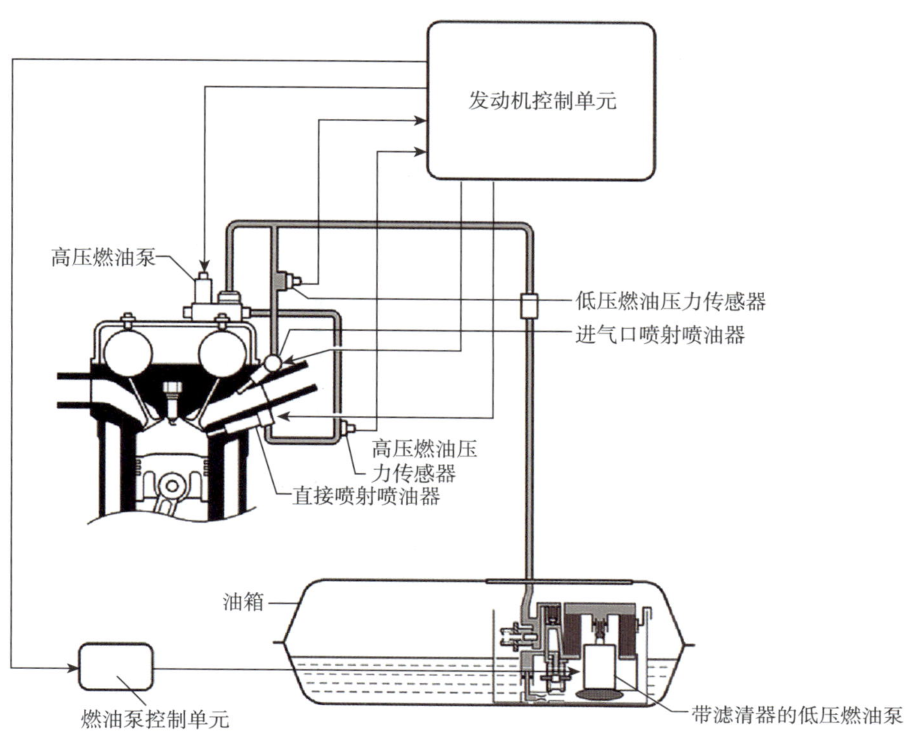

图 2-8 燃油供给系统控制示意图

（2）燃油供给系统故障现象及故障原因分析

燃油供给系统常见的故障主要是燃油压力偏低，其故障现象为打开点火开关，燃油表液位显示异常，燃油泵没有运转的声音，启动发动机，如果燃油系统内有残余压力，发动机可以正常启动，但发动机运行一定时间后，转速会逐渐降低，抖动逐渐加大，会自然熄火，重新启动发动机，但启动困难，无法启动。根据燃油表液位显示异常、燃油泵没有运转，发动机先可以正常运转，后无法启动，可推断出发动机点火控制系统、机械系统、发动机控制单元工作是正常的，而导致上述故障现象的原因可能是燃油压力不足，发动机无可燃混合气引起，由图 2-9 可知，导致燃油压力不足的可能原因如下。

1）燃油泵损坏，不能建立燃油压力，以致燃油不能进入进气歧管或燃烧室，发动机无可燃混合气，造成发动机无法启动。

2）燃油泵控制单元损坏，燃油泵控制单元根据车辆运行状态，控制燃油泵工作，调节燃油系统压力。燃油泵控制单元损坏后，燃油泵不能运转，燃油压力不能建立，以致发动机无法启动。

3）当燃油泵电源线路存在断路、虚接或短路等故障时，燃油泵不能正常运转，燃油压力不能形成，发动机不能启动。

4）燃油泵控制单元供电线路存在断路、虚接或短路等故障。

5）燃油泵控制单元熔丝 SB10 存在故障。

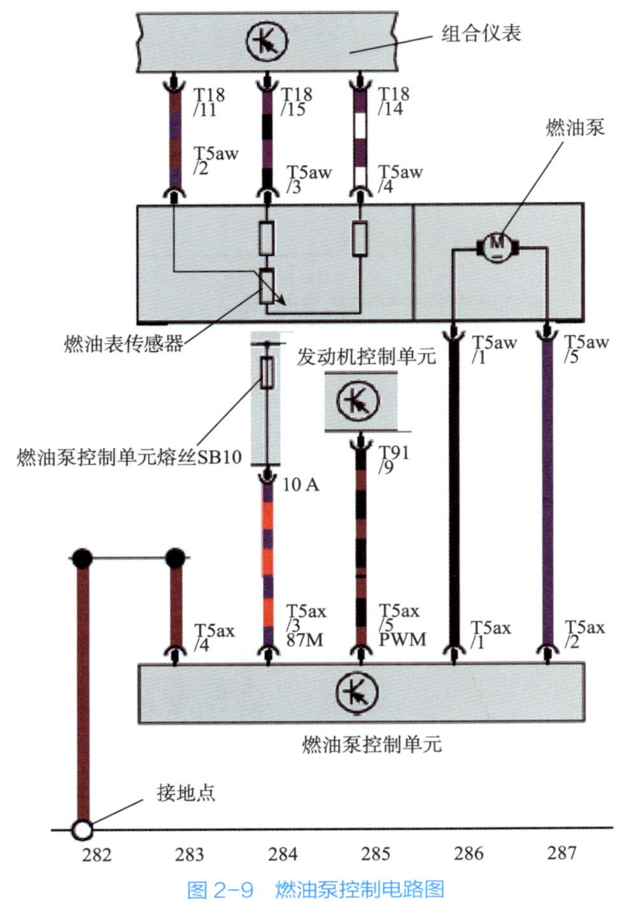

图 2-9 燃油泵控制电路图

（3）燃油供给系统故障诊断流程

燃油供给系统是否有故障，可结合燃油表显示信息，利用发动机自诊断功能，读取发动机故障码及燃油压力等数据流，检测燃油供给系统的燃油压力，进行综合分析诊断，诊断流程如图 2-10 所示。

1）检查燃油表显示情况，如果燃油表显示异常，检查油箱是否有一定量的燃油，如果油量不足，则添加燃油。

2）打开点火开关，观察燃油泵是否有运转的声音，如果燃油泵有运转的声音，则检测燃油压力，如果燃油泵无运转声音，则发动机故障指示灯亮，可读取故障码。

3）检查发动机故障指示灯是否常亮，如果发动机故障指示灯显示不正常，则用故障诊断仪读取故障码和数据流。

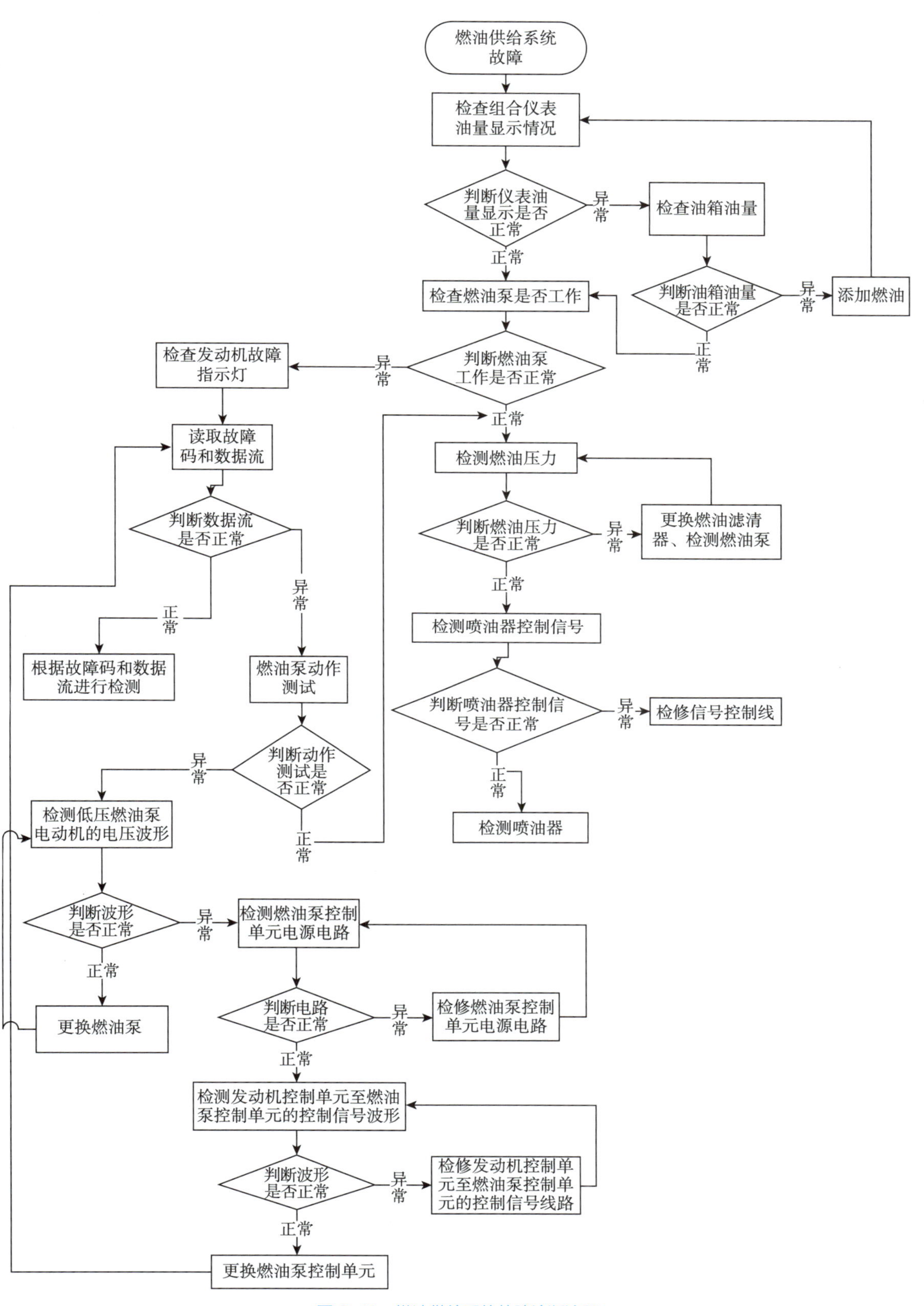

图 2-10　燃油供给系统故障诊断流程

4）读取故障码和数据流，如果有故障码，可根据故障码进行诊断。如果无故障码，则根据数据流和燃油供给系统控制电路图进行诊断分析。

5）测试燃油泵。用故障诊断仪执行燃油泵动作测试，如果低压燃油泵有运转声音，则说明燃油泵控制单元及控制电路正常，故障可能是发动机控制单元及相关信号有故障；如果低压燃油泵没有运转声音，则说明低压燃油泵控制单元及其控制电路有故障。

6）测量低压燃油泵电动机的电压波形。打开点火开关，开启车门时或启动发动机过程中，用示波器测量燃油泵电动机两端之间电压波形，测量结果是 0 到 +B 的方波为正常，测量结果是 0 V 则说明燃油泵内没有电流通过，可能原因是燃油泵控制单元及相关电路存在故障。

7）检测燃油泵控制单元电源。打开点火开关，用万用表测量燃油泵控制单元的供电及搭铁电路。在正常情况下，供电端子与搭铁之间的电压为 12 V。

8）测量燃油泵控制单元输入信号是否正常。在启动发动机过程中，用示波器测量燃油泵控制单元信号线对地波形，正常波形应为 0 至 +B 方波信号，如图 2–11 所示。随着发动机工况的变化，波形振幅不变，但占空比会发生变化，否则说明发动机控制单元至燃油泵控制单元之间的信号线存在故障，或者发动机控制单元未收到满足燃油泵运转条件的相关信号。

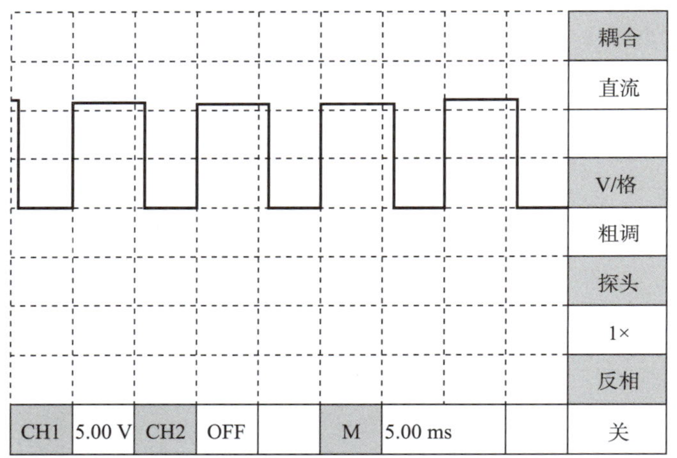

图 2–11　燃油泵控制单元输入信号正常波形

9）如果燃油供给系统控制电路无故障，低压燃油泵有工作声音，但发动机仍不能启动，则用燃油压力表检测燃油压力，判断燃油供给系统燃油压力是否正常，从而可推断出燃油泵工作是否正常。

2. 技能操作

（1）操作准备

准备技能操作所需的物料，见表 2-3。

表 2-3 物料准备

类别	所需物料
教学车辆 / 实训平台	实训车或燃油供给系统实训平台
设备、仪器、工具、资料	故障诊断仪、示波器、万用表、车辆维修手册

（2）燃油供给系统故障诊断与排除操作

1）读取故障码及数据流

读取实训车辆燃油供给系统故障码及数据流，将燃油供给系统故障相关信息填写在表 2-4 中。

表 2-4 燃油供给系统故障码及数据流

序号	故障码及数据流名称	故障码及数据流参数
1		
2		
3		
4		
5		
6		

2）拆画电路图

查阅所维修车型的电路图、车辆维修手册，拆画实训车辆燃油供给系统控制电路图，画在图 2-12 中。

3）燃油供给系统控制电路检测

对燃油供给系统控制电路进行检测，将检测结果填写在表 2-5 中。

图 2-12　实训车辆燃油供给系统控制电路图

表 2-5　燃油供给系统控制电路检测记录

序号	项目	检测条件	检测类型	标准值	实测值	是否正常
1	蓄电池电压					是□　否□
2	燃油泵动作测试	打开点火开关				是□　否□
3	低压燃油泵电动机两端的波形检测	打开点火开关，启动发动机	电阻	<5 Ω		是□　否□
4						是□　否□
5						是□　否□
6	燃油泵控制单元对燃油泵电动机的输出波形					是□　否□
7						是□　否□
8	检测燃油泵控制单元电源电路					是□　否□
9						是□　否□
10						是□　否□
11						是□　否□
12	测量燃油泵控制单元信号输入					是□　否□
13						是□　否□
14						是□　否□
15						是□　否□
16						是□　否□

检查评估

对本任务的学习情况进行检查，并将相关内容填写在表 2-6 中。

表 2-6　检查表

检查项目	检查结果	结果点评
燃油供给系统检测		
是否规范完成燃油泄压检查	是□　否□	
是否规范完成燃油泵动作测试	是□　否□	
是否规范完成燃油压力检测	是□　否□	
是否完成数据流分析	是□　否□	
燃油供给系统故障诊断		
燃油供给系统故障诊断过程是否规范	是□　否□	
燃油供给系统控制电路图绘制是否正确	是□　否□	
燃油供给系统控制电路检测项目是否正确	是□　否□	
可能的故障点和故障原因分析是否合理	是□　否□	
故障是否排除	是□　否□	
故障排除结果是否验证	是□　否□	
工作页记录是否完整	是□　否□	
现场管理		
工具设备是否整理并放至指定位置	是□　否□	
实训工位是否打扫干净	是□　否□	

任务小结

本任务小结如图 2-13 所示。

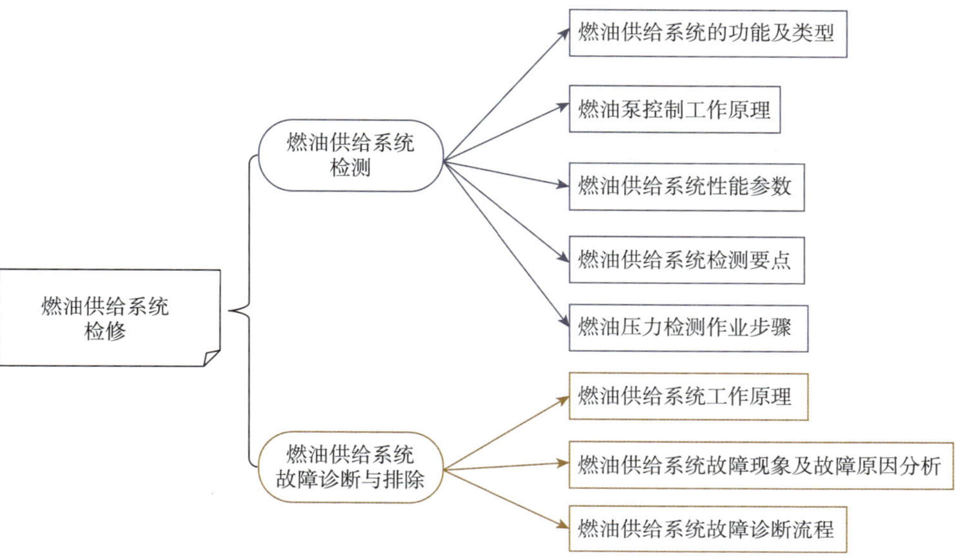

图 2-13　本任务小结

任务三
点火控制系统检修

任务导入

场景： 某国产智能网联汽车售后维修中心

人物： 车主王先生、维修技师李师傅

情节： 王先生出车时，启动发动机时，发动机启动困难，且启动后运行不平稳，抖动严重，于是到售后维修中心寻求帮助，售后维修中心维修技师李师傅拟对该车进行故障诊断与排除。如果你是维修技师李师傅，如何规范、高效地排除该车故障?

任务目标

▸ 能依据故障现象、电路图、故障码及数据流分析，确定点火控制系统故障范围。

▸ 能规范检测曲轴位置传感器、凸轮轴位置传感器、点火线圈及点火控制系统相关控制电路，排除因传感器、点火线圈及相关控制电路引起的发动机启动困难和运行不平稳故障。

任务实施

（一）点火控制系统检查

1. 知识学习

（1）点火控制系统组成

汽油发动机正常工作须具备三要素：良好的空气燃油混合气、符合要求的气缸压力、正确的点火正时及强烈的电火花，缺少任一要素，发动机都不能正常工作。点火控制系统是汽油发动机重要组成部分，负责在最佳点火时刻，产生强烈的电火花去点燃空气燃油混合气。在汽油发动机上，通常采用由微

处理机控制的点火控制系统，也称数字式电控点火控制系统。这种点火控制系统主要由执行器（点火线圈和火花塞）、发动机控制单元、传感器（曲轴位置传感器、凸轮轴位置传感器、爆震传感器等）组成，如图 3-1 所示。

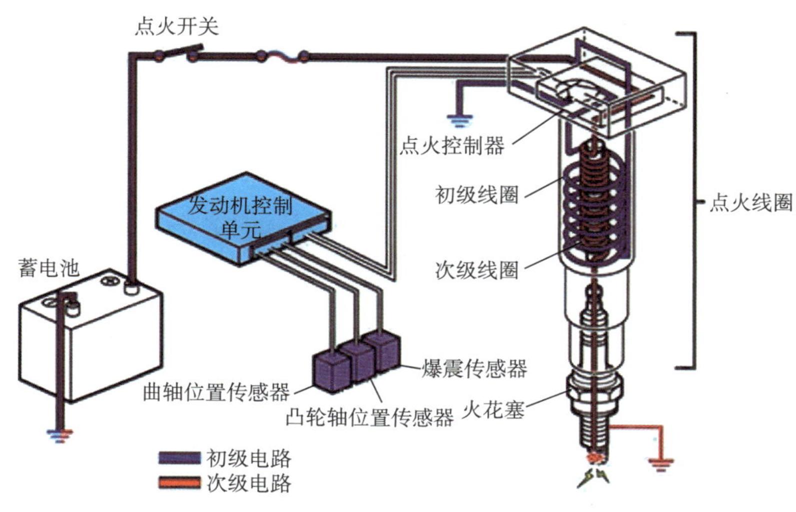

图 3-1　点火控制系统组成

1）点火线圈

点火线圈是将 12 V 电源电压转换成火花塞点火所需电压的一种变压器，是点火控制系统的核心部件之一，因发动机点火控制系统设计不一样，点火线圈类型有整体式、分体式、独立式三种，如图 3-2 所示，当前独立式点火线圈应用较为广泛。

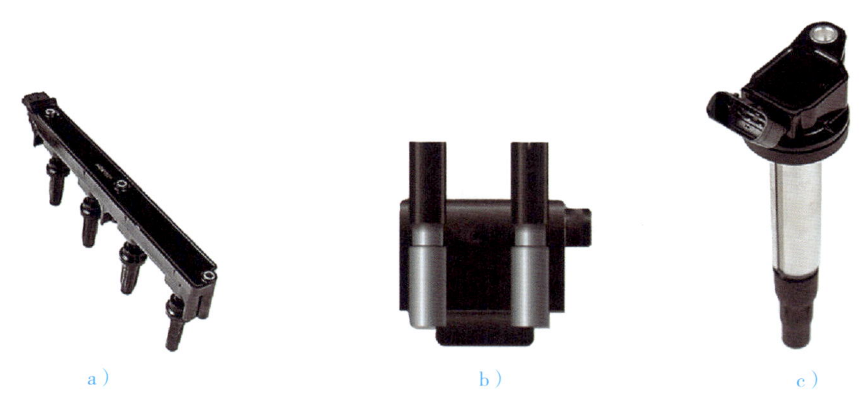

a）　　b）　　c）

图 3-2　点火线圈类型

a）整体式　b）分体式　c) 独立式

点火线圈可产生足以在火花塞电极间击穿电极间隙产生电火花的高电压，其结构如图 3-3 所示，以初级线圈、次级线圈、铁芯为基本构成，各层间罐封确保绝缘的环氧树脂材料。初级线圈用 0.3~0.6 mm 的电线绕 100~200 匝，次级线圈用 0.03~0.06 mm 的电线绕 10 000~20 000 匝，初级线圈和次级线圈都环绕在铁芯上。次级线圈的匝数大约是初级线圈的 100 倍。初级线圈的一端连接在点火控制器上，次级线圈的一端连接在火花塞上，两个线圈各自的另一端则连接在蓄电池上。

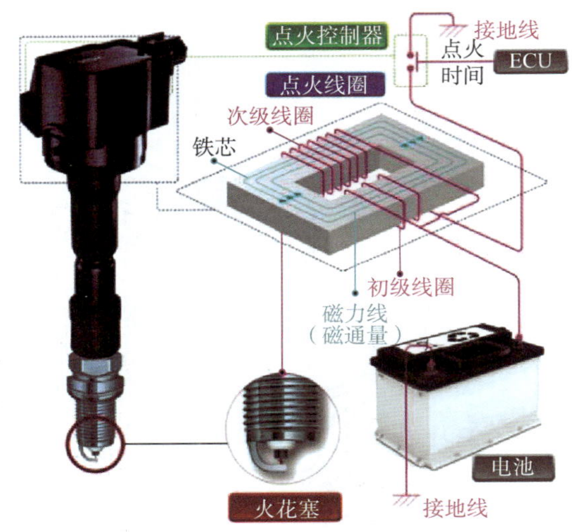

图 3-3　点火线圈结构

当发动机运转时，根据发动机控制单元输出的点火正时信号，点火控制器导通或切断，蓄电池的电流通过点火控制器流到初级线圈，线圈周围产生磁力线，如图 3-4a 所示；当发动机继续运转时，点火控制器按发动机电子控制单元输出的点火正时信号快速地停止流往初级线圈的电流，其结果是初级线圈的磁通量开始减小。因此，通过初级线圈的自导和次级线圈的互导，在阻止现存磁通量衰减的方向上产生了电动势，自导效应产生约为 500 V 的电动势，而与其相伴的次级线圈互导效应产生约为 30 kV 高压电动势，此高压电动势在火花塞的中心电极和接地电极之间产生电火花，如图 3-4b 所示。

初级线圈的磁场消失速度越快，电流断开瞬间的电流越大，两个线圈的匝数比越大，则次级线圈感应出来的电压越高。

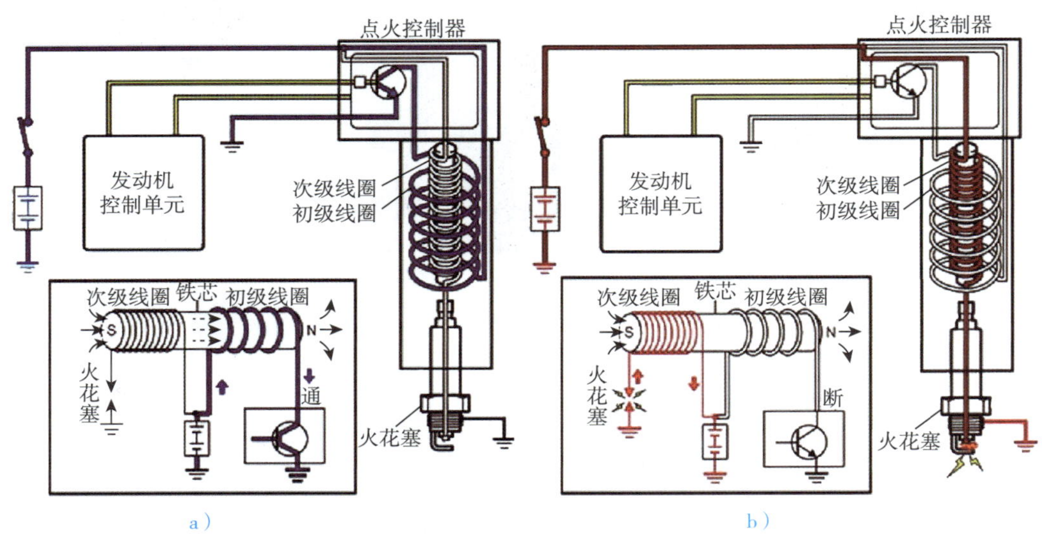

图 3-4　点火线圈工作原理示意图

a）点火控制器导通时　b）点火控制器断开时

2）火花塞

火花塞是汽油发动机点火控制系统的重要部件，它可将高压电引入燃烧室，并使其跳过电极间隙而产生电火花，从而点燃气缸中已压缩的空气燃油混合气，它主要由端子、陶瓷绝缘体、电阻、铜芯、绝缘管、中心电极和接地电极等组成，如图 3-5 所示。

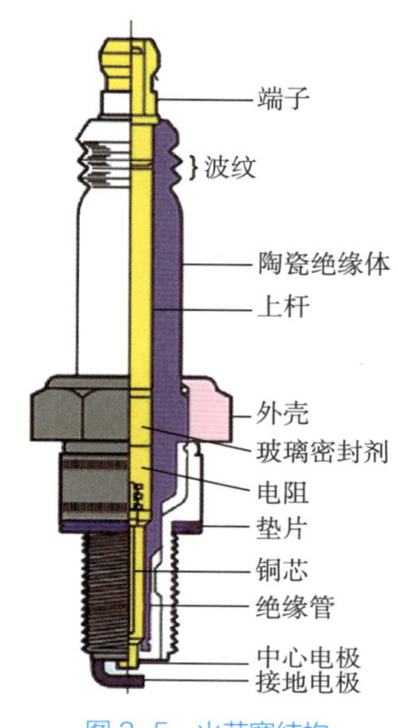

图 3-5　火花塞结构

火花塞的放电性能与电极形状密切相关。圆形电极放电困难，方形或尖形的电极放电较容易。火花塞经过长时间的使用，电极成了圆形之后，放电变得困难。因此，火花塞应定期更换。火花塞的电极越细越尖，越容易产生电火花，但其耗损较快，使用寿命较短。因此，有些火花塞电极采用白金或铱金，更耐耗损，通常称之为白金或铱金电极火花塞。

当火花塞耗损后，其电极间隙变大会导致工作不良，发动机运行不平稳。中心电极和接地电极间隙增大后，使得电火花跳过电极间隙更困难，因此需要更高的电压来产生电火花。所以每隔一定的行驶里程必须调整火花塞的电极间隙或更换火花塞。

提示：

- 如果点火控制系统能提供足够高的击穿电压，尽管火花塞间隙较大，也能产生强电火花，更容易点火。市场上有些火花塞的电极间隙为 1.1 mm。

- 白金或铱金电极的火花塞由于电极不容易耗损，因此不需要电极间隙调整（只需要按规范更换）。

3）曲轴位置传感器

曲轴位置传感器是发动机点火控制系统中最主要的传感器之一，用于检测发动机转速、活塞上止点和曲轴的转角，这些参数是计算混合气空燃比和进行点火调节的主要控制参数。曲轴位置传感器将这些参数以信号的形式发送给发动机控制单元，如果曲轴位置传感器发生故障，信号无法触发电子点火器（或 ECU）工作，将导致发动机控制系统不会发出点火指令，喷油器也不会喷油，此时发动机启动就会变得困难。曲轴位置传感器通常安装在曲轴前端、凸轮轴前端、飞轮壳上。曲轴位置传感器所采用的结构因车型不同而不同，可分为磁感应式、霍尔式和光电式三大类。

磁感应式传感器是利用电磁感应原理制成的传感器，即当一个线圈中的磁通量发生变化时，在该线圈的两端就会产生感应电动势，其构造与原理如图 3–6 所示。线圈绕在软磁铁芯上形成传感头，带凸齿的铁质信号轮随发动机曲轴在传感头附近转动，信号轮与传感头之间的间隙呈周期性变化，由于空气的磁阻远大于铁质材料的磁阻，该间隙的周期性变化必然造成磁回路磁阻的周期性变化，从而造成磁回路中磁通量的周期性变化，根据电磁感应原理，在感应线圈的两端就产生了交变感应电动势。感应线圈中产生的交变感应电动势的数量等于信号轮上凸齿的数量，即传感器输出信号的数量等于信号轮凸齿的数量（常见的信号轮轮齿数量为 60，其中缺齿的数量为 2），单位时间内输出信号的数量即可反应信号轮及发动机的转速。

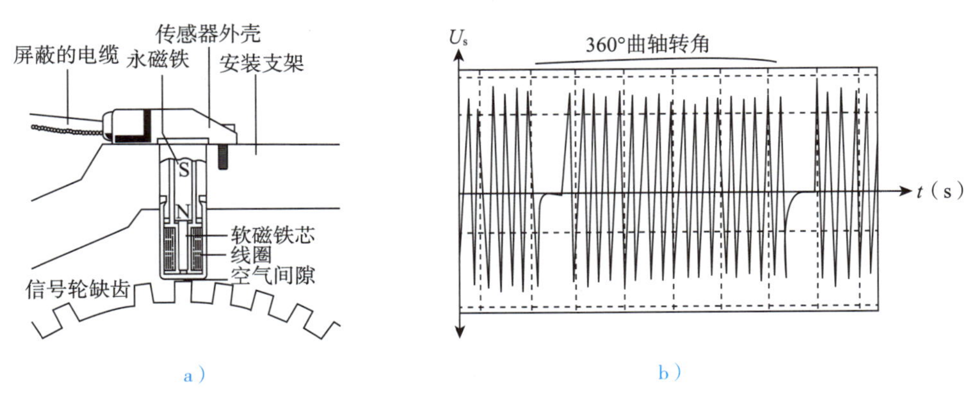

图 3–6　磁感应式曲轴位置传感器构造与原理

a）磁感应式曲轴位置传感器结构　b）磁感应式曲轴位置传感器信号

磁感应式传感器的突出优点是结构简单，且不需要外加电源，因此应用较为广泛。由于信号轮凸齿与传感头之间的间隙直接影响磁回路的磁阻，从而影响感应线圈输出的信号电压，因此，在使用中该间隙不能随意变动。间隙如有变化，必须按规定进行调整。不同车系上，该间隙值的大小有所不同，可查阅相应的车辆维修手册。

霍尔式传感器是根据霍尔效应原理制成的传感器，如图 3–7 所示，主要由永久磁铁、铁芯、通有电流的霍尔元件及其集成电路、带有缺口的信号轮等组成。信号轮随发动机曲轴转动，当信号轮的叶片部分通过霍尔元件与永久磁铁之间的间隙时，磁场被信号轮的叶片遮挡，没有磁场通过霍尔元件，因此不产生霍尔电压；当信号轮的缺口部分通过该间隙时，磁场将经过铁芯和霍尔元件形成磁回路，有磁场通过霍尔元件，因而产生霍尔电压。传感器内部的集成电路将上述霍尔电压的变化转变为方波，即可作为传感器的输出信号。信号轮每转一圈，传感器输出信号的数量等于信号轮上缺口（或叶片）的数量，单位时间内输出信号的数量即可反映信号轮及发动机的转速。在大部分汽车上，发动机控制单元与霍尔效应式传感器的工作方式是通过发动机控制单元专线向传感器提供稳定的工作电源（一般为 5 V）和搭铁，同时还通过信号线向传感器提供一个信号参考电压（一般为 5 V）。

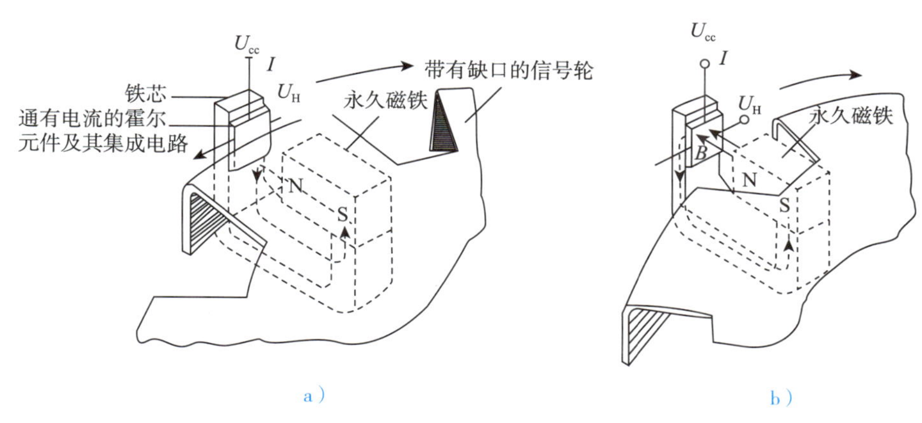

图 3-7 霍尔式传感器构造与原理

a）叶片进入间隙 b）叶片离开间隙

光电式传感器是利用光电效应原理制成的传感器，如图 3-8 所示，主要由带缺口的信号盘、发光元件（一般为发光二极管 LED）、光敏元件以及集成电路等组成。发光元件发出的光线射向光敏元件，但该光线受到信号盘的控制。当信号盘的叶片遮住光线时，光敏元件没有受到光线照射，其工作状态不变；当信号盘的缺口放开光线时，光敏元件受到光线照射，其工作状态发生变化。传感器的集成电路将这种变化转变为方波，作为传感器的输出信号。信号盘每转一圈，传感器输出信号的数量等于信号盘上缺口（或叶片）的数量，单位时间内输出信号的数量即可反映信号轮及发动机的转速。

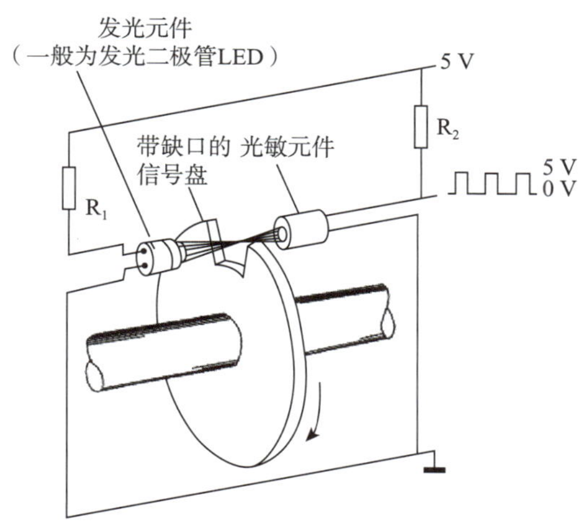

图 3-8 光电式传感器构造与原理

在大部分汽车上，光电效应式传感器的工作方式与霍尔效应式的相同。光电效应式传感器的优点与霍尔效应式的相同，即输出方波信号，且输出的信号电压与信号盘的转速无关。但光电效应式传感器中的光线对污染物比较敏感，需要密封传感器以保持良好的清洁环境。

4）凸轮轴位置传感器

如图 3–9 所示，凸轮轴位置传感器通常安装在凸轮轴附近，它将凸轮轴旋转数据转换为脉冲信号，然后发送至发动机控制单元，其工作原理与曲轴位置传感器相似，也分为磁感应式、霍尔式、光电式。发动机控制单元据此判断凸轮轴位置，并利用该数据控制燃油喷射时间、喷射正时、点火时间和点火正时。如果发动机运转，但仍无凸轮轴位置传感器信号输入到发动机控制单元，或凸轮轴和曲轴位置不同步，或凸轮轴位置传感器输出电压不在标准范围内，则发动机控制单元判定凸轮轴位置传感器电路存在故障。

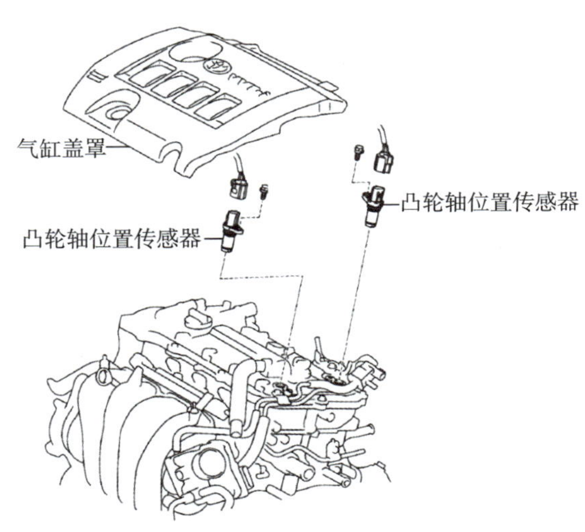

图 3–9　凸轮轴位置传感器的安装位置

5）爆震传感器

爆震是汽油机燃烧室中末端混合气自燃所引起的一种不正常燃烧现象，它不但会产生尖锐的敲缸声，还会使发动机的活塞、连杆、曲轴等机件受到过度冲击，并造成发动机过热等现象，从而大大缩短发动机的工作寿命。为减轻发动机爆震，在发动机缸体上安装爆震传感器，用于检测爆震现象，一旦检测到爆震发生，发动机控制单元就会逐步延迟点火直至爆震消除，爆震消除一段时间后，如果再没有发生爆震，发动机控制单元又会逐步恢复原来的点火正时，即对点火正时进行闭环控制。

汽车上常见的爆震传感器有压电式和磁致伸缩式两种形式，虽然工作原理有所不同，但检测爆震的方法却基本一样，都是通过检测发动机缸体或缸盖的振动状态来判断是否发生爆震。

压电式爆震传感器是根据压电效应原理制成的，在汽车上的应用最为广泛，如图 3–10 所示，其主要由套筒底座、压电元件、惯性配重、塑料壳体等组成。压电元件制成垫圈形状，在其两个侧面上制作有金属垫圈作为电极，并用导线引到接线连接器上。惯性配重用于传递发动机机体振动所产生的惯性力，其与压电元件之间、压电元件与传感器套筒之间均装有绝缘垫圈。传感器接线连接器上有三根引线，其中两根为信号线，一根为屏蔽线。传感器被安装在发动机机体上，当发动机机体产生振动时，传感器的惯性配重随之振动，其惯性力作用在压电元件上，使压电元件产生相应的电压，电压的幅值和频率随振动状态的变化而变化。

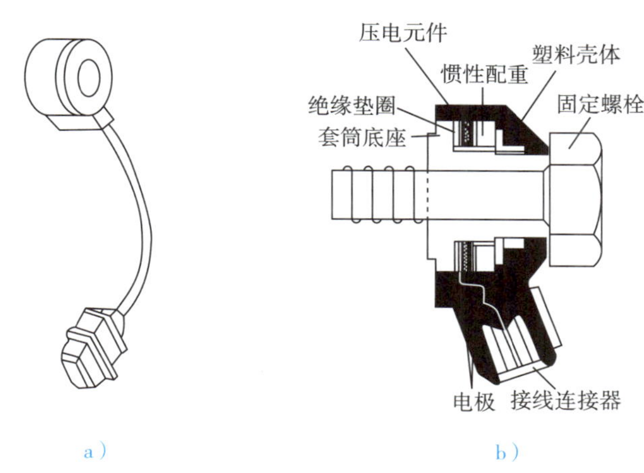

图 3-10　压电式爆震传感器结构

a）传感器外形　b）内部结构

当发动机发生爆震时，传感器信号电压的幅值和频率都会发生异常变化，发动机控制单元可以通过这种幅值的异常或频率的异常来判断发动机的爆震情况，当发生爆震的频率超过一定程度时，发动机控制单元即可开始进行点火正时的闭环调整。

该传感器发生故障时，上述闭环控制失效，为了避免爆震对发动机造成伤害，发动机控制单元会在储存相应故障码的同时，将各缸的点火正时均延迟一定值，此时发动机的动力性和经济性均会有所下降。

（2）点火控制系统工作原理

如图 3-11 所示，发动机工作时，发动机控制单元根据接收到的各传感器信号，运行相关程序，确定该工况下最佳点火提前角，向点火控制器发出点火信号，点火控制器则执行发动机控制单元的指令，控制点火线圈初级电路的通和断。当初级电路导通时，蓄电池的电流通过点火控制器流到初级线圈，线圈周围产生磁力线；发动机继续运转，点火控制器按发动机电子控制单元输出的点火正时信号快速地停止流往初级线圈的电流。其结果是初级线圈的磁通量开始减小。通过初级线圈的自导和次级线圈的互导，在阻止现存磁通量衰减的方向上产生了电动势，自导效应产生约为 500 V 的电动势，而与其相伴的次级线圈互导效应产生约为 30 kV 的高压电电动势，此高压电动势在火花塞的中心电极和接地电极之间产生电火花，点燃气缸内的可燃混合气，使发动机完成做功，点火线圈产生高压电后，点火控制器向发动机控制单元发送点火反馈信号。

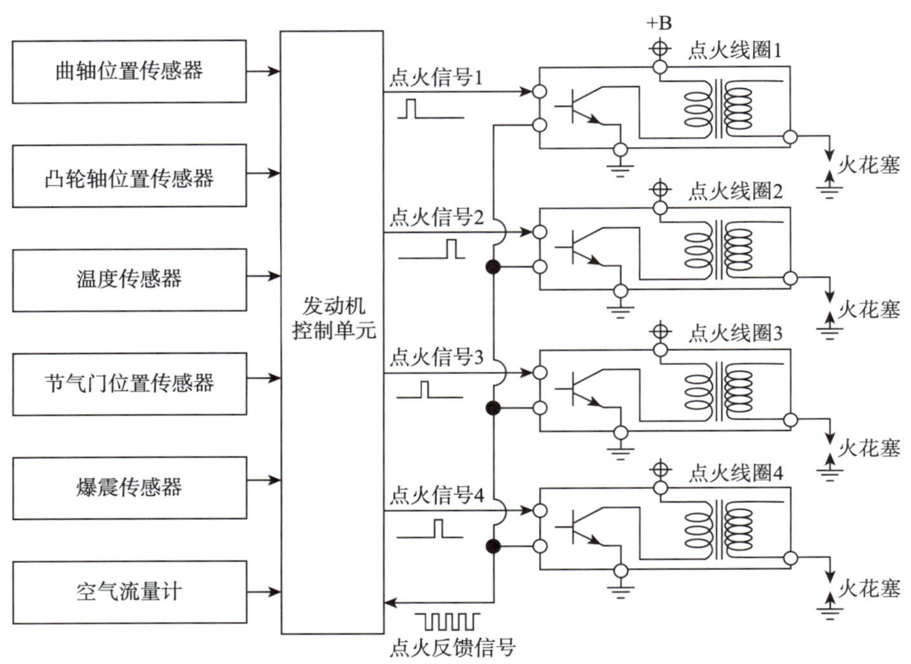

图 3-11　点火控制系统工作原理图

（3）点火正时

在汽油发动机中，空气燃油混合气被点燃，引起燃烧产生的爆发力推动活塞下行。当发动机最大燃烧爆发力发生在压缩上止点后 10° 时，热能可以最有效地转化为推动力。发动机不能在点火的同时产生最大爆发力，反而，在点火时刻稍微往后时，发动机能够产生最大的爆发力。因此，为使最大爆发力发生在上止点后 10°，点火时刻应该有所提前。点火正时的调整可以使发动机随时根据工况在上止点后 10° 后产生最大爆发力。因此点火控制系统必须能够根据工况在正确时刻点燃空气燃油混合气，使发动机能够产生最有效的爆发力。点火之后，空气燃油混合气不能立刻燃烧，而是从火花附近的小范围（火焰中心）首先燃烧，然后扩展到周围区域。

从空气燃油混合气被点火那一刻到燃烧这段时间，称为滞燃期，如图 3-12a 中 *A*–*B* 之间。滞燃期是恒定的，它不受发动机工况变化的影响。火焰中心形成后，火焰逐渐向外扩展，其扩展速度称为火焰传播速度，其周期称为火焰传播期，如图 3-12b 所示。进气量大时，单位容积内的混合气变多。因此，空气燃油混合气中微粒之间的距离减小，从而加速了火焰的传播，并且空气燃油混合气的涡流越强，火焰传播速度越快。火焰传播速度快的时候，必须减小点火正时的提前量。因此必须根据发动机的工况控制点火正时。

1）发动机转速控制

如图 3-13a 所示，考虑到发动机最大燃烧爆发力产生在上止点后 10° 时，有效输出功率最大，当发动机转速为 1 000 r/min 时，最佳点火正时设定在上止点前 10°。假设发动机的转速提高到 2 000 r/min，而实际上点火延迟时间不随发动机的转速增加而固定不变。因此，这时曲轴转角比 1 000 r/min 时增加了。如果在 2 000 r/min 时使用和图 3-13a 中相同的点火正时，则发动机的最大燃烧爆发力将产生在上止点后 10° 后，如图 3-13b 所示。因此，为了在 2 000 r/min 时使最大燃烧爆发力产生上止点后 10°，点火正时必须提前以校正最大爆发力时曲轴转角的延迟，如图 3-13c 所示。点火正时的提前过程称为正时提前，点火正时的延迟称为正时延迟。点火提前角与发动机速度的关系，如图 3-13d 所示。

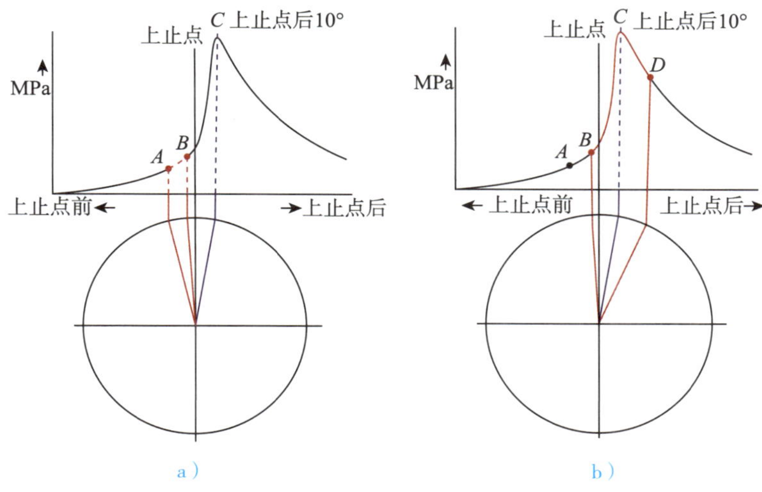

图 3-12　滞燃期和火焰传播期

a）滞燃期　b）火焰传播期

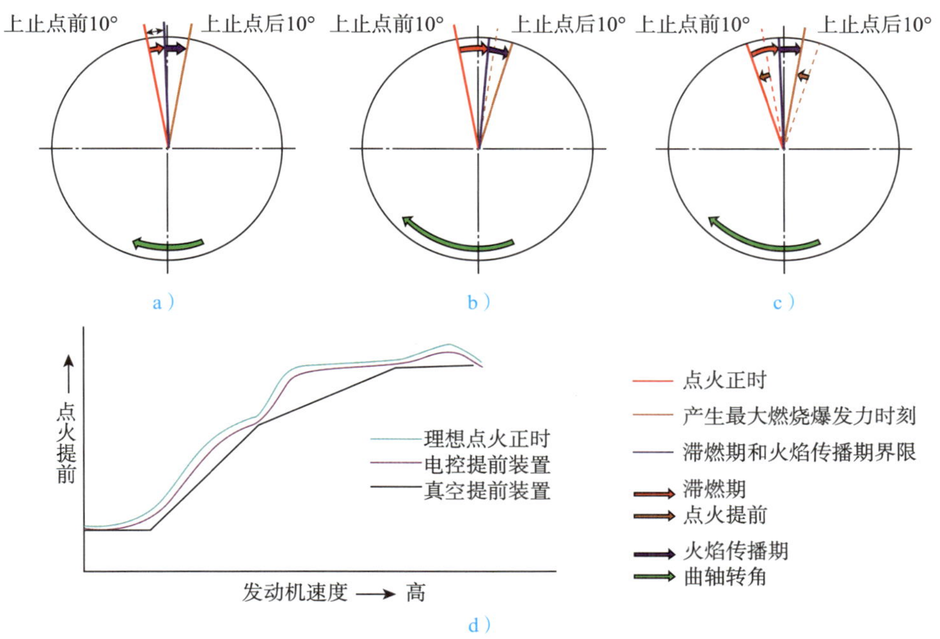

图 3-13　发动机转速控制示意图

a）1 000 r/min　b）2 000 r/min（与 1 000 r/min 时相同的点火正时）　c）2 000 r/min　d）点火提前角与发动机速度的关系

2）发动机负荷控制

考虑到发动机最大燃烧爆发力发生在上止点后 10°，低负荷时最佳点火正时设定在上止点前 20°，随着发动机负荷的增加，空气密度增加，火焰的传播期减小。因此，如果发动机高负荷时使用和图 3-14a 中所示的低负荷时相同的点火正时，则最大燃烧爆发力产生在上止点后 10° 之前，如图 3-14b 所示。为了使发动机高负荷时最大燃烧爆发力产生在上止点后 10°，点火正时必须被延迟以校正曲轴转角在图 3-14c 中所示的延迟量。相反，发动机低负荷时，点火正时应当被提前（但是，发动机怠速时，点火提前量必须保持较小或为零，以防止不能燃烧）。点火提前角与歧管真空度、发动机负荷的关系，如图 3-14d 所示。

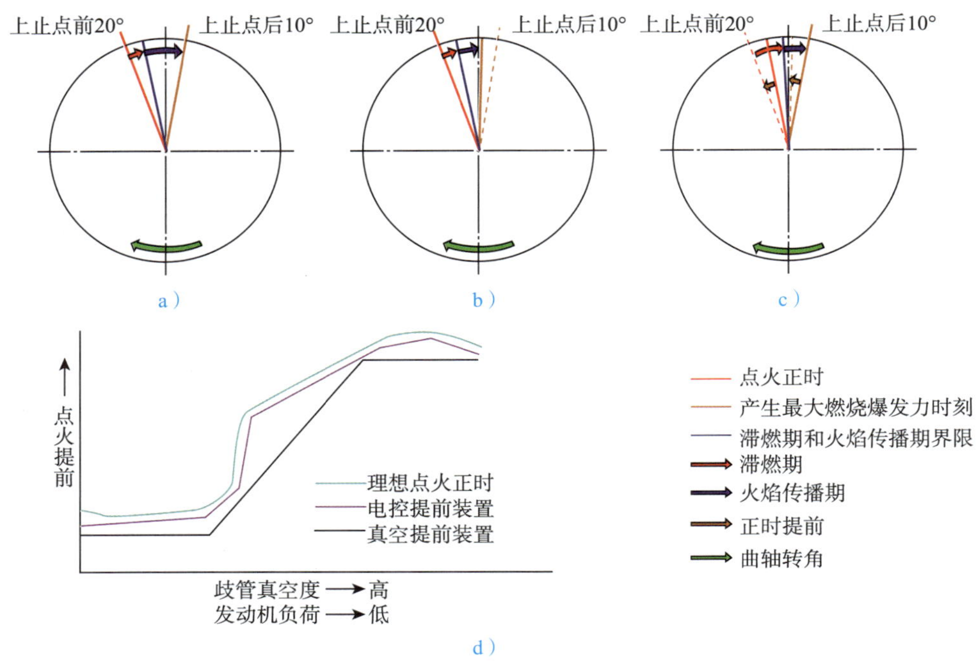

图 3-14　发动机负荷控制示意图

a）发动机负荷低　b）发动机负荷高（与低负荷时相同的点火正时）　c）发动机负荷高

d）点火提前角与歧管真空度、发动机负荷的关系

（4）点火控制系统初步检查

1）将故障诊断仪连接到诊断接口，打开点火开关，打开故障诊断仪，读取发动机故障码、数据流，如果有故障码，则按照各故障码相应步骤进行故障排除。

2）关闭点火开关，拆下点火线圈和火花塞。

3）将火花塞安装到点火线圈总成上，然后连接点火线圈总成连接器。

4）将火花塞接地。

5）将点火开关置于启动挡，当发动机转动时，检查并确认各火花塞是否出现电火花。

检查时确保将火花塞接地，不要使发动机转动超过 2 s。观看电火花颜色初步判定点火能量，正常电火花应呈现蓝色。如果点火线圈总成或火花塞曾受过敲击或掉落，应将其更换。如果任一气缸不产生电火花，则检查点火电路。

2. 技能操作

（1）操作准备

准备技能操作所需的物料，见表 3–1。

表 3–1　物料准备

类别	所需物料
教学车辆 / 平台	实训整车或点火控制系统实训台
设备、仪器、工具、资料	故障诊断仪、万用表、电源插座、车辆维修手册、汽车维修常用工具、火花塞套筒

（2）点火控制系统检查

对点火控制系统进行初步检查，并将检查结果记录在表 3–2 中。

表 3–2　点火控制系统检查记录

序号	数据名称	数据值	是否正常
1	蓄电池电压		是□　否□
2	发动机转速		是□　否□
3	1 号气缸点火正时提前角		是□　否□
4	爆震反馈值		是□　否□
5	爆震校正学习值		是□　否□
6	火花塞跳火情况		是□　否□

（二）点火控制系统故障诊断与排除

1. 知识学习

（1）曲轴位置传感器电路检测

发动机控制单元根据曲轴位置信号，计算曲轴位置和发动机转速，并利用这些计算值，控制燃油喷射时间和点火正时。曲轴位置传感器电路如图 3–15 所示，当发动机转速为 600 r/min 或更高的情况下，无曲轴位置传感器信号传送到发动机控制单元时，发动机控制单元会存储曲轴位置传感器及相关故障码。观察车辆仪表发动机转速，结合故障诊断仪读取故障码和发动机转速数据流，可判断曲轴位置传感器是否故障。如果发动机正常转动，发动机转速显示为零，这是由于没有收到来自曲轴位置传感器的转速信号造成的。另外，如果曲轴位置传感器输出电压不足，显示的发动机转速会低于实际转速。

1）读取发动机故障码和数据流，如果发动机转速显示正常，则说明曲轴位置传感器电路正常；如果发动机转速为零，则可能是曲轴位置传感器损坏，控制电路可能开路或短路，或曲轴位置传感器安装不当或曲轴位置信号发生器损坏。

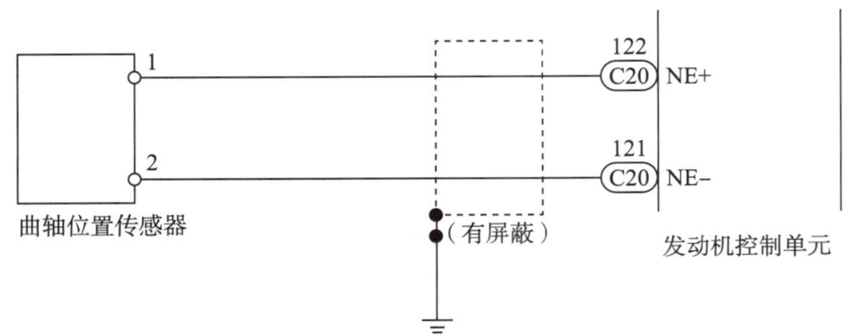

图 3-15　曲轴位置传感器电路

2）测量曲轴位置传感器端子 1 与端子 2 之间的电阻，正常值为 1 850~2 450 Ω，否则更换曲轴位置传感器。

3）测量曲轴位置传感器端子 1 与发动机控制单元 C20-121 之间线路的电阻、端子 2 与发动机控制单元 C20-122 之间线路的电阻，正常值应小于 1 Ω。测量端子 1 或 C20-121 与车身搭铁线路之间的电阻、端子 2 与 C20-122 与车身搭铁线路之间的电阻，正常值应大于 10 kΩ，否则应更换或修理控制线路。

4）检查曲轴传感器安装情况是否正确，如果安装不当则重新安装。

5）检测曲轴位置传感器信号发生器是否完好。

6）重新读取故障码和发动机转速数据，如果仍不正常，则更换发动机控制单元。

（2）点火线圈及控制电路

发动机型号不同，其点火线圈控制电路也不一样，但它们的基本工作原理是一致的。某品牌车型发动机点火线圈控制电路如图 3-16 所示，每个点火线圈的 4 号针脚为初级线圈电源，由部件继电器 J757 供电，端子 2 接收发动机控制单元发送的点火控制信号，端子 1 和端子 3 接地。

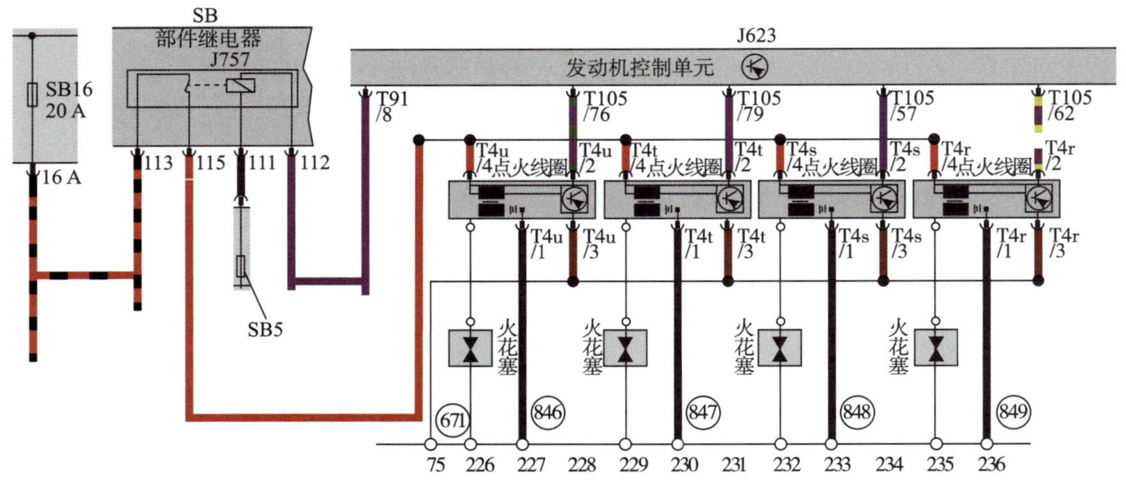

图 3-16　某品牌车型发动机点火线圈控制电路

（3）点火控制系统故障现象及故障原因分析

打开点火开关，启动发动机，发动机能随起动机一起运转，发动机不能启动或运行不平稳，如果燃油供给系统工作正常，无相关故障码，数据流也正常，则导致发动机不能启动或运行不平稳的故障原因可能就在点火控制系统，点火控制系统可能的故障原因如下。

1）曲轴位置传感器、凸轮轴位置传感器及控制电路故障

曲轴位置传感器监测发动机转速和曲轴旋转位置，并将此信号发送给发动机控制单元，发动机转速和曲轴旋转位置信号是点火、喷油重要的控制信号，如果该信号缺失，会影响发动机启动。当前部分车型发动机电控系统在曲轴位置传感器出现故障时，会以凸轮轴位置传感器信号来替代，以确保发动机能正常启动，但发动机启动时间会变长。

凸轮轴位置传感器监测凸轮轴旋转位置，发动机控制单元将凸轮轴位置信号作为控制点火和喷油时序的重要参考信号，如果该信号缺失或不正常，会影响发动机启动，当前部分车型发动机电控系统在凸轮轴位置传感器出现故障时，会以曲轴位置传感器信号来替代，以确保发动机能正常启动，但发动机启动时间会变长。

曲轴位置传感器和凸轮轴位置传感器的结构和工作原理基本一致，其故障检测方法也完全一致。当曲轴位置传感器及控制电路和凸轮轴位置传感器及控制电路同时出现故障时，启动发动机，发动机会因火花塞不工作而没有任何启动的征兆。

2）点火线圈及控制电路故障

点火线圈是产生高压电的核心部件，其供电电路、信号电路及搭铁线路存在故障，或点火线圈存在故障，将影响发动机启动、运行状态，会导致发动机不能启动或运行不平稳。

3）火花塞损坏

火花塞工作状况直接影响可燃混合气点燃，火花塞电极损耗、电极间隙过大或过小，电极积炭，会致火花塞电火花减弱或没有电火花，使可燃混合气不能被点燃。

（4）点火控制系统故障诊断流程

点火控制系统因由发动机控制单元控制，点火控制系统存在故障，系统通常会存储相关故障码，进行点火控制系统故障诊断时，可参考故障码和数据流确定故障范围，结合线路检测和部件检测确定具体故障点，诊断流程如图 3–17 所示。

1）打开点火开关，启动发动机，检查组合仪表显示情况，发动机转速显示是否正常。

2）打开点火开关，读取发动机控制单元故障码和数据流，先排除燃油供给系统故障，如果有相关点火控制系统故障码，可按故障码提示进行检测诊断。

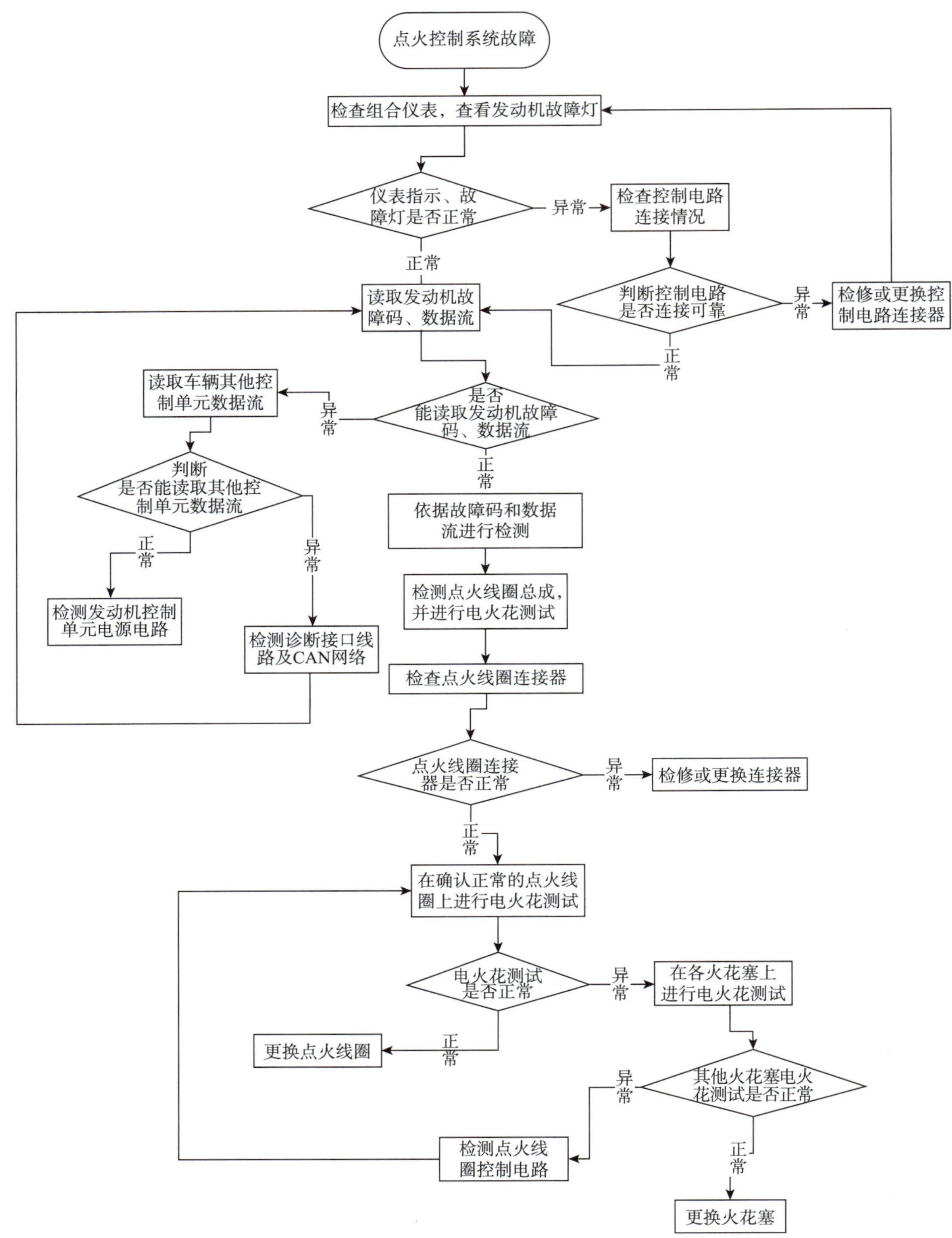

图 3-17　点火控制系统故障诊断流程

3）通过电火花测试，检测点火线圈总成。如果各缸火花塞不能点火，则检测点火线圈控制电路。

2. 技能操作

（1）操作准备

准备技能操作所需的物料，见表 3–3。

表 3–3　物料准备

类别	所需物料
教学车辆 / 实训平台	实训车或点火控制系统实训平台
设备、仪器、工具、资料	故障诊断仪、示波器、万用表、车辆维修手册

（2）点火控制系统故障诊断与排除操作

1）读取故障码及数据流

读取实训车辆整车及点火控制系统故障码和数据流，将点火控制系统故障相关信息填写在表 3–4 中。

表 3–4　点火控制系统故障码及数据流

序号	故障码及数据流名称	故障码及数据流参数
1		
2		
3		
4		
5		
6		

2）拆画电路图

查阅所维修车型的电路图、车辆维修手册，拆画实训车辆点火控制系统电路图，画在图 3–18 中。

3）点火控制系统电路检测

对点火控制系统电路进行检测，将检测结果填写在表 3–5 中。

图 3-18　实训车辆点火控制系统电路图

表 3-5　点火控制系统电路检测记录

序号	项目	检测条件	标准值	实测值	是否正常
1	蓄电池电压				是□　否□
2	点火线圈供电电压测试	打开点火开关	12 V		是□　否□
3		打开点火开关	<5 Ω		是□　否□
4					是□　否□
5					是□　否□
6	点火控制信号波形				是□　否□
7					是□　否□
8					是□　否□
9					是□　否□
10					是□　否□

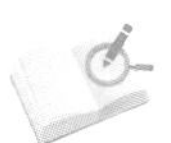

检查评估

对本任务的学习情况进行检查，并将相关内容填写在表 3-6 中。

表 3-6　检查表

检查项目	检查结果	结果点评
点火控制系统检测		
是否规范读取点火控制系统故障码	是□　否□	
是否规范读取点火控制系统数据流	是□　否□	
是否完成点火控制系统数据流分析	是□　否□	
是否规范完成电火花测试	是□　否□	
点火控制系统故障诊断		
点火控制系统故障诊断过程是否规范	是□　否□	
点火控制系统电路检测项目是否正确	是□　否□	
故障是否排除	是□　否□	
故障排除结果是否验证	是□　否□	
工作页记录是否完整	是□　否□	

续表

检查项目	检查结果	结果点评
现场管理		
工具设备是否整理并放至指定位置	是□　否□	
实训工位是否打扫干净	是□　否□	

任务小结

本任务小结如图 3-19 所示。

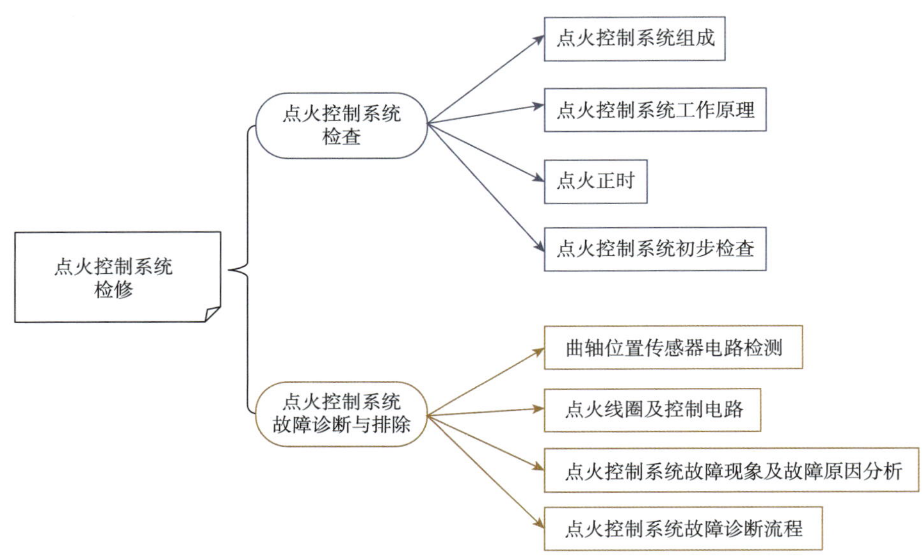

图 3-19　本任务小结

任务四
进气控制系统检修

任务导入

场景：某国产智能网联汽车售后维修中心

人物：客户李先生、维修技师王师傅

情节：李先生在启动汽车时发现发动机启动困难，怠速工况时发动机转速偏高，行驶过程中加速无力还伴有冒黑烟等情况，于是将车开到汽车售后维修中心。如果你是汽车售后维修中心维修技师王师傅，你将如何规范、高效地排除该车的故障？

任务目标

▸ 能描述进气控制系统的功用、组成、工作原理及主要技术性能参数，完成进气控制系统故障成因的解释工作。

▸ 能依据故障现象、电路图，确定进气控制系统故障范围。

▸ 能正确使用相关检测设备，规范作业流程，完成空气流量计、进气歧管绝对压力传感器、电子节气门故障诊断与排除。

任务实施

（一）进气控制系统检测

1. 知识学习

（1）电控发动机进气控制系统的功用

电控发动机进气控制系统的功用是利用电控装置，根据发动机负荷变化为发动机输送清洁、干燥、

充足而稳定的空气以满足发动机不同工况对进气量的需求。

（2）电控发动机进气控制系统的组成

电控发动机进气控制系统主要由空气滤清器、空气流量计（或进气歧管绝对压力传感器）、节气门体、进气管、进气室、进气歧管、怠速控制（IAC）阀以及各种传感器、配线、控制气体量及真空度的软管等部件组成。某车型发动机进气控制系统结构如图 4–1 所示。

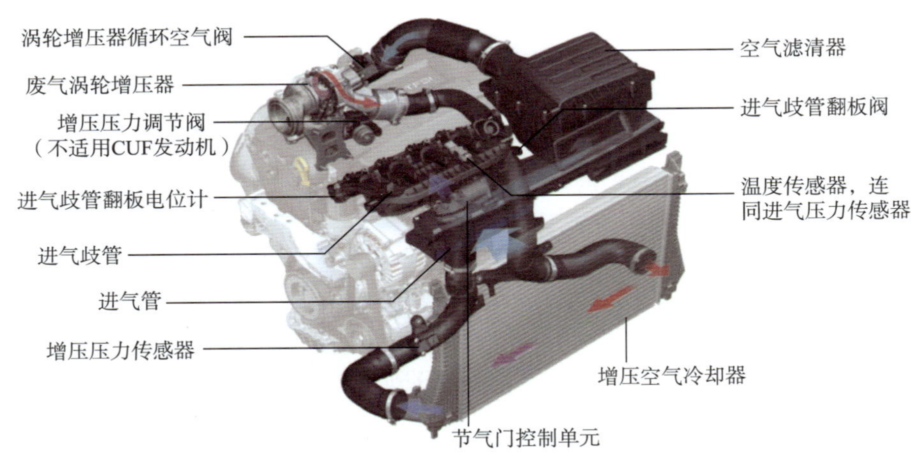

图 4–1　某车型发动机进气控制系统结构

（3）电控发动机进气控制系统的工作原理

发动机控制单元通过接收油门踏板位置、冷却液温度、变速器挡位等输入信号，计算出发动机进气量需求，控制节气门驱动电机，使节气门阀片打开合适的角度。发动机控制单元根据节气门位置传感器的反馈信号对节气门开度进行准确调节，空气流量计或进气歧管绝对压力传感器负责直接或间接检测进气量（通过进气温度进行修正），作为计算基本喷油量的主要依据。

（4）电控发动机进气控制系统的主要部件

1）空气流量计

空气流量传感器又被称为空气流量计，它是电控发动机的重要传感器之一。它将吸入的空气流量转换为电信号送至电控单元（ECU），作为决定喷油的基本信号之一，是测定吸入发动机的空气流量的传感器。它安装在进气控制系统中空气滤清器和电子节气门之间的进气管道上。它的功能是向发动机控制单元提供进气量信号，以供发动机控制单元确定基本喷油量和基本点火提前角。空气流量计的损坏会使进气量信号丢失，发动机控制单元无法准确计算喷油量，导致发动机出现怠速不稳、抖动、加速无力等故障现象。常用的空气流量计包括卡门旋涡式、热线式、热膜式等。

① 卡门旋涡式空气流量计，主要是在空气通路中放置一个圆柱状或三角状物体时，在这一物体的下游就会产生的两列旋转方向相反，并交替出现的旋涡，其结构如图 4–2 所示。

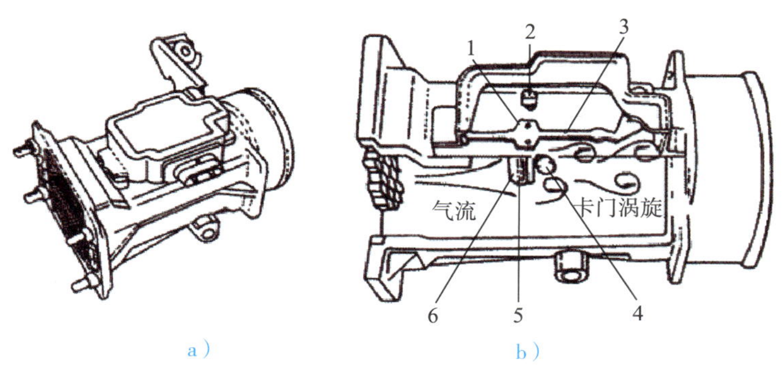

图 4-2　卡门旋涡式空气流量计结构

a）外形　b）结构

1—反光镜　2—发光二极管　3—板簧　4—光敏三极管　5—压力导向孔　6—涡流发生器

② 热线式空气流量计，在空气通路中放置一段发热的白金热线，由于热量被空气吸收，发热体本身降温，流通的空气量越多，发热体降温越快；发动机电子控制模块（ECM）根据进气温度和进气量的大小，改变供给发热体的电流，保持空气的温度与发热体一定的温度差，并通过测定发热体电流的大小感知空气的流量，其结构如图 4-3 所示。

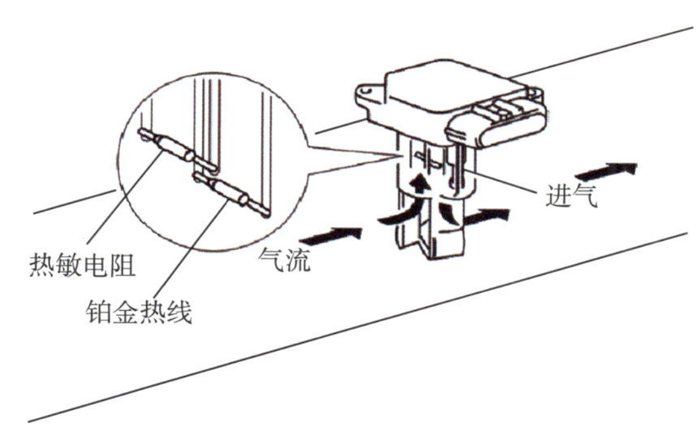

图 4-3　热线式空气流量计结构

③ 热膜式空气流量计与热线式空气流量计类似，都是利用惠斯登电桥工作的，其结构如图 4-4 所示。

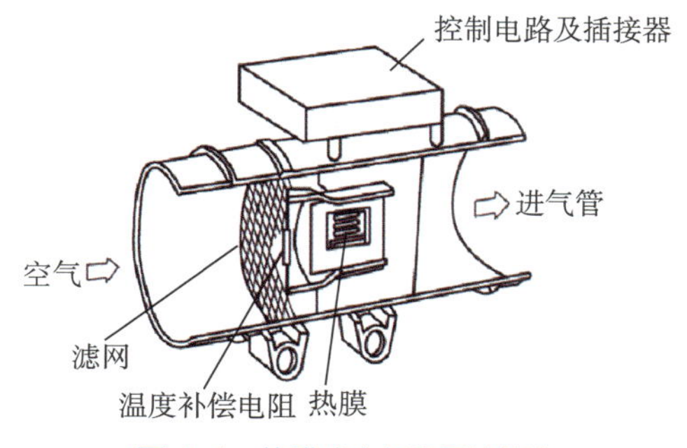

图 4-4　热膜式空气流量计结构

情境一

2）进气歧管绝对压力传感器

①进气歧管绝对压力传感器的功用

进气歧管绝对压力传感器安装在进气控制系统中电子节气门之后的进气歧管上，用于检测进气歧管的压力，常与进气温度传感器组装在一起，在检测进气量时，利用进气温度修正进气量，作为决定基本喷油量和基本点火提前角的重要信号。

②进气歧管绝对压力传感器的组成及工作原理

在发动机工作时，随着活塞的上下运动和节气门开度的变化，进气歧管内的真空度也随之变化，歧管压力传感器便利用发动机工作时歧管内真空度的变化检测进气量，并通过传感器内部的集成元件，将进气压力转换为PIM信号传给发动机ECU，其组成及工作原理如图4–5所示。

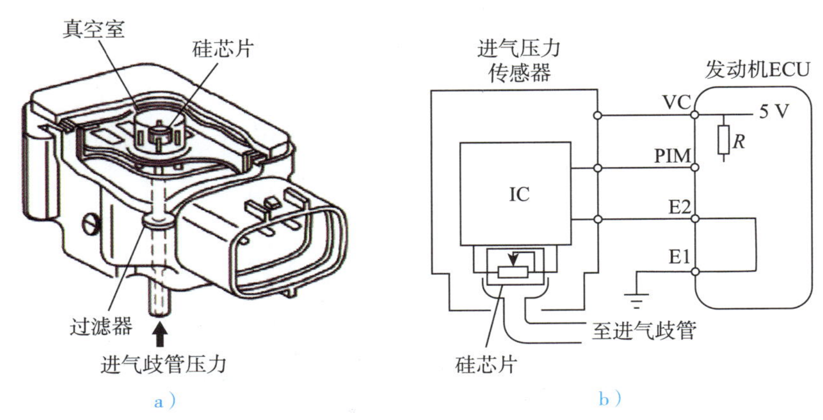

图4–5　进气歧管绝对压力传感器组成及工作原理

a）组成　b）工作原理图

3）电子节气门控制系统

①电子节气门控制系统的功用

电子节气门是汽车发动机的重要控制部件，由节气门控制电动机、节气门位置传感器、节气门等构成，采用电子节气门控制系统，可以使节气门开度得到精确控制，电子节气门控制系统组成如图4–6所示。

②电子节气门控制系统的工作原理

驾驶员操纵加速踏板，加速踏板位置传感器产生相应的电压信号输入节气门控制单元，控制单元计算出所需的转矩、节气门转角，并将相应的电压信号发送至驱动电路模块，驱动控制电动机使节气门达到较佳的开度位置，节气门位置传感器把节气门的开度信号反馈给节气门控制单元，形成闭环的位置控制。

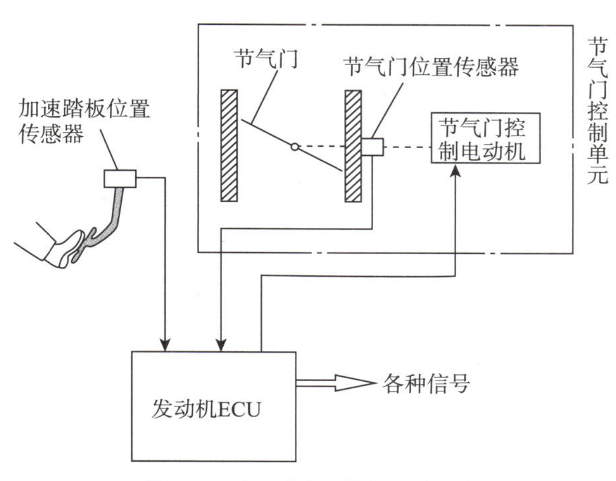

图 4-6 电子节气门控制系统组成

③ 电子节气门控制系统的组成

电子节气门控制系统包括加速器踏板位置传感器、发动机控制单元和节气门控制单元。节气门控制单元是由节气门、节气门控制电动机、节气门位置传感器等构成。某型号发动机电子节气门结构如图 4-7 所示。

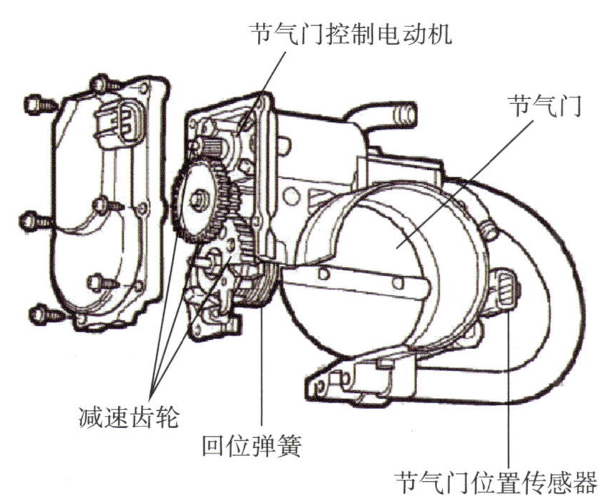

图 4-7 某型号发动机电子节气门结构

节气门位置传感器安装在节气门体内，通过节气门轴与节气门拉索联动，用于检测节气门开度信号，并转换为电信号传给 ECM。ECM 根据节气门位置传感器信号判断车辆不同的工况，如怠速工况、加速工况、中小负荷工况等，控制空燃比和燃油供给。

常用的节气门位置传感器类型包括开关量式节气门位置传感器、线性可变电阻型节气门位置传感器、霍尔式节气门位置传感器，分别如图 4-8、图 4-9、图 4-10 所示。

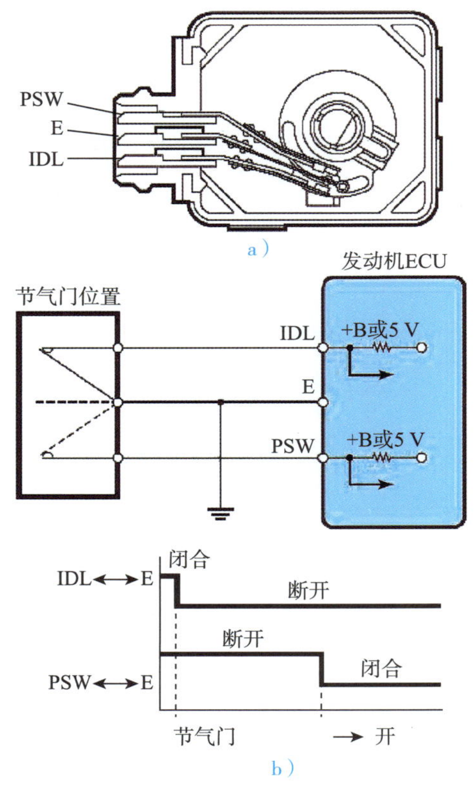

图 4-8　开关量式节气门位置传感器结构及电路原理图

a）结构图　b）电路原理图

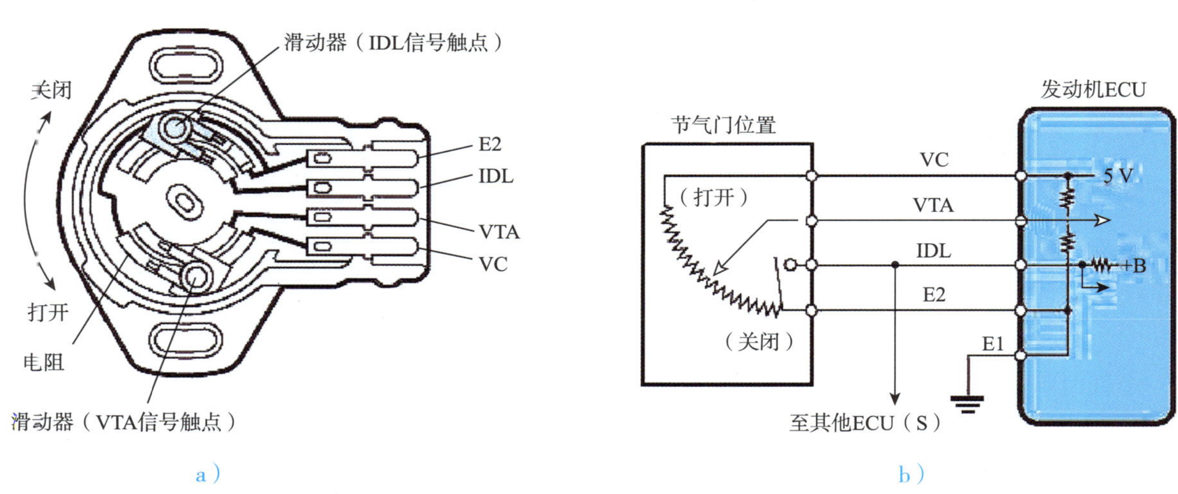

图 4-9　线性可变电阻型节气门位置传感器结构及电路原理图

a）结构图　b）电路原理图

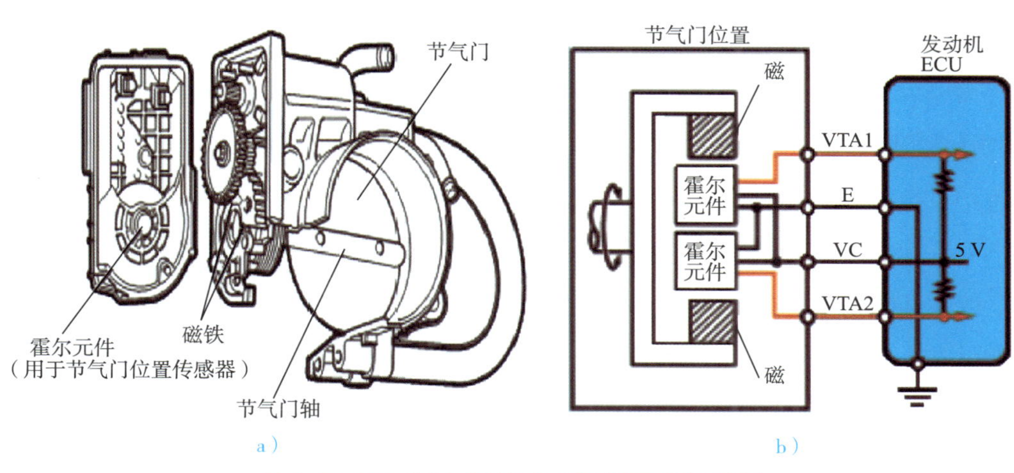

图 4-10 霍尔式节气门位置传感器结构及电路原理图

a）结构图 b）电路原理图

4）进气温度传感器

① 进气温度传感器的功能

进气温度传感器通常安装在空气流量计或进气压力传感器内，也可以安装在进气管道上某个部位。进气温度的高低将影响进气管道内的空气密度，即影响单位体积内进入空气的实际质量。进气温度升高时，空气密度小，混合气偏浓，发动机转速通常也相应增加；进气温度降低时，空气密度大，混合气偏稀，发动机转速通常也相应降低。发动机控制单元会根据进气温度的变化，修正混合气浓度和点火提前角，以维持可燃混合气中空气质量与燃油质量的比值在理论空燃比（汽油是 14.7 : 1，柴油是 14.3 : 1）。

② 进气温度传感器的组成及工作原理

进气温度传感器的核心是负温度系数的热敏电阻（温度越高，电阻越小，输出电压信号越低；温度越低，电阻越大，输出电压信号越高）。某品牌车型发动机的进气温度传感器 G42 与进气歧管压力传感器 G71 集成安装在一起，共同构成进气歧管传感器，如图 4-11 所示。两个传感器共用发动机控制单元提供的 5 V 电源线以及内部搭铁线，其余两根信号线分别用于反馈进气量信号与进气温度信号。

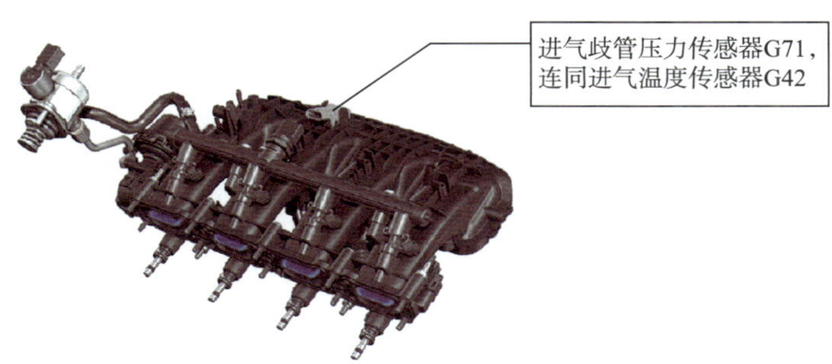

图 4-11 某品牌车型发动机的进气温度传感器结构

5）涡轮增压器

① 涡轮增压器的功用及工作原理

涡轮增压器实际上是一种空气压缩机，通过压缩空气来增加进气量。它是利用发动机排出的废气惯性冲力来推动涡轮室内的涡轮，涡轮又带动同轴的叶轮，叶轮压缩由空气滤清器管道送来的空气，使之增压进入气缸。当发动机转速增大，废气排出速度与涡轮转速也同步增加，叶轮就压缩更多的空气进入气缸，空气的压力和密度增大可以燃烧更多的燃油，从而增加燃油量和调整发动机的转速，就可以增加发动机的输出功率，其结构如图 4–12 所示，其工作原理如图 4–13 所示。

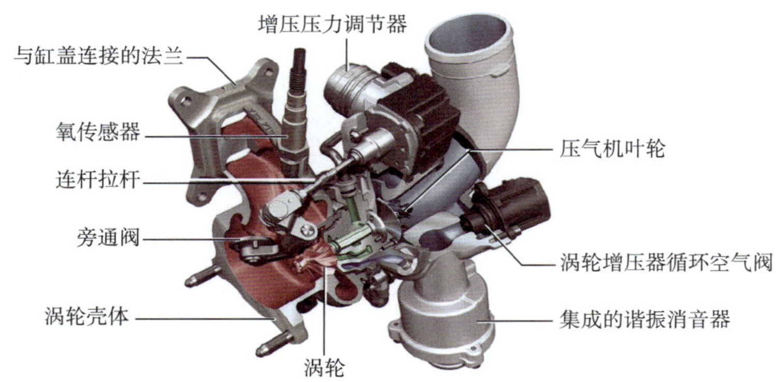

图 4–12　涡轮增压器结构

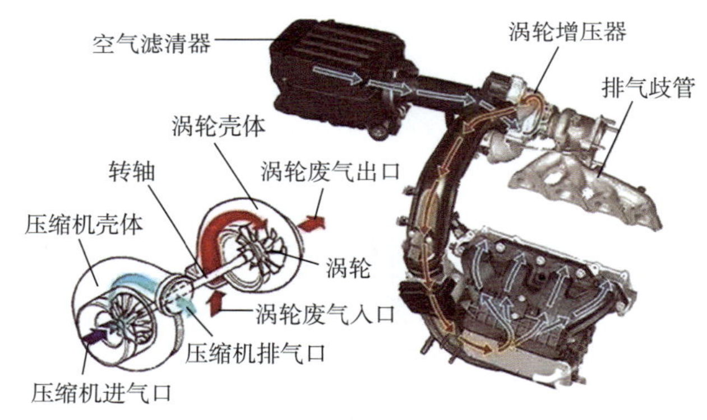

图 4–13　涡轮增压器工作原理

② 涡轮增压器的类型

常用涡轮增压器的类型有机械增压和废气涡轮增压两种。

机械增压。发动机采用机械增压时，通常由发动机曲轴通过齿轮驱动增压器。增压器一般采用离心式或罗茨压气机，特殊的型号也有采用螺杆式压气机。

废气涡轮增压。利用发动机废气能量驱动涡轮增压器，称为废气涡轮增压（简称涡轮增压）。废气涡轮增压的特点是在涡轮增压器和发动机之间没有机械连接。它们之间靠气路相通。因为压气机消耗的功是涡轮从废气中回收的一部分能量，所以涡轮增压发动机不仅可以增加发动机的功率，而且可以提高

其热效率，降低燃油消耗率。如果在轿车尾部看到“Turbo”或者“T”的标识，即表明该车采用的发动机是涡轮增压的。

2. 技能操作

（1）操作准备

准备技能操作所需的物料，见表 4–1。

表 4–1　物料准备

类别	所需物料
教学车辆 / 平台	具有进气控制系统的车辆或实训台
设备、仪器、工具、资料	故障诊断仪、数字万用表、电源插座、跨接线、车辆维修手册、常用套装工具（旋具、扳手）

（2）节气门位置传感器的检测

1）开关量式节气门位置传感器

检查怠速触点（IDL）和功率触点（PSW）分别在怠速和大负荷闭合的情况，若开、闭不正常，可先进行位置调整。

用万用表电阻挡测量接线端子，将数据填入表 4–2 中。检测数据比对节气门位置传感器正常的参考值。如不符合，应维修触点或更换。

表 4–2　开关量式（测电阻）

节气门	测量端子（通、断）	
	TL–IDL	TL–PSW
全闭		
稍稍打开		
全开		

2）线性输出型

测量电位器的电阻，将数据填入表 4–3 中，并观察数据是否在 0.1~10 kΩ 之间连续、均匀变化；在线测量电压时，将数据填入表 4–4 中，观察电压应在 0.3~4.5 V 之间连续、均匀变化。

表 4–3　线性输出型（测电阻）

节气门开闭状态	测量端子间的电阻 / Ω		
	VC–E2	VTA–E2	IDL–E2
全闭→全开			

表 4-4 线性输出型（测电压）

节气门开闭状态	条件	电压 /V
VC-E2	节气门在任一位置	
VTA-E2	全闭→全开	
IDL-E2	节气门关闭	
IDL-E2	节气门开	

（二）进气控制系统故障诊断与排除

1. 知识学习

（1）进气控制系统故障现象及故障排除方法

1）进气歧管绝对压力传感器故障

① 进气歧管绝对压力传感器常见故障现象及排除方法（见表 4–5）

表 4-5 进气歧管绝对压力传感器常见故障及排除方法

常见故障	故障现象	主要原因及排除方法
进气压力传感器与进气歧管之间的真空软管脱落、破裂、漏气	怠速转速偏高、加速无力、排气管冒黑烟等现象	发动机控制单元没有接收到准确的进气量信号，导致混合气太浓或太稀。应确保进气压力传感器与进气歧管之间的真空软管连接稳固并且无破损、漏气情况
进气压力传感器故障或其与发动机控制单元之间线路出现短路、断路、接触不良等故障	发动机无法启动、怠速不稳、加速无力、运转时熄火等现象	发动机控制单元没有接收到准确的进气量信号，应更换进气压力传感器或修复线路故障

② 检测步骤

第一步：使用故障诊断仪读取故障码并记录。

第二步：使用故障诊断仪读取进气歧管绝对压力传感器数据流（随着节气门开度变化，进气歧管真空度变化，信号电压变化）并记录。

第三步：使用数字万用表检测进气歧管绝对压力传感器供电电压值并记录，正常应在 5 V 左右。

第四步：当节气门开度改变时，使用数字万用表检测进气歧管绝对压力传感器信号线电压，观察信号电压能否在 0~5 V 之间连续变化。

第五步：使用数字万用表检测进气歧管绝对压力传感器与发动机控制单元之间搭铁线电阻并记录，正常应小于 1 Ω。

③ 检测进气歧管绝对压力传感器的信号波形（见图 4–14）并记录相关数据

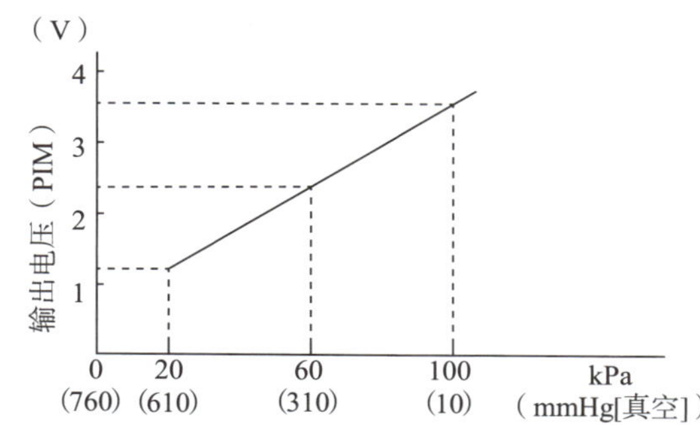

图 4–14　进气歧管绝对压力传感器信号波形

关闭点火开关，正确连接示波器表笔。启动发动机，调整示波器幅值和频率周期，使波形显示在仪器中间位置，并画下波形。进气歧管绝对压力传感器电路原理如图 4–15 所示。

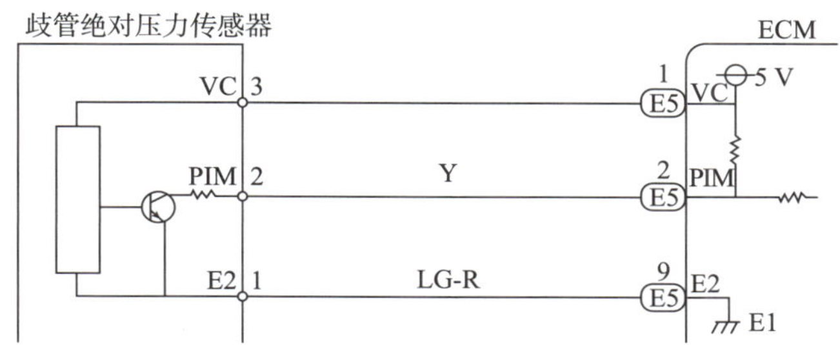

图 4–15　进气歧管绝对压力传感器电路原理

2）电子节气门控制系统故障

① 节气门位置传感器常见故障现象及排除方法（见表 4–6）

表 4–6　节气门位置传感器常见故障及排除方法

常见故障	故障现象	主要原因及排除方法
传感器线路断路、短路或接触不良	发动机启动困难、加速无力、怠速不稳、容易熄火等现象	原因是发动机控制单元没有准确收到节气门开度信号，应更换故障导线或排除线路故障
线性可变电阻的滑动触点接触不良		原因是节气门开度变化时，传感器信号输出有中断现象，应更换节气门位置传感器
传感器损坏，无信号输出		原因是发动机控制单元没有收到节气门开度信号，应更换节气门位置传感器

② 检测步骤

某型号发动机节气门位置传感器线路图如图 4–16 所示，具体的检测步骤如下。

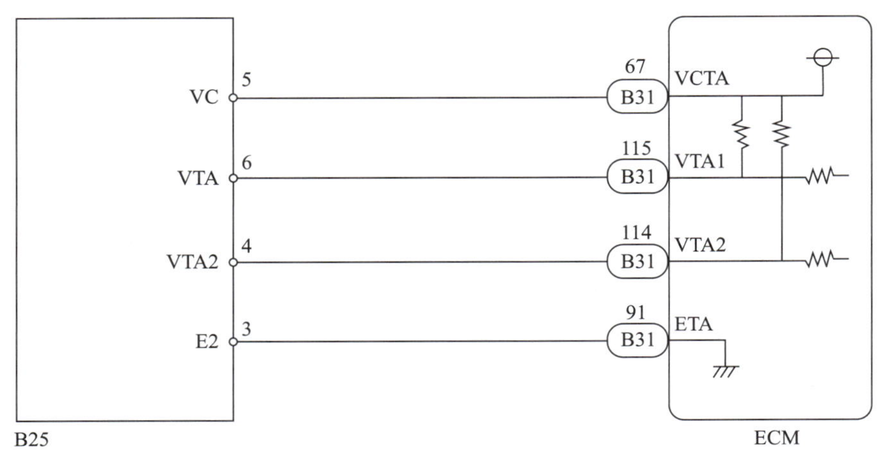

图 4–16　某型号发动机节气门位置传感器线路图

在不同油门踏板开度下读取相关数据流，并进行记录。

如果数据流有异常情况，应检查相关线路和连接器，关闭点火开关，断开蓄电池负极，断开节气门控制单元连接器，断开 ECM 连接器。根据端子编号，找到相应的端子，根据图 4–17 测量电阻，并记录结果。

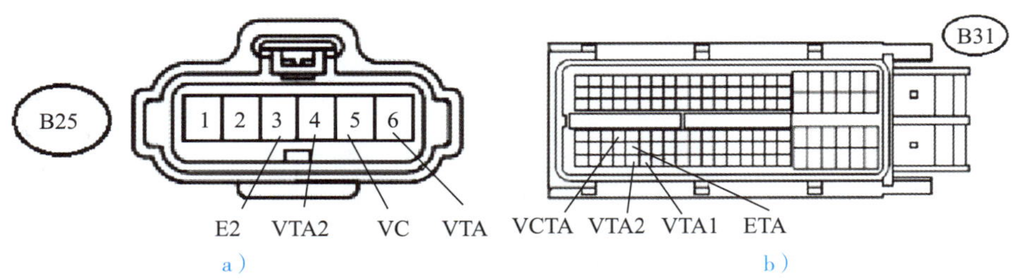

图 4–17　连接器端子编号

a）节气门控制单元连接器端子编号　b）发动机控制单元连接器端子编号

如果线路正常，应检查 ECM（VC 电压），断开节气门控制单元连接器，打开点火开关。测量 VC 与 E2 电压，并记录测量结果。

如果 VC 与 E2 电压正常，则更换节气门控制单元总成，否则应更换 ECM。

3）涡轮增压控制系统故障

① 涡轮增压控制系统常见故障及排除方法（见表 4–7）

表 4-7 涡轮增压控制系统常见故障及排除方法

常见故障	故障现象	主要原因及排除方法
涡轮增压器增压压力过高	1. 车辆行驶中发动机故障指示灯点亮 2. 显示屏显示发动机功率下降 3. 行驶中车速提速很慢，油门踏板踩到底，车速勉强可以达到约 120 km/h 4. 熄火后再次启动，发动机故障指示灯熄灭，但只要车速达到约 100 km/h 左右或急加速，发动机故障指示灯就会立即点亮	1. 可能是废气旁通阀故障（更换） 2. 可能是增压压力传感器或其线路故障（修复或更换） 3. 可能是增压压力调节器或其线路故障（修复或更换） 4. 可能是发动机控制单元或其线路故障（修复或更换）
涡轮增压器增压压力过低	1. 车辆行驶中发动机故障指示灯点亮 2. 显示屏显示发动机功率下降 3. 行驶中车速提速很慢，油门踏板踩到底，车速勉强可以达约 100 km/h 4. 熄火后再次启动，发动机故障指示灯熄灭，但只要车速达到约 100 km/h 左右或急加速，发动机故障指示灯就会立即点亮	1. 可能是废气旁通阀常开（更换） 2. 可能是增压压力传感器或其线路故障（修复或更换） 3. 可能是增压压力调节器或其线路故障（修复或更换） 4. 可能是涡轮增压器故障（更换） 5. 可能是发动机控制单元或其线路故障（修复或更换）

② 检测步骤

第一步：使用故障诊断仪读取故障码并记录。

第二步：启动车辆，使用故障诊断仪读取涡轮增压控制系统数据流（发动机转速、发动机负荷、增压压力标准值、实际增压压力值）并记录。

第三步：测量增压压力传感器插接器上电源端子和搭铁端子之间的电压并记录，正常值应在 5 V 左右。

第四步：分别测量增压压力传感器信号线端子在怠速和急加速两种情况下的电压并记录，正常情况下怠速时为 1.9 V 左右、急加速时为 2~3 V。

第五步：测量集成在增压压力传感器中进气温度传感器信号线端子电压并记录，随着进气温度改变，信号电压应呈相反趋势变化。

第六步：测量增压压力传感器至发动机控制单元之间所有导线电阻并记录（测试导线是否存在断路或接触不良）。

第七步：测量增压压力传感器至发动机控制单元之间所有导线和搭铁的电阻并记录（测试导线与搭铁是否短路）。

（2）进气控制系统故障诊断流程

进气控制系统故障诊断流程如图 4-18 所示。

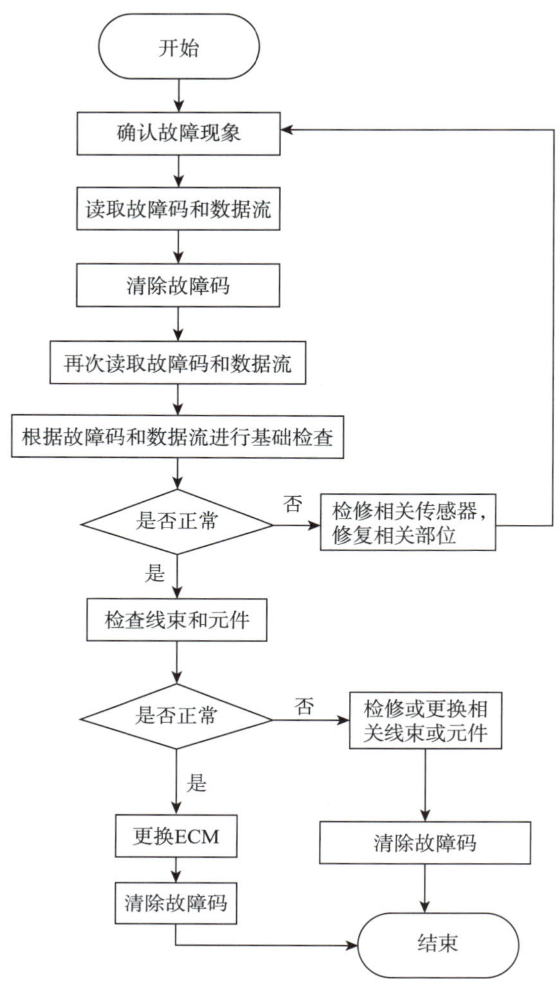

图 4-18　进气控制系统故障诊断流程

2. 技能操作

（1）操作准备

准备技能操作所需的物料，见表 4-8。

表 4-8　物料准备

类别	所需物料
教学车辆 / 平台	具有进气控制系统的车辆或实训台
设备、仪器、工具、资料	故障诊断仪、万用表、电源插座、车辆维修手册、常用套装工具（旋具、扳手）、示波器

（2）进气控制系统故障诊断与排除操作

1）进气歧管绝对压力传感器检测

根据进气歧管绝对压力传感器检测步骤，将所测的参数分别填入表 4-9、表 4-10 中。

表 4–9　进气歧管绝对压力传感器检测数据记录

序号	数据名称	数据值
1	故障码及含义	
2	基础数据（随着节气门开度变化）	进气歧管真空度变化________ 信号电压变化________
3	进气歧管绝对压力传感器供电电压	________（是否正常：□是　□否）
4	当节气门开度改变时，信号电压能否在 0~5 V 之间连续变化	是否变化：□是　□否
5	进气歧管绝对压力传感器与发动机控制单元之间搭铁线电阻	________（是否正常：□是　□否）

表 4–10　进气控制系统检测数据记录

序号	数据名称	数据值
1	正确连接示波器表笔	正表笔连接____端子，负表笔连接____端
2	波形图	

2）电子节气门控制系统检测

根据电子节气门控制系统检测步骤，将检测数据分别填入表 4–11、表 4–12 中。

表 4-11　不同油门踏板开度下读取相关数据流

状态	输出电压	结果分析
VTA1（松开加速踏板）		
VTA2（松开加速踏板）		
VTA1（踩下加速踏板）		
VTA2（踩下加速踏板）		

表 4-12　电子节气门检测数据记录

序号	数据名称	数据值
1	电阻	
2	VC 与 E2 电压	

3）涡轮增压控制系统检测

根据涡轮增压控制系统检测步骤，将检测数据填入表 4-13 中。

表 4-13　涡轮增压控制系统检测相关数据记录

序号	数据名称	数据值
1	故障码及含义	
2	基本数据	发动机转速:________　发动机负荷:________ 增压压力标准值:________　实际增压压力值:________
3	增压压力传感器插接器上电源端子和搭铁端子之间的电压	
4	增压压力传感器信号线端子电压（怠速）	________（是否正常：□是　□否）
5	增压压力传感器信号线端子电压（急加速）	________（是否正常：□是　□否）
6	增压压力传感器中进气温度传感器信号线端子电压	________（是否正常：□是　□否）
7	增压压力传感器与发动机控制单元之间所有导线的电阻	________（是否断路或接触不良：□是　□否）
8	增压压力传感器与发动机控制单元之间所有导线和搭铁的电阻	________（导线与搭铁是否短路：□是　□否）

检查评估

对本任务的学习情况进行检查，并将相关内容填写在表 4-14 中。

表 4-14　检查表

检查项目	检查结果	结果点评
职业素养		
实训前是否做好安全防护措施	是□　否□	
工具使用是否规范	是□　否□	
实训结束后是否做好现场 6S 管理	是□　否□	
进气控制系统检测		
数据流识读是否正确	是□　否□	
数据流分析是否正确	是□　否□	
进气控制系统故障诊断		
进气控制系统故障诊断流程是否正确	是□　否□	
可能的故障点和故障原因分析是否合理	是□　否□	
进气控制系统电路检测项目是否正确	是□　否□	
故障是否排除	是□　否□	
故障排除结果是否验证	是□　否□	
工作页记录是否完整	是□　否□	

任务小结

本任务小结如图 4–19 所示。

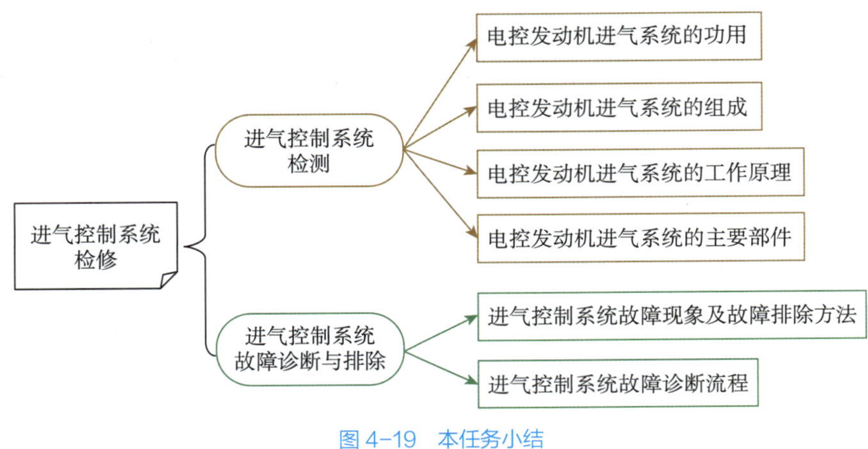

图 4–19　本任务小结

任务五
排放控制系统检修

任务导入

场景： 某国产智能网联汽车售后维修中心

人物： 车主王先生、维修技师张师傅

情节： 车主王先生驾车出行时，发现该车动力不足、油耗过高，于是将车驾驶到附近的售后维修中心进行检查维护，维修技师张师傅经过试车，发现该车冒黑烟，尾气排放超标，排除了点火控制系统、燃油喷射系统及机械方面的原因后，决定从发动机排放控制系统开始检查维修。如果你是张师傅，你将如何进行检修？

任务目标

- 能运用排放控制系统组成和工作原理，按照尾气排放检测步骤，完成发动机尾气检测及分析。
- 能依据故障现象、电路图，完成排放控制系统功能失效故障范围确定。
- 能正确使用相关检测设备，规范作业流程，完成排放控制系统故障诊断与排除。

任务实施

（一）汽车尾气排放检测

1. 知识学习

（1）汽车排放的污染物来源

汽车排放的污染物是指从废气中排出的一氧化碳（CO）、碳氢化合物（HC）、氮氧化物（NO_x）、碳烟等有害气体，如图 5-1 所示。这些有害气体产生的原因各异，主要来自燃油箱中的燃油蒸汽、从气缸壁和活塞环之间窜漏的混合气以及排气管排出的发动机废气。CO 是燃油燃烧不完全的中间产物，当氧气不充足时会产生 CO，混合气浓度大及混合气不均匀都会使排气中的 CO 增加。HC 是燃油中未燃烧的物质，由于混合气不均匀、燃烧室壁冷等原因造成部分燃油未来得及参与燃烧就被排放出去。NO_x 是燃油在燃烧过程中产生的一种物质。

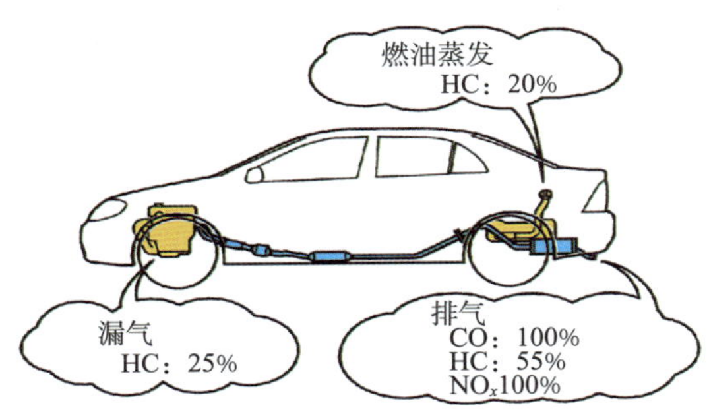

图 5-1　汽车排放的污染物

目前，在用汽车主要执行的是国五和国 6a 排放标准。自 2020 年 7 月 1 日起，所有销售和注册登记的轻型汽车应符合本标准 6a 限值要求。自 2023 年 7 月 1 日起，所有销售和注册登记的轻型汽车应符合本标准 6b 限值要求，具体标准见表 5-1。

表 5-1　国五、国六汽车尾气排放标准

污染物	THC (g/km)		CO (g/km)		NO_x (g/km)		NMHC (g/km)		N_2O (g/km)		PM (mg/km)		PN (#/km)	
	汽油	柴油	汽油	柴油	汽油	柴油	汽油	柴油	汽油	柴油	汽油	柴油	汽油	柴油
国五	100	—	1 000	500	60	180	68	—	无	无	4.5	4.5	无	6.0×10^{11}
国 6a	100		700		60		68		20		4.5		6.0×10^{11}	
国 6b	50		500		35		35		20		3		6.0×10^{11}	

（2）发动机排放控制系统的组成

目前，汽车上采用的发动机排放控制系统主要有曲轴箱强制通风（PCV）系统、燃油蒸发控制（EVAP）系统、废气再循环控制（EGR）系统、排气催化净化系统、空燃比反馈控制、二次空气供给系统等。

1）曲轴箱强制通风（PCV）系统

曲轴箱强制通风（PCV）系统的主要作用是利用发动机的真空度将新鲜空气送入曲轴箱，同时将窜入曲轴箱的气体重新导入进气控制系统继续燃烧，避免曲轴箱的窜漏气体被排放到大气中。目前，几乎所有的汽油发动机都配备有闭式曲轴箱强制通风系统，主要由曲轴箱强制通风管、曲轴箱、PCV 阀和进气歧管等组成，如图 5-2 所示。在发动机运转时，进气歧管真空度出现在 PCV 阀处。在真空的作用下，空气经空气滤清器通过曲轴箱通风管进入气门室罩内，并流过气缸盖上的孔后流入曲轴箱内，与曲轴箱内的窜气相混合。混合后的气体向上流过气缸盖上的孔到达气门室罩内，然后经过 PCV 阀。当 PCV 阀打开时，混合气流入进气歧管重新进入气缸进行燃烧。

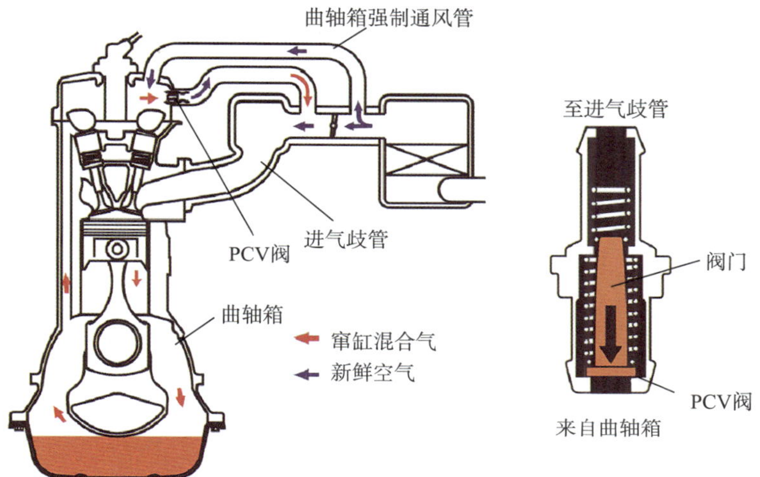

图 5-2　曲轴箱强制通风系统的组成

2）燃油蒸发控制（EVAP）系统

燃油蒸发控制（EVAP）系统是收集汽油箱蒸发出来的汽油蒸气，并将汽油蒸气导入发动机内燃烧，从而防止汽油蒸气直接散发到大气而造成污染。主要利用活性炭吸附原理，在汽油蒸气散发到大气之前采用活性炭加以吸附。当发动机工作时，根据各种不同的运行工况，由控制阀的开启来控制汽油蒸气，活性炭罐内的蒸气再次分离出来，送入发动机内燃烧。

燃油蒸发控制系统有真空控制式和电子控制式两种控制方式，电子控制式燃油蒸发控制系统主要由汽油箱、活性炭罐、电磁阀（真空阀、单向阀）、ECU 及相应的蒸气管道和真空软管等组成，如图 5-3 所示。

当燃油箱内产生的蒸气开启活性炭罐（以下简称炭罐）的止回阀，流入活性炭罐内。活性炭吸附炭罐内的蒸发气体。在发动机运转时，被吸收的蒸气又经过炭罐电磁阀，从节气门体的净化孔吸入气缸中燃烧。其中炭罐电磁阀由发动机 ECU 控制，根据发动机不同工况，ECU 发出占空比信号，控制电磁阀开度，进而控制蒸气的流量。

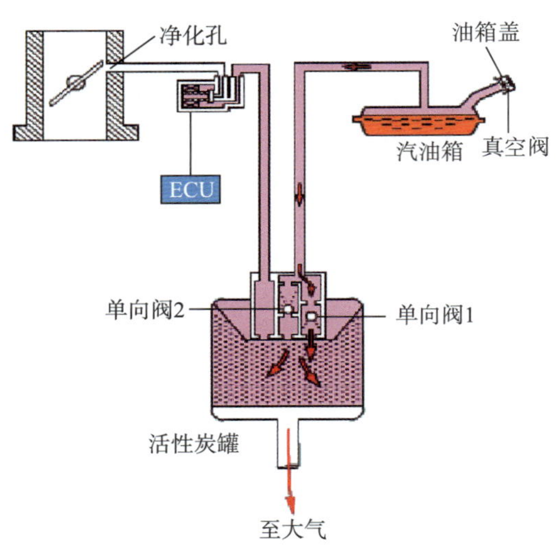

图 5-3　电子控制式燃油蒸发控制系统的组成

3）废气再循环控制（EGR）系统

废气再循环控制（EGR）系统，如图 5-4 所示，废气再循环就是在 ECU 的控制下，根据发动机的不同工况将一部分废气引入进气管，与新鲜可燃混合气混合后，再进入气缸燃烧，从而降低了燃烧速度和温度，减少了废气中氮氧化物（NO_x）的生成量。

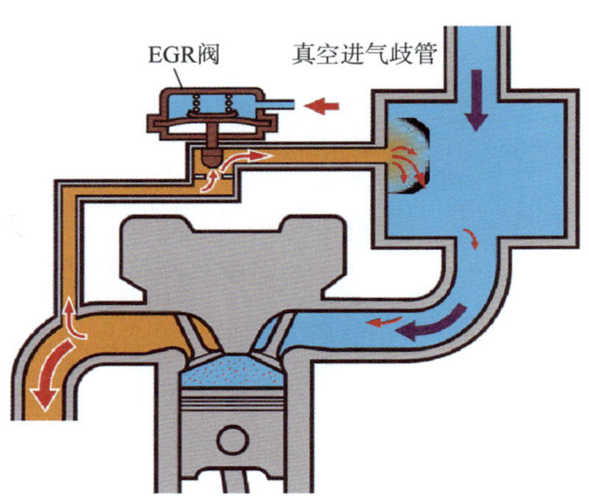

图 5-4　废气再循环控制（EGR）系统示意图

废气再循环控制（ECR）系统按照 EGR 阀的驱动方式不同，可分为真空驱动型和电驱动型两种类型。其中电磁阀真空驱动型 EGR 系统，主要由真空控制阀（VCV）、真空电磁阀（VSV）、ECR 阀位置传感器和 EGR 阀等组成，如图 5-5 所示。真空控制阀是机械式真空开关阀，位于真空电磁阀与进气歧管之间，其作用是使施加在真空电磁阀上的真空度保持在恒定不变。真空电磁阀与大气、真空控制阀和 EGR 阀相联通，当 ECU 发出脉冲占空比信号时，真空电磁阀将进气真空度作用在 EGR 阀上，使 ECR 阀打开。当 ECU 切断真空电磁阀控制时，大气压力直接作用在 EGR 阀上，使其保持关闭状态。同时，ECU 利用 EGR 阀位置传感器的信号监控 EGR 阀的开启高度。如果实际开启高度与计算所得理论最佳开启高度值不同，ECU 将通过改变占空比来调节提供给 EGR 阀的真空度变化，最终改变 EGR 阀的开启高度。

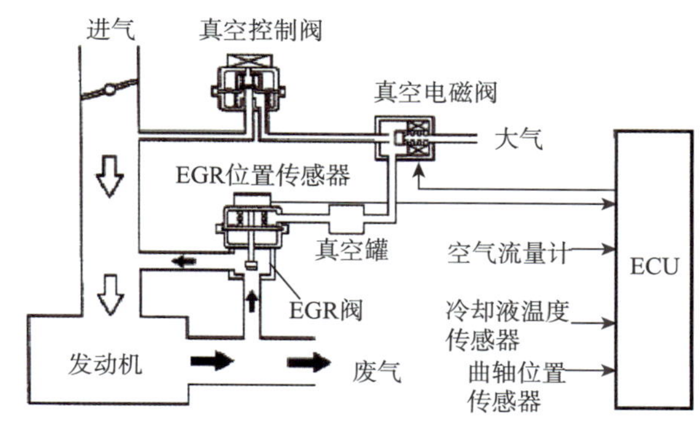

图 5-5　电磁阀真空驱动型 EGR 系统的结构

电驱动型 EGR 系统是利用流量阀、占空比控制性电磁阀、步进电动机型 EGR 阀直接控制废气再循环。与真空驱动型 EGR 系统相比，电驱动型 EGR 系统的突出优点是控制精度高、响应速度快，但是电驱动装置距离高温废气较近，工作环境较差，对其工作可靠性要求较高。如图 5-6 所示为步进电动机控制的 EGR 系统。ECU 通过控制步进电动机来改变 EGR 阀的开度，进而控制废气再循环量。

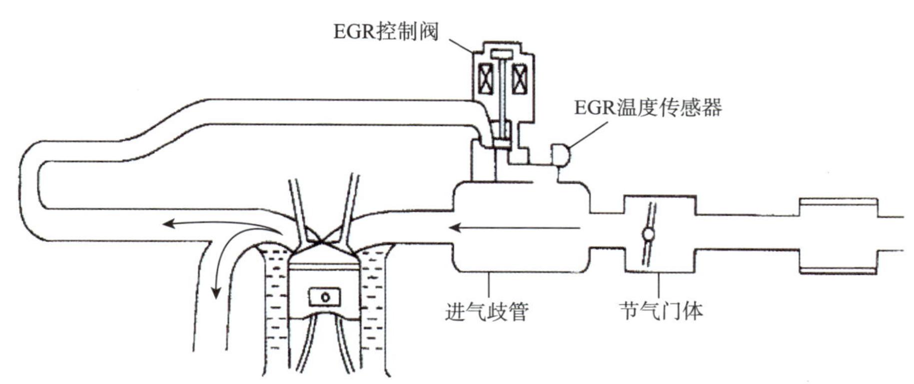

图 5-6　步进电动机控制的 EGR 系统

4）排气催化净化系统

汽油机排气主要污染物是 HC、CO 和 NO_x 三种物质，为了满足排放法规要求，汽车发动机采取了有效的排气催化净化控制技术，主要是通过三元催化转换器和氧传感器来实现。三元催化转换器安装在排气管中部，如图 5-7 所示，其功能是利用转换器中的三元催化剂的作用，将发动机排出废气中的有害气体如碳氢化合物（HC）、一氧化碳（CO）、氮氧化合物（NO_x）转变为无害的二氧化碳（CO_2）、水（H_2O）及氮气（N_2）。

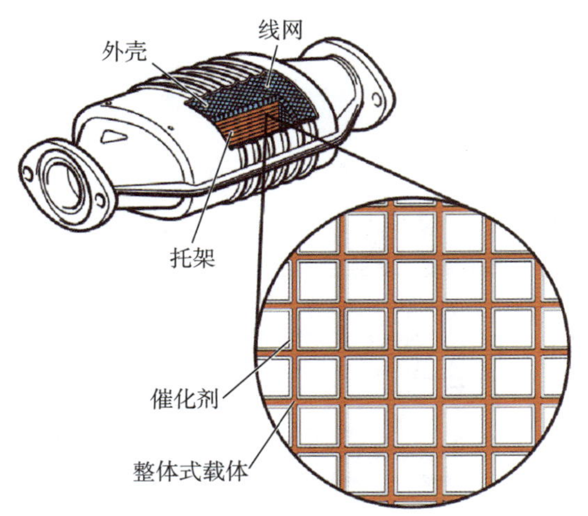

图 5-7　三元催化转换器结构

三元催化剂是铂（或钯）和铑等贵重金属的混合物，当排气流经三元催化转换器蜂窝状孔洞时，高温排气与催化剂充分接触并激活催化剂，HC 和 CO 在催化剂的作用下与排气中的 O_2 发生氧化反应，生成无害的 H_2O 和 CO_2；而 NO_x 在催化剂铑的作用下被还原为 N_2 和 O_2，汽车尾气得到了净化，如图 5-8 所示。

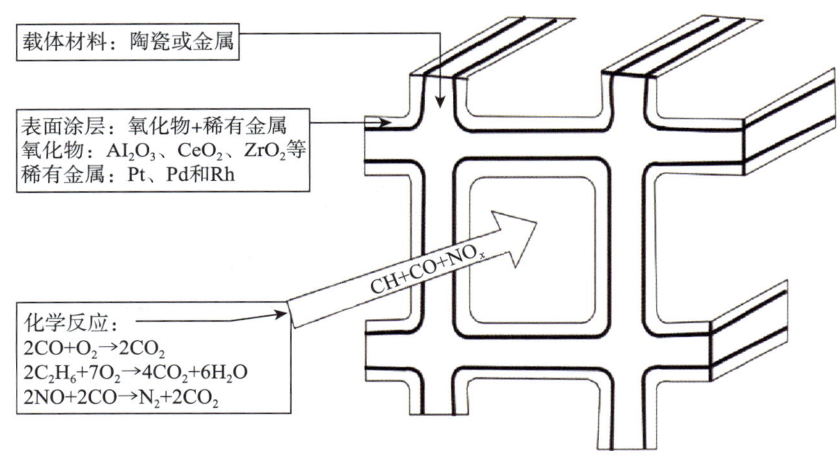

图 5-8　三元催化转换器的工作原理

氧传感器的功用是通过监测排气中氧离子的含量来获得混合气的空燃比信号，将该信号转化为电信号输入 ECU。它是电子燃油喷射（EFI）系统进行反馈控制的传感器，安装在排气管上，反馈控制也称闭环控制，如图 5-9 所示。ECU 根据氧传感器信号，对喷油时间进行修正，实现空燃比反馈控制，从而将过量空气系数控制在 0.98~1.02 之间（空燃比约为 14.7），使发动机得到最佳浓度的混合气，从而达到降低有害气体排放量和提高燃油经济性的目的。

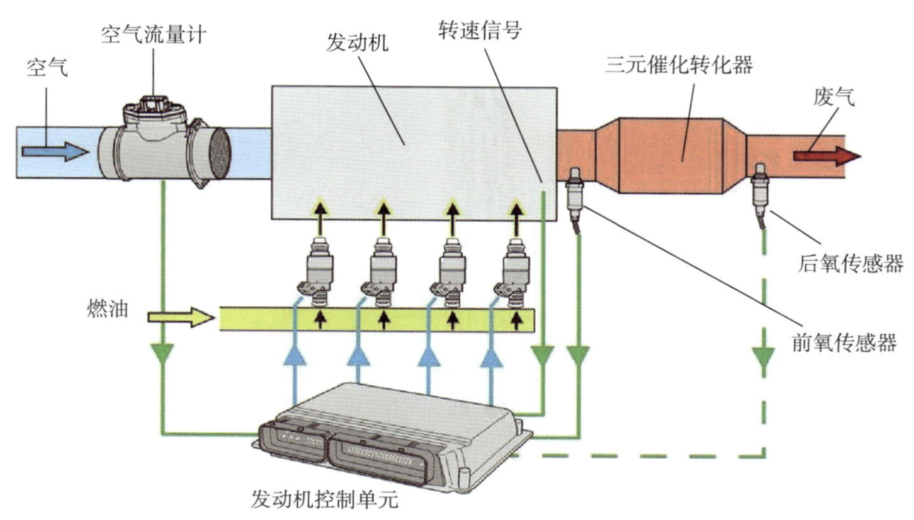

图 5-9　EFI 闭环控制回路示意图

汽车发动机电子燃油喷射系统采用的氧传感器主要分为氧化锆（ZrO_2）和氧化钛（TiO_2）式两种类型。氧化锆式又分为加热型和非加热型氧传感器两种，氧化钛式一般都是加热型传感器。

氧化锆式氧传感器结构如图 5-10 所示，其主要由二氧化锆元件、保护套、壳体、铂电极、加热棒、防水套等组成。发动机工作时，陶瓷锆管的内表面与外界大气相通，外表面被尾气管中排放的废气包围。两边的氧含量浓度有差异，这样在温度较高时，锆管内外表面上存在氧浓度差，氧被电离，内表面带负电荷的氧离子从大气一侧向尾气一侧扩散，结果锆管（固体电解质）形成了一个原电池，在锆管铂极间产生电压。

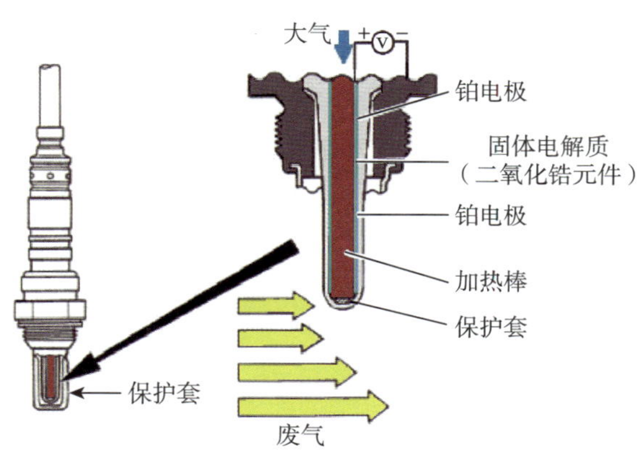

图 5-10　氧化锆式氧传感器结构

氧化钛式氧传感器结构如图 5-11 所示，其主要由二氧化钛元件、保护外壳、电极引线等组成。与氧化锆式氧传感器的主要区别在于氧化锆式氧传感器是将废气中的氧含量的变化转换为传感器电压的变化，而氧化钛式氧传感器则是将废气中的氧含量的变化转换为传感器电阻的变化。

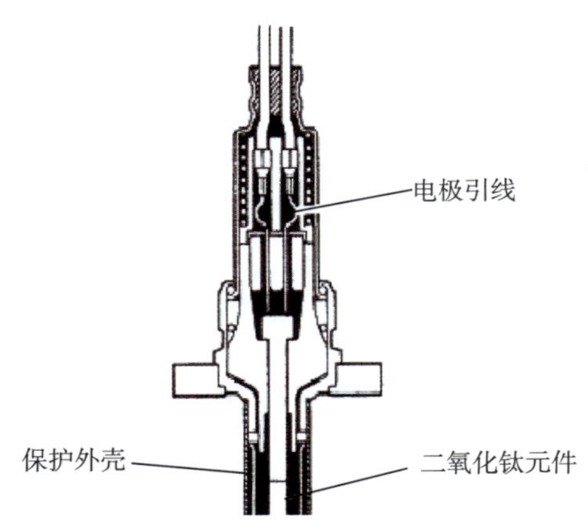

图 5-11 氧化钛式氧传感器结构

5）空燃比反馈控制

空燃比反馈控制由氧传感器测量排气中剩余氧含量，间接测量瞬时的发动机混合气浓度，并将检测结果转变成为电信号输送给 ECU，与设定的目标空燃比进行比较，ECU 再根据比较结果控制喷油量，从而将空燃比控制在设定的目标空燃比附近。当混合气过稀时，排气中氧含量较多，ECU 控制喷油器增加喷油量；反之，当混合气过浓时，排气中氧含量较少，ECU 控制喷油器减少喷油量，如此循环进行控制。如图 5-12 所示，喷油量的大小取决于废气中氧含量的多少，ECU 根据氧传感器的信号对喷油量进行调节，这就是闭环控制。

电控燃油喷射（EFI）系统中，并不是在所有工况下都进行空燃比闭环控制。在发动机启动、怠速、暖机、加速、全负荷、减速断油等工况下，发动机不可能以理论空燃比工作，则需采用开环控制方式。此外，当加热型氧传感器温度在工作温度以下或氧传感器控制电路发生故障时，空燃比控制方式也只能采用开环控制。

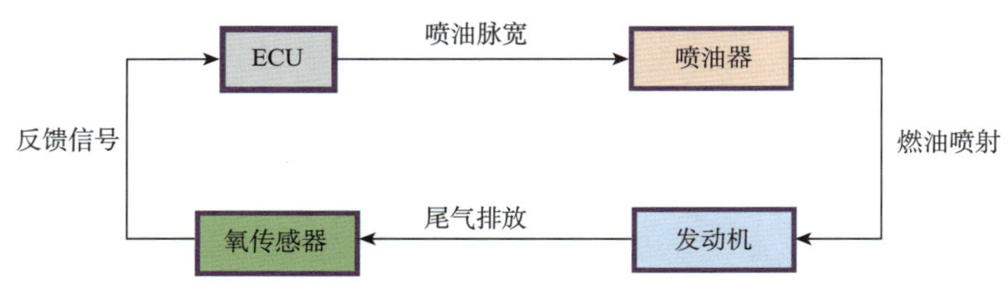

图 5-12 空燃比反馈控制示意图

6）二次空气供给系统

二次空气供给系统是在发动机特定工况下，由 ECU 根据发动机温度，将新鲜空气（又叫二次空气）喷射到排气门的背后排气管，使高温废气中的 HC、CO 在这里与空气中的氧气接触而进一步燃烧，以控制废气中 HC、CO 的排放量，同时加快三元催化转换装置的升温过程。

二次空气供给方法有两种，一种是空气泵系统，利用空气泵将压缩空气导入排气系统；另一种是脉冲空气系统，利用排气压力将空气导入排气系统。

① 空气泵系统

空气泵系统主要由二次空气泵、二次空气继电器、电磁阀、机械阀和发动机控制单元组成，如图 5-13 所示。

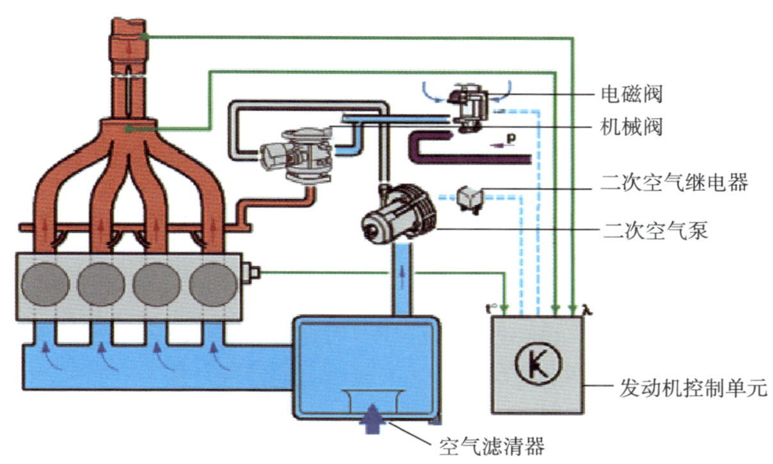

图 5-13 空气泵系统的组成

② 脉冲空气系统

脉冲空气系统主要由脉冲空气阀、真空转换阀、检查阀、节气门位置传感器、空气流量传感器等组成，如图 5-14 所示。

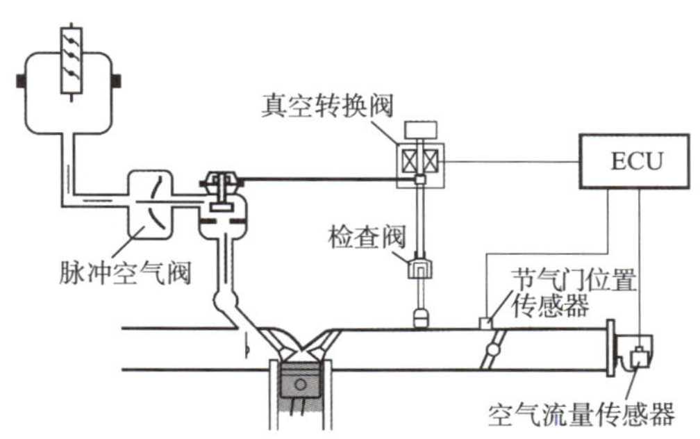

图 5-14 脉冲空气系统

（3）汽车尾气分析仪

1）汽车尾气分析仪功用

汽车尾气分析仪是在汽车发动机正常运转时，能快速检测、分析汽车排气中 CO、HC、CO_2、O_2 和 NO_x 的含量，从而全面地反映汽车污染物的排放情况，判断汽车发动机是否工作正常、排出有害气体是否超出标准的一种仪器，它是控制汽车尾气排放污染的有效工具。

2）汽车尾气分析仪结构组成

常用的汽车尾气分析仪结构如图 5-15 所示，主要由仪器本体、微型打印机、短导管、前置过滤器、取样管、取样探头、显示屏、功能键等组成。

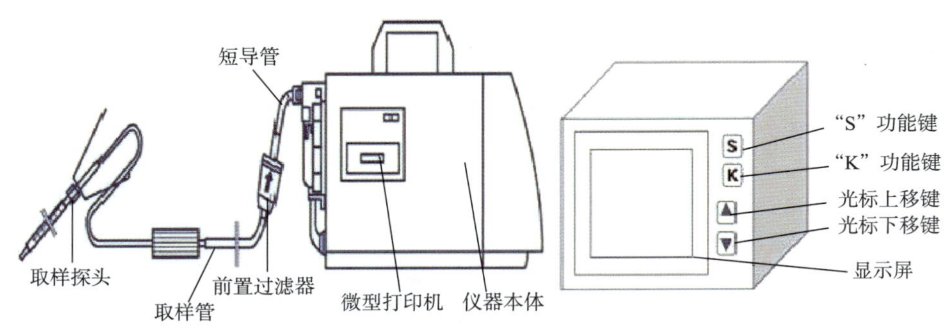

图 5-15　常用的汽车尾气分析仪结构

3）汽车尾气分析仪的使用方法

① 仪器准备

安装取样管，检查各连接处，确认连接可靠，无泄漏。确认前置过滤器、分水过滤器、粉尘过滤器及二次过滤器中分别装入洁净的滤芯和滤纸。连接电源线、油温测量探头和转速测量钳。仪器预热时间为 600 s。泄漏检查用密封套堵住探头，然后按 K 键，检漏时间为 10 s。自动调零。

② 车辆准备

进气控制系统应装有空气滤清器，排气系统应装有排气消声器，并不得有泄漏；应保证取样探头插入排气管的深度不小于 400 mm；发动机冷却液和润滑油温度应达到规定的热状态（一般不低于 80 ℃）。

③ 双怠速排放测量

HC 残留物检查及发动机预热：

进入“双怠速标准测量”子菜单后，仪器首先开始 HC 残留物检查。HC 残留物检查结束时，设置发动机额定转速标称值（精确到 100 r/min），然后按下 K 键确认。按下 K 键后，进入发动机预热阶段，如果发动机润滑油温度达不到 80 ℃，加速到 0.7 倍额定转速设定值。保持设定转速 30 s，预热完成，进入排放测量阶段。

测量高怠速下的排放：

发动机预热结束后，进入高怠速排放测量阶段，减速并保持 1/2 额定转速，插入取样探头，插入深度为 400 mm。取样 45 s，前 15 s 为预备阶段，后 30 s 为实际取样阶段。取样结束，高怠速排放测量完毕。

测量怠速下的排放：

减速至怠速，并保持怠速，开始取样（45 s）。取样结束，怠速下的排放测量完毕。记录测量数据，并进行结果分析。

怠速排放测量：

预热结束后，减速至怠速。插入取样探头，深度 400 mm，同时使发动机继续保持怠速。插好取样探头后，仪器开始对排气取样。取样时间 45 s，前 15 s 是预备阶段，后 30 s 为实际取样阶段。记录测量

数据，并进行结果分析。

（4）汽车尾气排放的检测步骤

1）发动机温度适当（通常是使发动机低速、中速工作 5~10 min，气缸温度达到 100 ℃，曲轴箱内机油温度达到 45 ℃以上，水温达到 78 ℃ 以上）。

2）尾气分析仪准备完毕（开机、暖机、调零、检漏等）。

3）启动发动机，按下尾气检测仪上的“测量”键。

4）发动机由怠速工况加速至额定转速（2 100 r/min，额定转速设置为 3 000 r/min）进行暖机，进行 20 s 倒计时（设置为 20 s）。

5）暖机结束后，将取样探头插入排气管中，深度不小于 400 mm，并固定于排气管上。

6）尾气分析仪提示发动机转速降至 1 500 r/min，并进入 15 s 取样倒计时。

7）高怠速完毕后，尾气分析仪提示转速降至正常怠速状态，并进入怠速检测 15 s 倒计时。

8）低怠速检测完毕后，尾气分析仪显示屏将显示高怠速和低怠速两种工况下的 CO、CH 两种气体的检测参数，记录在表 5-3 中，并判断结果。

9）按“退出”键，取出尾气取样探头并清洁，关闭发动机，取下转速夹，结束尾气检测程序。

2. 技能操作

（1）操作准备

准备技能操作所需的物料，见表 5-2。

表 5-2 物料准备

类别	所需物料
教学车辆 / 平台	具有排气控制系统的车辆或实训台
设备、仪器、工具、资料	汽车尾气分析仪、车辆维修手册

（2）汽车尾气排放的检测

检测车辆在双怠速下的汽车尾气排放，并将检测结果记录在表 5-3 中。

表 5-3 双怠速下汽车尾气排放检测结果记录

气体名称	高怠速平均值		低怠速平均值		结果分析
	测量值	标准值	测量值	标准值	
CO（%）		<0.3%		<0.8%	
HC（$\times10^{-6}$）		<100×10^{-6}		<150×10^{-6}	

（二）排放控制系统故障诊断与排除

1. 知识学习

（1）排放控制系统故障现象及故障原因分析

排放控制系统的故障原因较为复杂，部分排放控制系统故障不易被自诊断系统发现，因此在进行故障诊断时还需通过对有关零部件的检测来查找，排放控制系统常见故障现象及原因分析见表 5-4。

表 5-4　排放控制系统常见故障现象及原因分析

故障现象	故障原因	原因分析
冷车启动困难、易熄火；急加速不良、加速易熄火	EGR 阀电磁线圈或电磁线圈线路出现故障	EGR 阀卡滞在开启位置
启动困难、无怠速或怠速不稳、加速无力油耗增加	PCV 阀出现故障	PCV 阀卡滞、堵塞
尾气排放超标	活性炭罐及炭罐电磁阀出现故障	活性炭罐吸附性能衰退；炭罐电磁阀断路、卡滞
加速不良、易熄火、排放超标	催化转化器出现故障	催化转化器堵塞、破损、性能衰退
怠速不稳、油耗大、排放超标	氧传感器出现故障	氧传感器短路、断路、性能衰退

（2）排放控制系统故障诊断流程

1）废气再循环控制（EGR）系统故障

根据故障现象，若故障符合废气再循环控制（EGR）系统故障，则可对 EGR 系统进行分析诊断，诊断流程如图 5-16 所示。

① 检查 EGR 阀。连接诊断仪，启动发动机，分别设定 EGR 阀至特定值（25%、50%、75%、100%），检查实际废气再循环位置是否朝向理想废气再循环阀位置移动。

② 检查 EGR 阀电磁线圈。以典型车型为例，断开 EGR 阀连接器，打开点火开关，检查 EGR 阀 5 号端子与车身搭铁之间的电压（标准值应为 9~12 V）；断开蓄电池负极，断开 ECM 及 EGR 阀连接器，测量相应端子之间的电阻。

③ 检查 EGR 阀线路。断开 EGR 阀连接器，打开点火开关，检查 EGR 阀 4 号端子与车身搭铁之间的电压（标准值为 5 V）；断开蓄电池负极，断开 ECM 及 EGR 阀连接器，测量相应端子之间的电阻。

④ 若以上检查均正常，则需更换 EGR 阀。

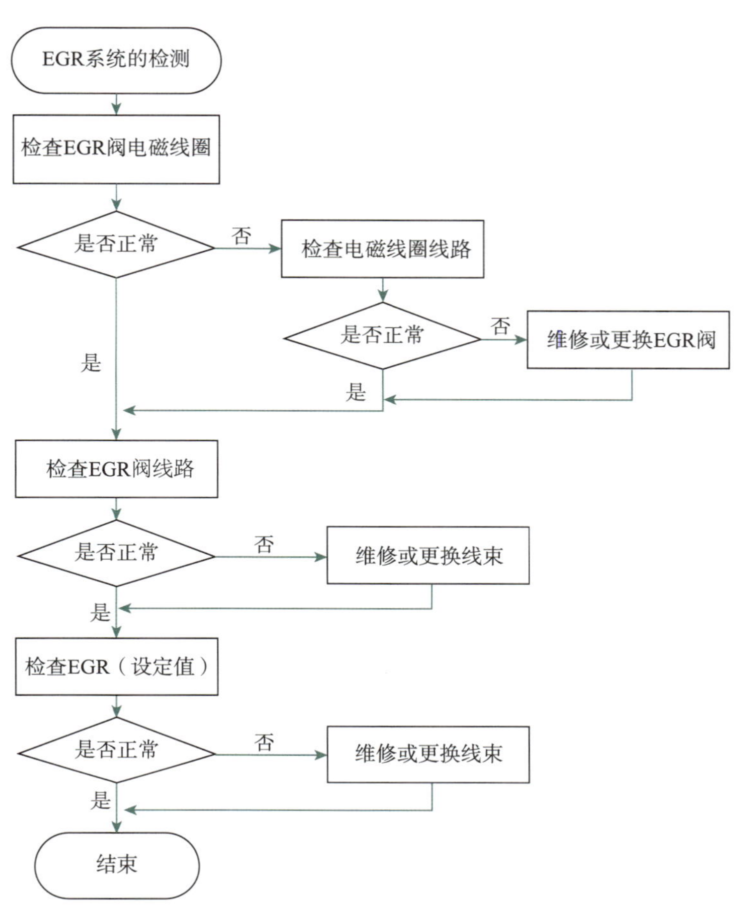

图 5-16　废气再循环控制（EGR）系统故障诊断流程

2）曲轴箱强制通风（PCV）及燃油蒸发控制（EVAP）系统故障

根据故障现象，若故障符合曲轴箱强制通风（PCV）或燃油蒸发控制（EVAP）系统故障，则可对PCV 或 EVAP 系统进行分析诊断，燃油蒸发控制（EVAP）系统故障诊断流程如图 5-17 所示。

① 检查 PCV 阀。拆卸 PCV 总成，将一根洁净的软管安装到 PCV 阀上；分别向气缸盖侧和进气歧管侧吹入空气，检查 PCV 阀的工作情况；若吹气困难，则清洁或更换 PCV 阀总成。

② 目视检查燃油蒸发控制（EVAP）系统是否正常，若不正常则进行维修或更换。

③ 检查清污阀 VSV。关闭点火开关，断开清污阀 VSV 连接器；检查清污阀 VSV 1 号和 2 号端子间的电阻，若不正常，则更换清污阀 VSV。

④ 检查活性炭罐。将燃油系统卸压并断开燃油管路，断开蓄电池负极；检查活性炭罐的通风情况及活性炭罐止回阀的通风情况，若不正常则进行维修或更换。

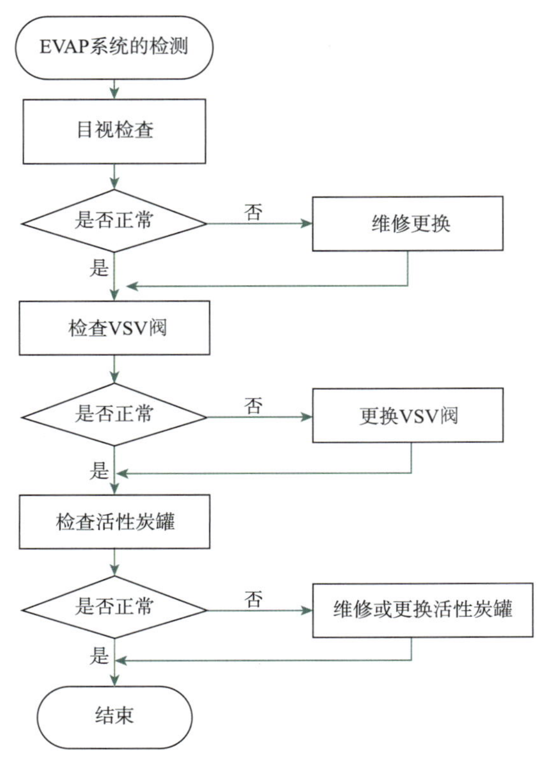

图 5-17　燃油蒸发控制（EVAP）系统故障诊断流程

⑤ 检查清污阀 VSV 电源电压。关闭点火开关，断开清污阀 VSV 连接器；打开点火开关，检查清污阀 VSV 2 号端子和车身搭铁之间的电压（标准值应为 9~14 V），若不正常，则进行控制线路检查。

3）催化转化器及氧传感器故障

根据故障现象，若故障符合催化转化器及氧传感器故障，则可对催化转化器及氧传感器进行分析诊断，氧传感器故障诊断流程如图 5-18 所示。

① 催化转换器的检查。在氧传感器处安装排气压力表；在正常工作温度发动机怠速时，压力表读数应不超过 8.6 kPa；发动机转速提高至 2 000 r/min，压力表的读数应不超过 20.7 kPa。

② 若在两种转速中的任何一种情况下背压超出规定值，则表明排气系统受阻；检查排气系统有无压扁的管路，系统是否发生热变形或内部消声器是否出现故障。

③ 若没有找到排气系统背压过高的明显原因，那么可能是催化转换器受阻，应更换催化转化器。

④ 氧传感器检查。某型号发动机安装有两个氧传感器，加热型氧传感器安装在三元催化器前面，靠近发动机总成，其控制原理如图 5-19 所示。

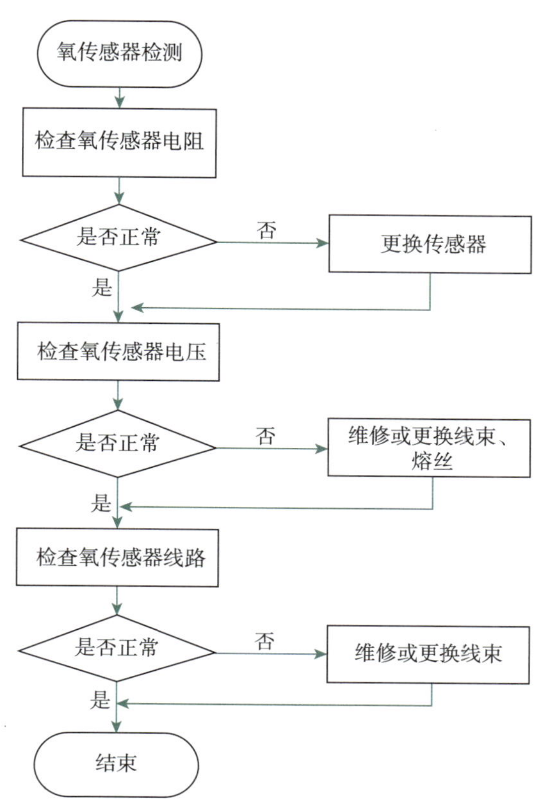

图 5-18　氧传感器故障诊断流程

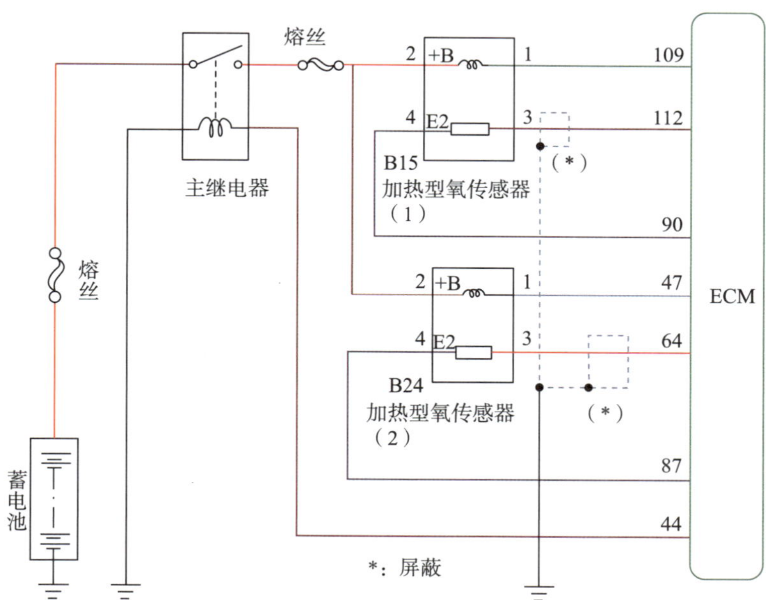

图 5-19　氧传感器控制原理

⑤ 读取故障码，检查动态数据流；检查氧传感器加热器电阻；检查氧传感器电源（+B）；检查氧传感器至 ECM 线路。

⑥ 用示波器对氧传感器波形进行检测，加热型氧传感器标准波形如图 5-20 所示。

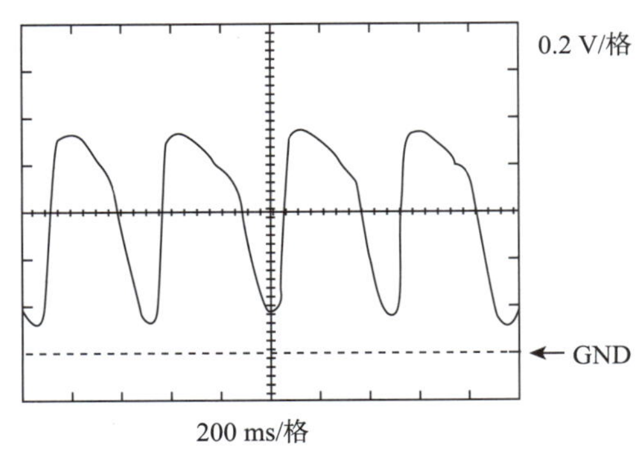

图 5-20 加热型氧传感器标准波形

2. 技能操作

（1）操作准备

准备技能操作所需的物料，见表 5-5。

表 5-5 物料准备

类别	所需物料
教学车辆 / 平台	车辆或电控发动机实训台
设备、仪器、工具、资料	故障诊断仪、万用表、示波器、电源插座、车辆维修手册

（2）排放控制系统故障诊断与排除操作

1）废气再循环控制（EGR）系统检测

对废气再循环控制（EGR）系统进行检测，将其检测结果分别填写在表 5-6、表 5-7 中。

表 5-6 EGR 阀检测记录

特定值	检测结果	结果分析
25%		
50%		
75%		
100%		

表 5-7　EGR 阀电磁线圈及线路检测记录

端子	检测结果	结果分析
EGR-5- 车身搭铁		
EGR-1-ECM-M52		
EGR-1-ECM-M19		
EGR-4- 车身搭铁		
EGR-2-ECM-M48		
EGR-3-ECM-M9		

2）曲轴箱强制通风（PCV）及燃油蒸发控制（EVAP）系统检测

对曲轴箱强制通风（PCV）系统进行检查，将检查结果填写在表 5-8 中。

表 5-8　PCV 阀检查记录表

检查项目	检查结果（空气畅通 / 空气困难）
向气缸盖侧吹入空气	
向进气歧管侧吹入空气	

对燃油蒸发控制（EVAP）系统进行检测，将检测结果填写在表 5-9 中。

表 5-9　清污阀 VSV 电阻及线路检测记录

端子	检测结果	结果分析
VSV-1-VSV-2		
B19-2-B31-49		
B19-2 或 B31-49- 车身搭铁		

3）氧传感器检测

检查氧传感器加热电阻，氧传感器电源（+B）及氧传感器至 ECM 线路，用示波器检测氧传感器波形，将检测结果填写在表 5-10 中。

表 5-10　氧传感器及线路检测记录

端子	检测结果	结果分析
B15-1-B15-2（+B）		
B15-1-B15-4(E2）		
B15-1-B31-109		
B15-3-B31-112		
B15-4-B31-90		
B15-1 或 B31-109- 车身搭铁		
B15-3 或 B31-112- 车身搭铁		
B15-4 或 B31-90- 车身搭铁		
波形图		

检查评估

对本任务的学习情况进行检查，并将相关内容填写在表 5-11 中。

表 5-11　检查表

检查项目	检查结果	结果点评
汽车尾气排放检测		
是否完成汽车尾气排放检测	是□　否□	
是否完成汽车尾气排放检测数据分析	是□　否□	
排放控制系统故障诊断		
排放控制系统故障诊断过程是否规范	是□　否□	
废气再循环控制系统检测项目是否正确	是□　否□	
曲轴箱强制通风及燃油蒸发控制系统检测项目是否正确	是□　否□	
催化转化器及氧传感器检测项目是否正确	是□　否□	
故障是否排除	是□　否□	
故障排除结果是否验证	是□　否□	
工作页记录是否完整	是□　否□	
现场管理		
工具、设备是否整理并放至指定位置	是□　否□	
实训工位是否打扫干净	是□　否□	

任务小结

本任务小结如图 5–21 所示。

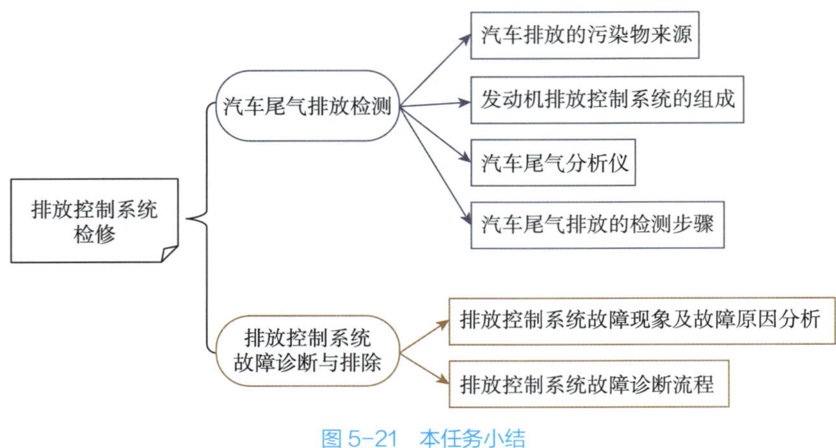

图 5–21 本任务小结

任务六
混合动力控制系统检修

任务导入

场景： 某国产智能网联汽车售后维修中心

人物： 车主王先生、维修技师孙师傅

情节： 车主王先生驾车上班，启动车辆时，车辆无法进入 READY-ON 状态，于是向售后维修中心寻求帮助，维修技师孙师傅拟对该车进行故障诊断与排除。如果你是维修技师孙师傅，如何规范、高效地排除该车故障？

任务目标

- 能按照混合动力控制系统检查流程及安全注意事项，规范完成混合动力控制系统的检查。
- 能运用混合动力控制系统基本组成和工作原理，分析车辆混合动力控制系统故障原因。
- 能正确使用相关检测设备，规范作业流程，完成混合动力控制系统检测及故障排除。

任务实施

（一）混合动力控制系统检查

1. 知识学习

（1）混合动力控制系统组成

为应对日益严重的环境污染和能源危机问题，实现节能减排，越来越多的汽车厂商采用混合动力驱动技术，该技术将工作原理完全不同的两个动力装置（发动机和电机）组合在一起使用，使电机可用作

发电机，从动能中回收电能（能量回收），电机也可以作为“发动机”来驱动车辆以及用作内燃机的启动机，两个动力装置协同工作，能有效降低燃油消耗。根据混合动力基本结构情况，混合动力驱动分为微混合动力驱动、中混合动力驱动、完全混合动力驱动 3 种。

微混合动力驱动的电动部件（启动机 / 发电机）只是用来执行启动、停止功能。一部分动能在制动时又可作为电能使用（能量回收）。不能以纯电动方式驱动车辆行驶。

中混合动力驱动在技术上和部件方面都与完全混合动力驱动是一样的，只是它不能以纯电动方式驱动车辆行驶。它也有能量回收、启动、停止以及助力功能。

完全混合动力驱动是将一台大功率电机与内燃机组合在一起，可以以纯电动方式来驱动车辆行驶。一旦条件许可，该电机会辅助内燃机工作。车辆缓慢行驶时，完全通过电动方式提供动力，可以实现启动、停止功能，还有能量回收功能，可以给高压蓄电池充电。

完全混合动力驱动根据电机与发动机组合形式不同，可分为并联式混合动力控制系统、分支式混合动力控制系统、串联式混合动力控制系统、分支式串联混合动力控制系统 4 种形式。

并联式混合动力控制系统的发动机、电机和变速器装在同一根轴上，如图 6–1 所示。发动机和电机相加，即为总功率。这种机构设计可以充分利用原车上的零部件（就是很多零部件可直接拿来用）。对于四轮驱动车辆来说，并联式混合动力结构可以将动力分配到四个车轮上。

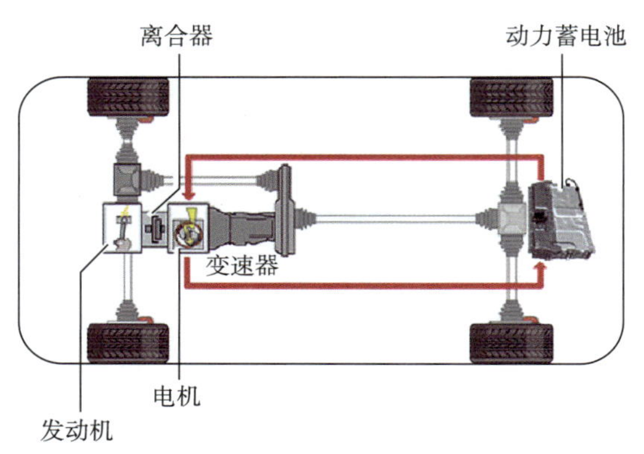

图 6–1　并联式混合动力控制系统

如图 6–2 所示，分支式混合动力控制系统除了有发动机外，还有一个电机，两者都安装在前桥上。发动机和电机所发出的动力经一个行星齿轮机构到达汽车变速器。但与并联式混合动力控制系统不同的是，本系统不能将发动机和电机各自的功率加起来传递到车轮上。所产生的功率，一部分用于驱动车辆，另一部分作为电能存储在高压蓄电池内。

串联式混合动力控制系统如图 6–3 所示，车辆只通过电机来驱动，发动机与驱动轴是没有机械连接的。发动机带动一个发电机，该发电机在车辆行驶时为电机供电或者给动力蓄电池充电。

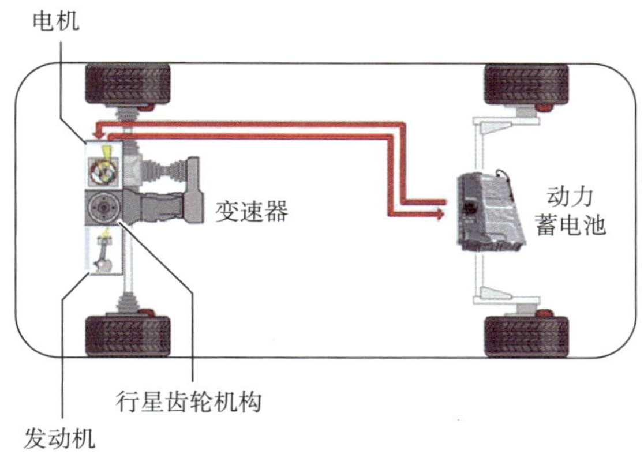

图 6-2　分支式混合动力控制系统

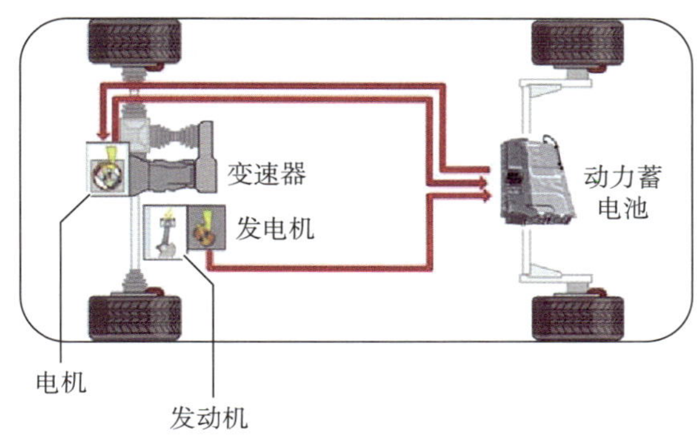

图 6-3　串联式混合动力控制系统

如图 6-4 所示为分支式串联混合动力控制系统，就是把分支式混合动力控制系统和串联混合动力控制系统综合在一起，该系统有一个发动机和两个电机。内燃机和电机 1 装在前桥上，电机 2 装在后桥上。这种结构用于四轮驱动汽车。发动机和电机 1 可以通过行星齿轮机构来驱动车辆变速器。要注意的是在这里也是不能将发动机和电机各自的功率加起来传递到车轮上。后桥上的电机 2 在需要时才会工作。因结构原因，动力蓄电池布置在前桥与后桥之间。

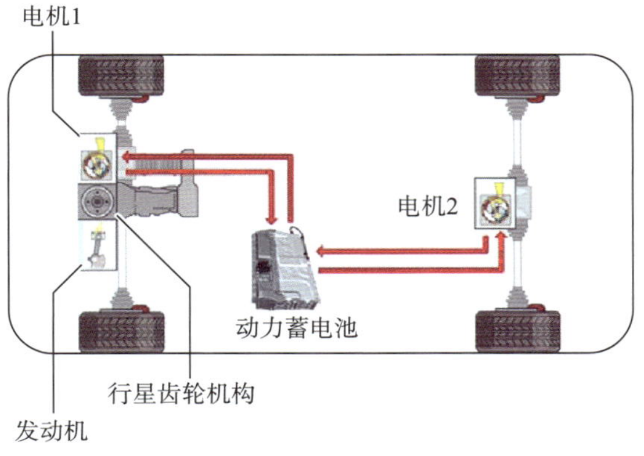

图 6-4　分支串联式混合动力控制系统

某车型混合动力控制系统如图 6-5 所示，主要由发动机、辅助蓄电池、动力蓄电池总成、电源电缆、动力管理控制 ECU（HV CPU）、混合动力传动桥、带转换器的逆变器总成、带电机的压缩机总成（带逆变器）等组成。

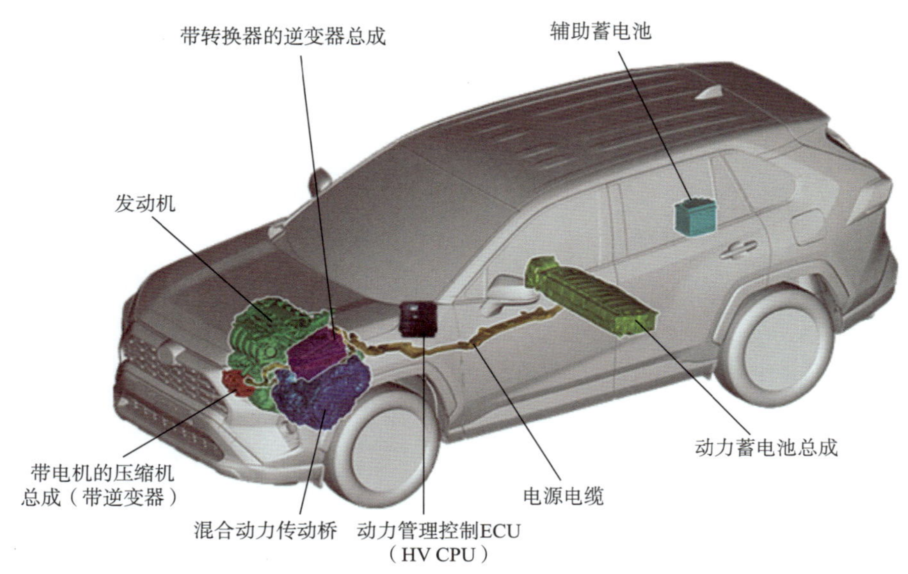

图 6-5 某车型混合动力控制系统

（2）混合动力控制系统工作原理

如图 6-6 所示，动力蓄电池总成存储发电机的发电量，向带转换器的逆变器总成供电，进而驱动电机。带转换器的逆变器总成内含增压转换器、逆变器和 DC/DC 变换器，增压转换器升高动力蓄电池提供的电压并将其输出至逆变器，降低发电机产生的电压以对动力蓄电池充电。逆变器将直流电转换为电机工作所需的交流电，并将发电机产生的交流电转换为直流电以对动力蓄电池充电。DC/DC 变换器降低动力蓄电池电压以对电气零部件供电，并对辅助蓄电池再充电。混合动力传动桥内有发电机（MG1）和电机（MG2），发电机（MG1）利用发动机动力发电。电机（MG2）主要用来补充发动机动力以提高行驶性能，使用电机驱动车辆时，系统自行利用电机（MG2）驱动车辆；减速时利用再生制动发电；也作为起动机启动发动机。动力管理控制 ECU（HV CPU），由用于控制混合动力控制系统的 ECU（HV CPU）与动力管理控制 ECU 集成为一体，它接收驾驶员输入以及来自各传感器和各 ECU 的车辆行驶状况信息，并根据此信息计算所需的电机（MG2）转矩和发动机功率输出以控制驱动力。发动机产生动力驱动车辆并发电。电源电缆是连接高压系统零件的高压、大电流电缆。辅助蓄电池用作各 ECU 和电气零部件（如音响系统）的电源。带电机的压缩机总成（带逆变器）通过动力蓄电池的电源进行工作。

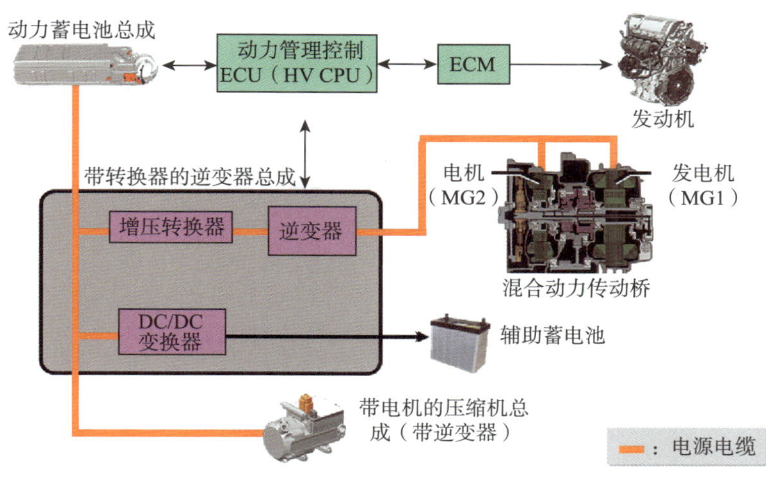

图 6-6 混合动力控制系统工作原理

（3）混合动力控制系统检测安全注意事项

混合动力控制系统存在高电压，操作不当可能会导致被电击、电伤或引起设备损坏，为确保人员安全和设备安全，检查混合动力控制系统时应遵循以下安全注意事项。

1）混合动力控制系统车辆上设置了很多安全警示标签，如图 6-7 所示，黄色标签表示高压部件就安装在附近或者在盖板下隐藏着，带有 Danger 字样的警示标签表示有高压部件或者高压导电部件。为了安全，避免可能带来的危险，应让用户、维修和服务站工作人员以及技术救援和医疗救援人员在未做安全防护的情况下尽可能远离带有安全警示标签的设备。

图 6-7 安全警示标签

2）将电源开关转到 OFF, 对于智能进入和启动系统车辆，还应将钥匙带离车辆内部检测区域。

3）断开辅助蓄电池的负极端子。

4）使用绝缘手套前，务必先检查绝缘手套是否出现破洞、开裂等异常情况，应按图 6-8 所示方法进行绝缘手套检查。

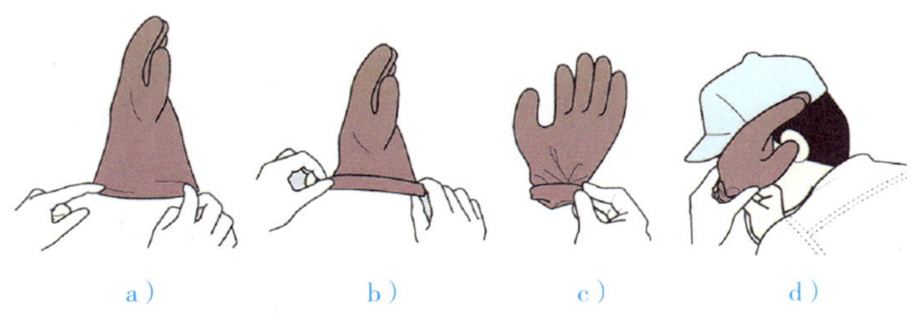

图 6-8　绝缘手套检查方法

a）拉开直口　b）将其卷边 2~3 次　c）折叠开口以密闭手套　d）确认手套是否漏气

5）拆下服务插销并保存在自己的口袋中，以预防在维修高电压设备时，服务插销被其他人员意外地重新连接而造成事故。

6）在拆卸服务插销后等待 10 min，以使在带转换器的逆变器总成内的高电压电容器完全放电。

7）用电压表（使用量程为 750 V 以上）测量高电压电容器正负极两端电压，确保高电压电容器端子的电压为 0 V。

8）用绝缘胶布对断开的高电压连接器进行绝缘处理，如图 6-9 所示。

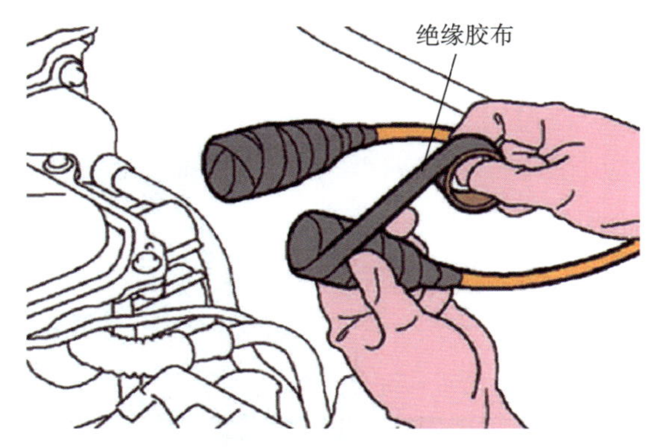

图 6-9　高电压连接器绝缘处理

（4）混合动力控制系统检查流程

1）在开始检修混合动力车辆前，必须保证工作地点的安全。因此必须把安全警示牌放在车内和车顶容易看到的位置，以提醒其他人员注意高电压的危险性。

2）在开始检修混合动力车辆前，必须保证安全。因此必须把禁止接通标识牌放在车内容易看到的位置，以提醒其他人员“切勿接通，正在检修”。

3）关闭车辆电源开关，将车辆智能钥匙放入工具车，并将工具车上锁，预防其他人员取用钥匙。

4）断开辅助蓄电池负极端子。

5）检查绝缘手套是否密封良好。

6）拆下服务插销，并将其保存在自己口袋中。

7）拆下服务插销等待 10 min 后，检测高电压电容器正负极两端电压是否为 0 V。

8）对断开的高电压连接器进行绝缘处理。

2. 技能操作

（1）操作准备

准备技能操作所需的物料，见表 6–1。

表 6–1　物料准备

类别	所需物料
教学车辆 / 平台	混合动力实训整车或混合动力控制系统实训台
设备、仪器、工具、资料	故障诊断仪、万用表、安全警示牌、禁止接通标识牌、绝缘手套、绝缘胶布、车辆维修手册

（2）混合动力控制系统检查

对混合动力控制系统进行检查，并将检查过程及结果记录在表 6–2 中。

表 6–2　混合动力控制系统检查记录

序号	作业项目	技术要求	完成情况
1	放置安全警示牌	安全警示牌应放在车内和车顶容易看到的位置	
2	放置“切勿接通，正在检修”警示牌	放在车内容易看到的位置	
3	关闭电源，将车钥匙放入工具车并上锁	其他人不能取用车钥匙	
4	检测绝缘手套	手套密封良好，无破洞、开裂等异常现象	
5	断开辅助蓄电池负极端子	用绝缘胶布将负极端子包扎好，不能让其接触蓄电池负极	
6	拆下服务插销	将服务插销保存在自己的口袋中	
7	检测高电压电容器正负极两端电压	拆下服务插销等待 10 min 后，高电压电容器正负极两端电压为 0 V	
8	对断开的高电压连接器进行绝缘处理	高电压连接器绝缘良好	

（二）混合动力控制系统故障诊断与排除

1. 知识学习

（1）混合动力控制系统组成

如图 6–10 所示，混合动力控制系统主要由动力管理控制 ECU（HV CPU）、发动机控制单元 ECM、电机控制 MG ECU、DC/DC 变换器、增压转换器、逆变器、加速踏板位置传感器、换挡杆位置传感器、转速传感器、发动机、混合动力传动桥、辅助蓄电池等组成。

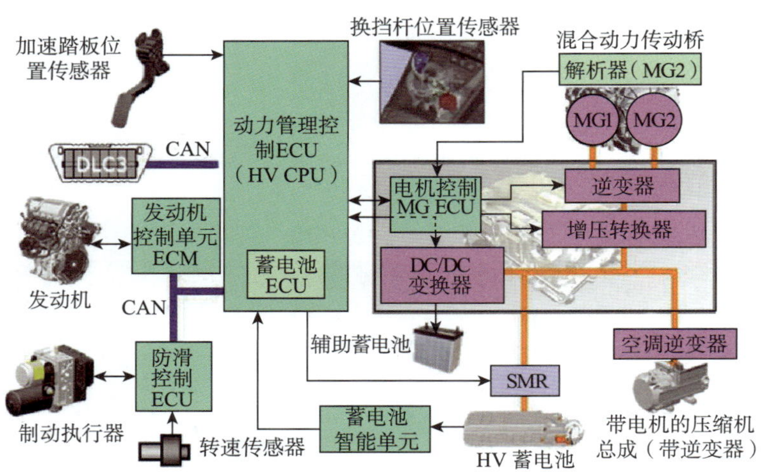

图 6-10　混合动力控制系统组成

（2）混合动力控制系统工作原理

动力管理控制 ECU（HV CPU）根据驾驶员请求和混合动力控制系统条件计算发动机输出以及 MG1、MG2 的转矩，控制车辆行驶模式，控制逆变器的工作输出，控制增压转换器、控制用于对辅助蓄电池进行充电的电压和电流，利用操作指令信号（PWM 信号）控制逆变器的工作输出，控制系统主继电器（SMR）的切换（接通和切断）、控制动力蓄电池的充电状态（SOC），控制动力蓄电池冷却鼓风机，使动力蓄电池温度处于适当范围，检测高压电路的绝缘有无任何异常，控制发动机输出和执行发动机间歇操作，根据目标压缩机转速控制空调逆变器，根据零部件温度限制电源输出，在系统发生故障时提供有限的原动力。

混合动力控制系统如图 6-11 所示，动力管理控制 ECU 依据换挡杆位置传感器、加速踏板位置传感器、电机 MG2 转速（解析器）、蓄电池智能单元提供的目标轴驱动转矩、驾驶员请求转矩、目标轴输出功率、动力蓄电池信息等信号，计算发动机所需输出功率，判断发动机是否需要启动及计算发动机目标转速，从而控制发动机的喷油量、点火正时、电子节气门开度，计算电机 MG1 转速，控制电机 MG1 和 MG2 转矩，防滑控制 ECU 根据 MG2 转速和主缸压力信号，向动力管理控制 ECU 发送再生制动请求，动力管理控制 ECU 收到再生制动请求后计算再生制动值，向电机 MG2 发送转矩值指令，防滑控制 ECU 依据再生制动值进行液压制动力计算，并向制动执行器发送制动指令。

1）混合动力系统行驶模式控制

混合动力车辆行驶模式通常有正常模式、EV 驱动模式、环保模式、动力模式 4 种。在正常模式下，车辆在燃油效率和动力性能之间保持平衡。

在 EV 驱动模式下，电机 MG2 驱动车辆，这不仅可以减小噪声、降低排放，还可享受电动车辆模式下的驾乘乐趣。EV 驱动模式可使车辆无须使用燃油发动机而仅通过电机即可驱动。进入 EV 驱动模式，须满足的条件包括混合动力系统在合适的温度范围内，发动机冷却液温度等于或高于规定值，动力蓄电池电量达 50% 以上，车速低于 40 km/h，加速踏板未踩过规定位置，巡航控制系统未工作。

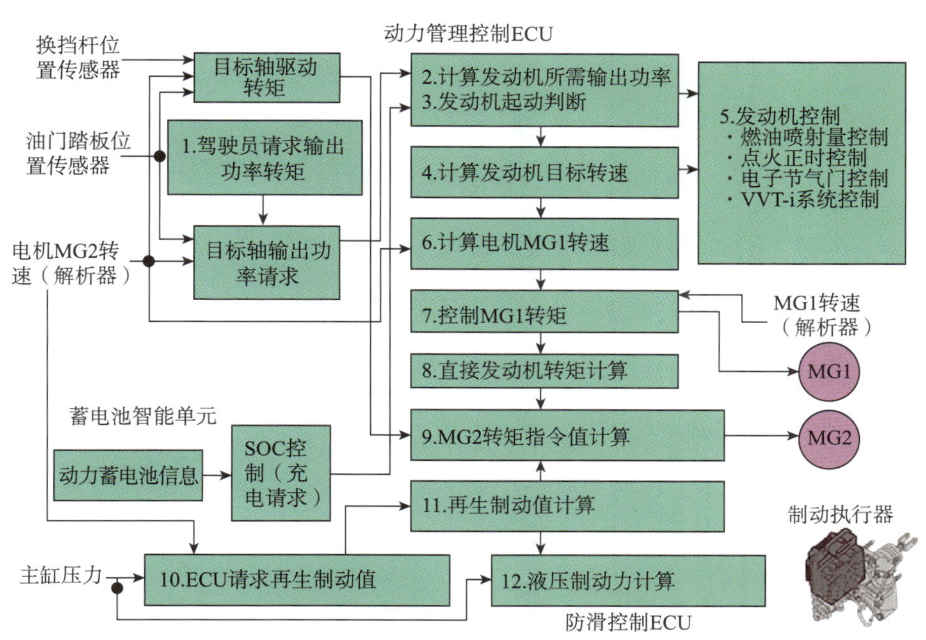

图 6-11 混合动力控制系统工作原理

在环保模式下，通过适度减小为响应加速踏板操作而产生的原动力，优化燃油经济性和行驶性能。同时优化空调性能以支持环保驾驶。

在动力模式下，通过控制系统增快加速踏板的响应，以便在未完全踩下加速踏板时提供高于正常情况的动力。

2）系统主继电器控制

系统主继电器根据来自动力管理控制 ECU（HV CPU）的信号接通或切断高压供电电路的继电器，如图 6-12 所示，当驾驶员使用电源开关关闭“READY”模式时，系统会断开系统主继电器（SMR）；当发生碰撞时，动力管理控制 ECU（HV CPU）检测到碰撞冲击会使系统主继电器（SMR）断开，除了来自中央空气囊传感器总成的信号外，安装在带转换器的逆变器总成内的断路器传感器也会检测碰撞的发生，并断开系统主继电器（SMR）。互锁开关检测是否安装了维修开关，如果技师忘记拆下维修开关并在高压区域作业，则拆下带转换器的逆变器总成盖时将通过互锁电路断开系统主继电器（SMR）。

3）逆变器控制

动力管理控制 ECU（HV CPU）根据电机 MG1 和电机 MG2 的操作指令值将逆变器工作信号（PWM）输出至逆变器。根据指令，动力管理控制 ECU（HV CPU）通过安装在逆变器内的交流电流传感器检测是否产生三相交流电并确认检测结果，如图 6-13 所示，动力管理控制 ECU（HV CPU）根据车辆工作条件切换逆变器控制模式以有效控制电机 MG1 和电机 MG2。

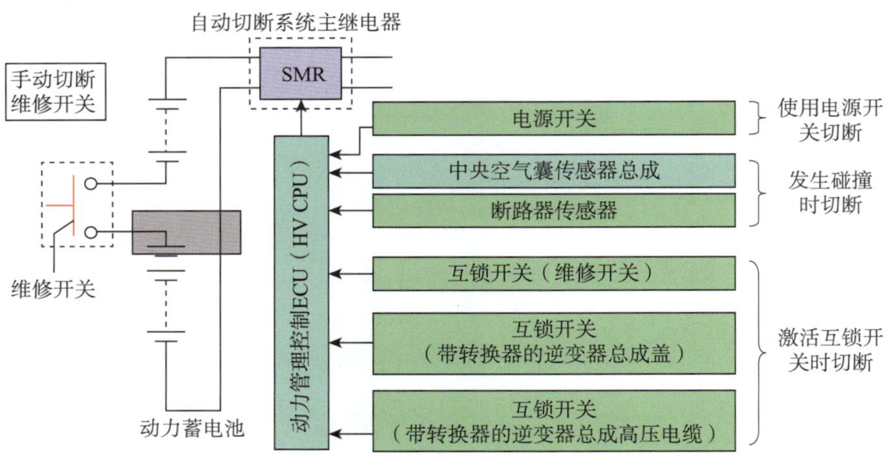

图 6-12　系统主继电器控制示意图

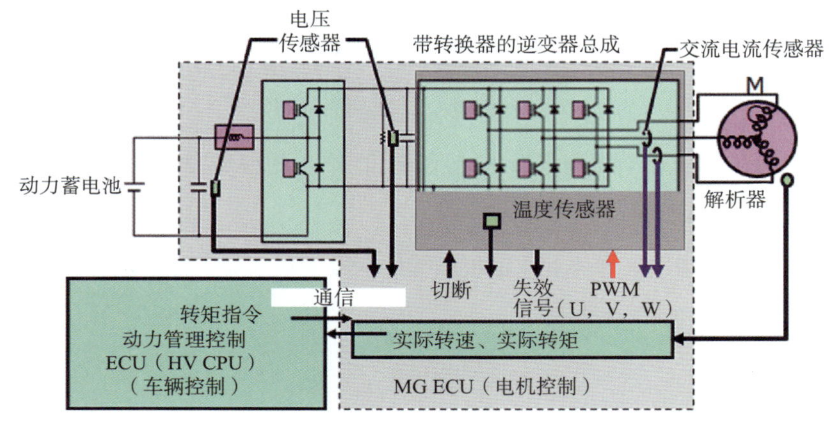

图 6-13　逆变器控制示意图

4）增压转换器控制

动力管理控制 ECU（HV CPU）根据增压转换器的工作信号（PWM）控制增压转换器；如果电机 MG1 请求大转矩以启动发动机，或由于驾驶员加速请求，电机 MG2 请求大转矩，则将动力蓄电池电压升至最高 650 V，如图 6-14 所示，动力管理控制 ECU（HV CPU）检测增压前后的电压，并提供反馈以检查是否达到目标增压。动力管理控制 ECU（HV CPU）监视增压转换器的控制状态，如果出现过电压、过电流或电路故障等异常时，动力管理控制 ECU（HV CPU）断开异常电路中的增压转换器，以切断增压转换器的控制。

5）DC/DC 变换器控制

动力管理控制 ECU（HV CPU）可控制 DC/DC 变换器输出电压，如图 6-15 所示，DC/DC 变换器根据通过端子 VLO 接收到的占空信号控制输出电压，正常情况下使输出电压处于 13.0~14.5 V，DC/DC 变换器具有自诊断功能，并通过端子 NODD 将指示正常工作或故障的信号发送至动力管理控制 ECU（HV CPU）；发生故障时，发送 DC/DC 变换器工作停止指令。

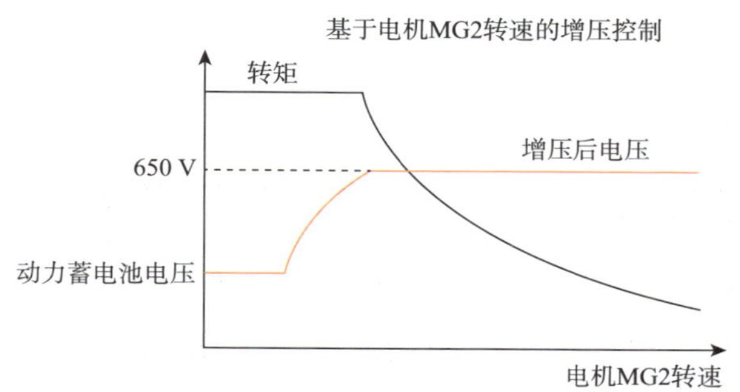

图 6-14　基于电机 MG2 转速的增压控制

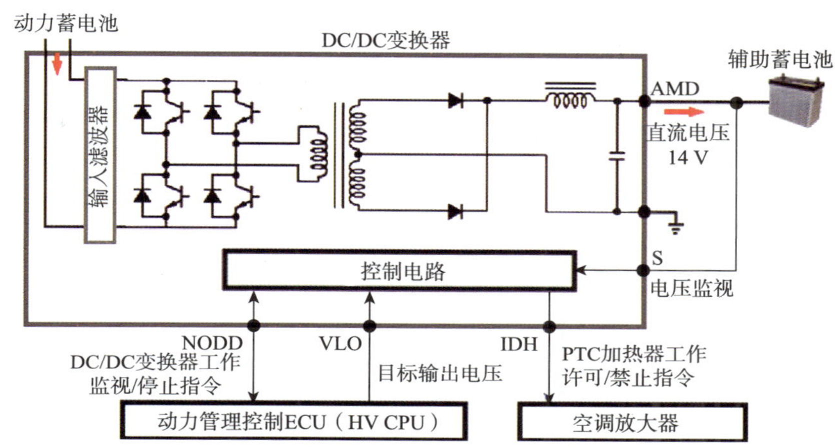

图 6-15　DC/DC 变换器控制示意图

6）再生制动控制

再生制动控制系统示意图如图 6-16 所示，防滑控制 ECU 根据主缸压力、制动踏板行程和车速将 ECU 请求再生制动值输出至动力管理控制 ECU（HV CPU）。动力管理控制 ECU（HV CPU）根据 HV 蓄电池的充电状态（SOC）计算再生制动执行值。动力蓄电池电量高时，因为无须产生电能，因此会降低再生制动力。动力管理控制 ECU（HV CPU）将其计算结果作为再生制动执行值反馈给防滑控制 ECU。根据动力管理控制 ECU（HV CPU）的再生制动执行值，通过液压制动补充短缺的制动力。

7）动力蓄电池控制

混合动力系统可执行充电状态（SOC）控制和动力蓄电池冷却鼓风机控制，并检测绝缘异常现象。

动力管理控制 ECU（HV CPU）持续进行充电、放电控制以使充电状态（SOC）保持在目标水平；动力蓄电池在加速期间放电以向电机 MG2 供电，并在减速期间通过再生制动进行充电，如此反复进行充电、放电循环；充电状态（SOC）控制目标值约为 60%，最大值约为 80%（通常控制上限约为 75%），最小值约为 20%（通常控制下限约为 30%）。充电状态（SOC）低于下限时，动力管理控制 ECU（HV CPU）增大发动机功率输出驱动电机 MG1，使其对动力蓄电池进行充电。

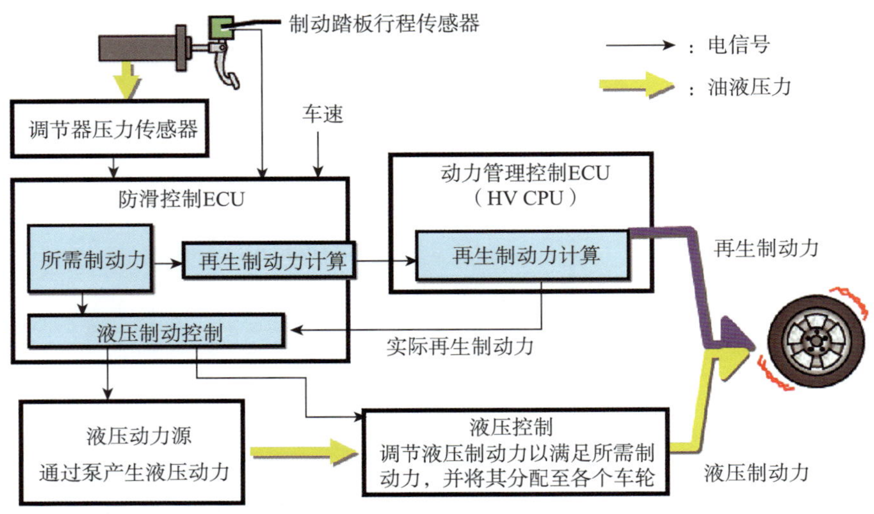

图 6-16　再生制动控制系统示意图

由于动力蓄电池充电、放电而产生热量，混合动力系统利用动力蓄电池冷却鼓风机使动力蓄电池冷却从而维护电池性能。在温度升高时，动力管理控制 ECU（HV CPU）利用占空比控制动力蓄电池冷却鼓风机转速使动力蓄电池温度保持在适当的范围内。

为确保安全，混合动力车辆的高压电路均与车身搭铁绝缘，车辆维修手册中规定的标准绝缘电阻值在 1~100 MΩ（该值根据所测量零部件的不同而有所差异）。蓄电池智能单元内置“泄漏检测电路”，其可持续监测高压电路和车身搭铁之间的绝缘电阻以确保其恒定，其根据交流电波形的振幅检测绝缘电阻值，如图 6-17 所示，泄漏检测电路允许少量的交流电流入高压电路，并检查交流电是否通过电容器自车身搭铁返回，绝缘电阻下降越多，自电容器返回的交流电波形的振幅越低。绝缘电阻的降幅被转化为电压值并由 ECU 数据项目（短波最高值）进行指示，从而可通过蓄电池智能单元的泄漏检测电路进行检测．短波最高值在 0 ~5 V，表示绝缘电阻。

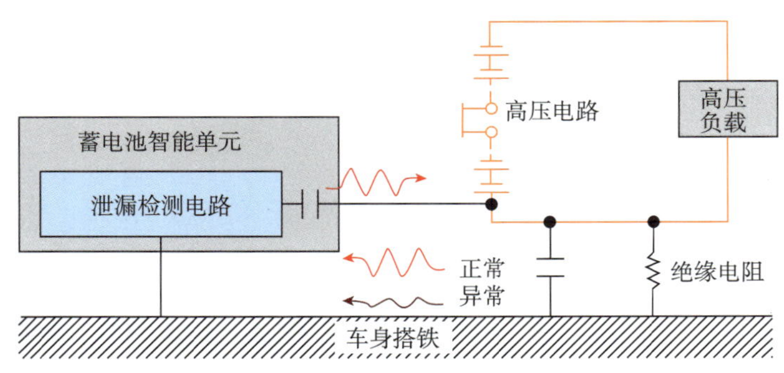

图 6-17　高压电路绝缘检测示意图

（3）混合动力控制系统故障诊断与排除方法

1）混合动力控制系统故障码

混合动力控制系统故障码与发动机控制系统故障码不同，混合动力控制系统故障码由 5 位 DTC

码和 3 位 INF 码组成以指示故障部位。3 位 INF 码在定格数据中以“详细代码”显示。在混合动力控制系统中，DTC 码和 INF 码用于缩小问题或故障部位，DTC 码指示故障系统，INF 码指示问题和故障部位，见表 6–3。

表 6–3　混合动力控制系统故障码示例

DTC 码	INF 码	故障部位
P0A60（驱动电机“A”V 相电流）	288	电机逆变器电流传感器故障（V 相副传感器）
	290	电机逆变器电流传感器故障（V 相主传感器）
	294	电机逆变器电流传感器故障（性能故障或 V 相断路）
	501	电机逆变器电流传感器故障（V 相主传感器和副传感器偏差）

表 6–4 中与系统异常有关的故障码是混合动力控制系统特有的。混合动力控制系统由多个 ECU 协同工作，当一个 ECU 或系统出现故障时，其他系统也会存储故障码。

表 6–4　混合动力控制系统故障码示例

DTC 类型	描述	
ECU 内部异常	ECU 自身检测到异常，例如内部通信故障	
传感器、执行器或线束连接（断路 / 短路）异常	转速传感器（解析器）、电流传感器、温度传感器和线束连接（断路 / 短路）异常	
系统异常（常规车辆系统异常示例：空燃比较稀、爆震、VVT-i 系统异常）	过电压	检测到电压高于规定值
	过电流	检测到电流高于规定值
	逻辑不一致	即使 IGBT 切断，电流仍流动
	MG 作为电动机的实际转矩	MG 作为电动机的实际转矩不符合所需的转矩时
	绝缘异常	检测到高压电路绝缘异常

2）混合动力控制系统故障排除方法

① 认真确认故障情况以免时间浪费在无故障的车辆上。

② 记录所有故障码、定格数据和操作历史数据。

③ 存在混合动力控制系统故障码时，确认 INF 码和存储码的出现顺序。

④ 排除与导致故障根本原因无关的故障（如空调等）。

⑤ 使用导致故障的系统故障码准确判定根本原因。故障所在系统内存储多个 DTC 时，会出现指示故障症状的故障码，例如过电流或过电压故障码，会出现指示故障零件的故障码。搜索指示故障根本原

因的故障码。如果不能确定指示故障根本原因的故障码，则使用车辆维修手册并遵循诊断程序。混合动力系统是导致故障的根本原因时，则对首先存储（出现顺序最早）的故障码执行故障排除程序。

⑥ 对输出未指示异常的故障码，可能是由于某些用户操作或车辆处于某种状态时而存储的一些混合动力系统故障码。

⑦ 使用故障诊断仪无法清除某些电子换挡杆系统 DTC，在进行维修后应采取有效措施（如切断熔丝）清除这些故障码。

3）车辆无法进入 READY-ON 状态检修要点

① 检查车辆进入 READY-ON 状态所需的条件（点火开关打开、制动灯开关挂入 P 挡、停机系统认证正常、电子钥匙认证正常、辅助蓄电池电压正常）。操作电源开关以将车辆切换至 READY-ON 状态时，如果启动信号（ST 信号）被发送至 HV ECU，则表示供电和启动系统正常工作。

② 检查历史数据中的 “Shift Gear before READY”，将电源开关置于 ON（READY）位置后，READY 指示灯立即闪烁，如果使用换挡杆，选择除 P 挡外的任何位置，则将取消至 READY-ON 状态的转变。在这种情况下，操作历史数据中的 “Shift Gear before READY” 将被保留记录。

③ 将电源开关置于 ON（READY）位置前，检查并确认数据表中 “VH-Voltage after Boosting” 为 0 V（无残留电压）。将电源开关置于 ON（READY）位置前，如果带转换器的逆变器总成中存在残留电压，则动力管理控制 ECU（HV CPU）将不会切换至 READY-ON 状态。

④ 检查操作历史数据中的 “Resister Over Heat”。 系统在 READY-ON 和 READY-OFF 之间切换了一定次数时，动力管理控制 ECU（HV CPU）将保持系统主继电器（SMR）状态一段时间以防止预充电阻器过热。

2. 技能操作

（1）操作准备

准备技能操作所需的物料，见表 6-5。

表 6-5　物料准备

类别	所需物料
教学车辆 / 实训平台	混合动力实训整车或混合动力控制系统实训平台
设备、仪器、工具、资料	故障诊断仪、示波器、万用表、兆欧表、安全警示牌、绝缘手套、车辆维修手册

（2）混合动力控制系统故障诊断与排除操作

1）读取故障码及数据流

读取混合动力车辆整车、动力蓄电池系统故障码及数据流，将故障相关信息填写在表 6-6 中。

表 6-6　混合动力系统故障码及数据流

序号	故障码及数据流名称	故障描述及数据流参数
1	P0AA6	
2		
3	INF 码 526	
4		
5	Latest Operation	
6	Operation before Latest	
7	VH-Voltage after Boosting	
8		
9		

2）混合动力控制系统电路检测

根据车辆无法进入 READY-ON 状态故障，对混合动力控制系统电路进行检测，将检测结果填写在表 6-7 中。

表 6-7　混合动力控制系统电路检测

序号	项目	检测条件	标准值	实测值	是否正常
1	辅助蓄电池电压	开启大灯	12~13.6 V		是□　否□
2	电子钥匙认证	钥匙位于车厢内	能识别钥匙		是□　否□
3	挡位检查	打开点火开关前	位于 P 挡		是□　否□
4	制动开关	踩下制动踏板	电阻小于 5 Ω		是□　否□
5	使用操作历史数据和数据表检查残余电压、电阻器温度	将电源开关置于 ON（READY）位置前	0 V		是□　否□
6	使用操作历史数据和数据表检查挡位	将电源开关置于 ON（READY）位置后	P 挡		是□　否□

检查评估

对本任务的学习情况进行检查，并将相关内容填写在表 6-8 中。

表 6-8　检查表

检查项目	检查结果	结果点评
混合动力系统检查		
是否放置安全警示标志	是□　否□	
是否完成绝缘手套检查	是□　否□	
操作流程是否安全规范	是□　否□	
是否完成绝缘处理	是□　否□	
混合动力控制系统故障诊断		
故障码读取及数据流分析是否正确	是□　否□	
混合动力控制系统故障诊断过程是否规范	是□　否□	
混合动力控制系统电路检测项目是否正确	是□　否□	
故障是否排除	是□　否□	
故障排除结果是否验证	是□　否□	
工作页记录是否完整	是□　否□	
现场管理		
工具设备是否整理并放至指定位置	是□　否□	
实训工位是否打扫干净	是□　否□	

任务小结

本任务小结如图 6–18 所示。

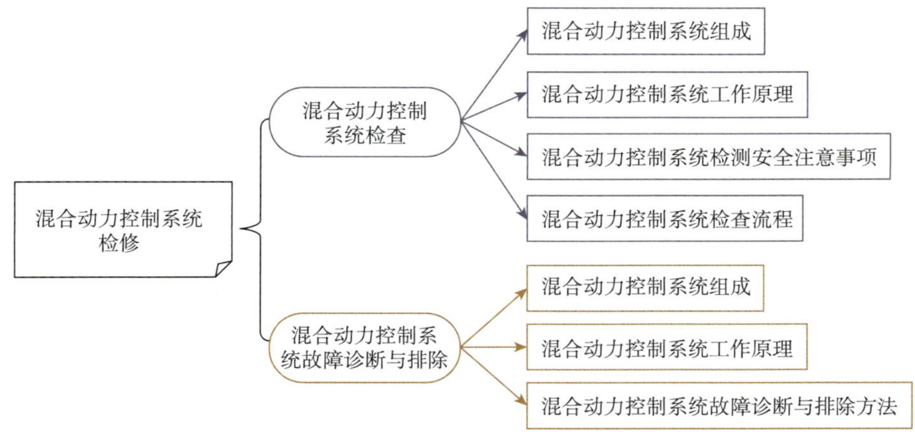

图 6–18　本任务小结

情境二
底盘电控系统检修

情境介绍

智能网联汽车包含了很多电控系统，不同的电控系统具有不同的功能。作为智能网联汽车电控系统的重要组成部分之一，底盘电控系统扮演了非常重要的角色，它是车辆实现加速、减速及转向控制的枢纽和桥梁，其工作状态的好坏直接决定着智能网联汽车能否正常安全稳定的行驶，除此之外，其对驾驶员的舒适性及车辆的主动安全性等方面也具有极其重要的影响。因此，掌握智能网联汽车底盘电控系统的组成及控制原理，运用故障诊断思路与检修方法对其常见故障进行诊断排除是智能网联汽车电控系统检修工作的重要课题。

本情境包含防抱死制动系统检修、双离合变速器控制系统检修、无级变速器控制系统检修、胎压监控系统检修四个工作任务，具体内容主要包括防抱死制动系统、双离合变速器控制系统、无级变速器控制系统、胎压监控系统的特点、类型、主要组成部件、控制原理、常见故障现象及故障原因分析、故障诊断思路及故障排除流程（方法）等。

情境目标

▶ 能根据防抱死制动系统类型、组成及工作原理，结合故障现象、电路图、故障码及数据流分析，确定故障范围，运用故障诊断思路及检修方法，正确使用检修工具和设备，规范完成防抱死制动系统故障检修。

▶ 能根据双离合变速器类型、控制系统组成及工作原理，结合故障现象、电路图、故障码及数据流分析，确定故障范围，运用故障诊断思路及检修方法，正确使用故障诊断检修工具和设备，规范完成双离合变速器控制系统故障检修。

▶ 能根据无级变速器类型、控制系统组成及工作原理，结合故障现象、电路图、故障码及数据流分析，确定故障范围，运用故障诊断思路及检修方法，正确使用故障诊断检修工具和设备，规范完成无级变速器控制系统故障检修。

▶ 能根据胎压监控系统类型、组成及工作原理，结合故障现象、电路图、故障码及数据流分析，确定故障范围，运用故障诊断思路及检修方法，正确使用故障检修工具和设备，规范完成胎压监控系统故障检修。

任务七
防抱死制动系统（ABS）检修

任务导入

场景：某国产智能网联汽车售后维修中心

人物：车主张先生、维修技师王师傅

情节：在车辆行驶过程中，车辆仪表盘上 ABS 故障警告灯亮起，车主张先生将车开到售后维修中心。售后维修中心维修技师王师傅拟对该车故障进行诊断与排除。如果你是维修技师王师傅，将如何规范、高效地排除该车的故障?

任务目标

▸ 能运用防抱死制动系统（ABS）组成及工作原理，完成防抱死制动系统（ABS）电路检测。

▸ 能依据故障现象、电路图等，完成防抱死制动系统（ABS）故障范围确定。

▸ 能正确使用检测设备，规范作业流程，完成防抱死制动系统（ABS）常见故障诊断与排除。

任务实施

（一）防抱死制动系统（ABS）电路检测

1. 知识学习

（1）防抱死制动系统（ABS）功用

防抱死制动系统（ABS）在汽车制动时，自动控制制动器制动力的大小，使车轮不被抱死，处于边

滚边滑（滑移率在 20% 左右）的状态，以保证车轮与地面的附着力为最大值，其有如下几个功能。

1）充分发挥制动器的效能，有效降低滑移率、提高车辆制动稳定性。

2）可有效防止紧急制动时车辆侧滑和甩尾，具有良好的行驶稳定性。

3）可在紧急制动时转向，具有良好的转向操纵性。

4）可避免轮胎与地面的剧烈摩擦，减少轮胎的磨损。

（2）防抱死制动系统（ABS）特点

1）有效降低滑移率

ABS 可以将滑移率控制在最大附着系数范围内，从而可获得最大的纵向制动力，使制动距离缩短。

2）延长轮胎使用寿命

ABS 可以防止车轮抱死，从而避免因制动车轮抱死造成的轮胎局部异常磨损，改善了轮胎的磨损状况，延长了轮胎的使用寿命。

3）提高汽车制动时的安全稳定性

ABS 可防止车轮在制动时完全抱死，能将车轮侧向附着系数控制在较大的范围内，使车轮具有较强的承受侧向力的能力，增强了转向控制能力，提高了制动时的安全稳定性。

4）使用方便、工作可靠

ABS 的运用与常规制动系统的运用几乎没有区别，制动时驾驶员踩下制动踏板，ABS 就根据车轮的实际转速自动进入工作状态，使车轮保持在最佳的工作状态。

（3）防抱死制动系统（ABS）组成

防抱死制动系统（ABS）主要由轮速传感器、电控单元（ABS ECU）、制动压力调节器、制动总泵、制动分泵等部分组成，如图 7–1 所示。

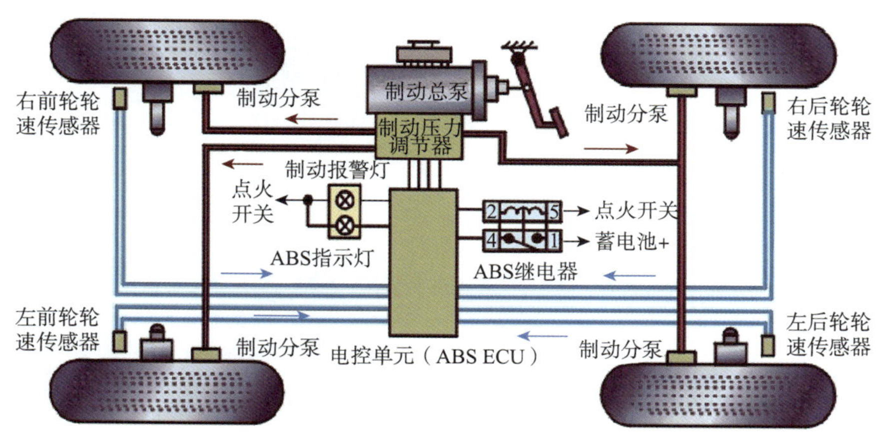

图 7–1　防抱死制动系统（ABS）的组成

（4）防抱死制动系统（ABS）工作原理

在制动时，ABS 根据每个轮速传感器传来的速度信号，判断出车轮的抱死状态，关闭开始抱死车轮

上面的常开输入电磁阀，让制动力不变，如果车轮继续抱死，则打开常闭输出电磁阀，这个车轮上的制动压力因直通制动液储油箱管路而迅速下降，防止了因制动力过大而将车轮完全抱死。

汽车减速后，一旦电控单元检测到车轮抱死状态消失，它就会让主控制阀关闭，从而使系统转入普通的制动状态下进行工作。若蓄压器的压力下降到安全极限以下，红色制动故障指示灯和琥珀色 ABS 故障指示灯亮。在这种情况下，要用较大的力进行深踩踏板的制动方式才能对前后轮进行有效制动。

（5）防抱死制动系统（ABS）类型

1）按控制方式分类

按控制方式可分预测控制方式和模仿控制方式两种。

① 预测控制方式

预测控制方式是预先规定控制参数和设定值等条件，然后根据检测的实际参数与设定值进行比较，对制动过程进行控制。

② 模仿控制方式

模仿控制方式是在控制过程中，记录前一控制周期的各种参数，再按照这些参数值规定出下一个控制周期的控制条件。

2）按控制通道及传感器数目分类

控制通道是指能够独立进行制动压力调节的制动管路。

① 三通道四传感器式

如图 7-2 所示，三通道四传感器式一般采用两个前轮独立控制，两个后轮按低选原则进行一同控制。

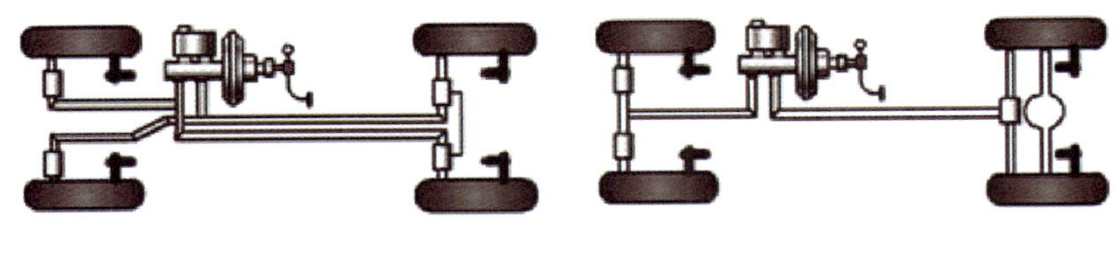

a）　　　　　b）

图 7-2　三通道四传感器式

a）双管路交叉布置　b）双管路前后布置

② 三通道三传感器式

如图 7-3 所示，三通道三传感器式也是采用两个前轮独立控制，两个后轮按低选原则进行一同控制。

情境二

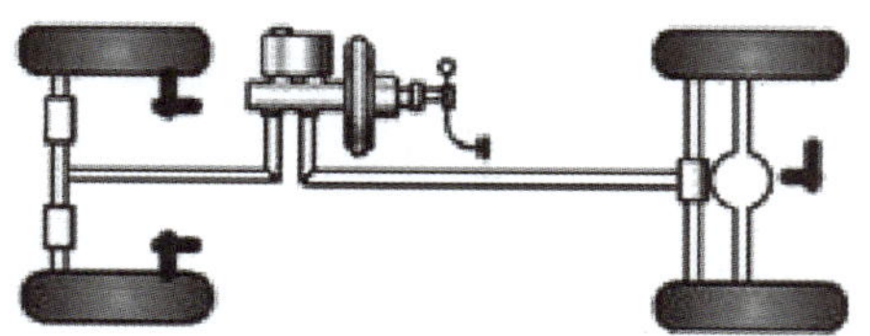

图 7-3　三通道三传感器式

③ 四通道四传感器式

如图 7-4 所示，四通道四传感器式是每个车轮都有一个轮速传感器，且每个车轮的制动压力都是独立控制的。

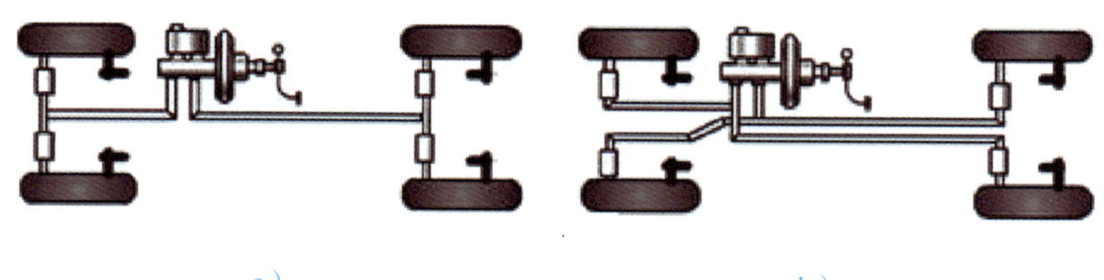

图 7-4　四通道四传感器式

a）双管路前后布置　b）双管路交叉布置

（6）防抱死制动系统（ABS）主要部件

1）车轮转速传感器（又称轮速传感器）

车轮转速传感器的功用是检测车轮的旋转速度，并将速度信号输入电控单元。目前，常用的车轮转速传感器主要有电磁式和霍尔式两种。

① 电磁式车轮转速传感器

如图 7-5 所示，电磁式车轮转速传感器主要由传感器和齿圈两部分组成。电磁式车轮转速传感器结构简单，成本低，但当车速很低时，传感器输出的电压信号较弱，传感器频率响应较低，当车速过高时，传感器的频率响应跟不上，容易产生错误信号，传感器的抗电磁干扰能力也较差。

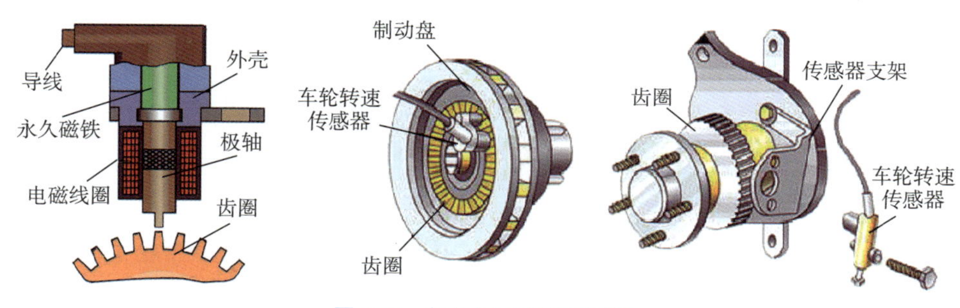

图 7-5　电磁式车轮转速传感器

如图 7-6 所示，当齿圈上的某一个齿的齿顶与传感器的磁极端部对正时，磁极端部与齿圈之间的间隙最小，形成的磁阻最小，穿过线圈的磁通最大。当齿圈转动到两个轮齿之间的部分对准传感器磁极端部时，磁极端部与齿圈之间的间隙最大，形成的磁阻最大，穿过线圈的磁通最小。转子每转过一个齿，

穿过线圈的磁通就发生一次周期性的强弱变化。磁通的这种变化就会在线圈中感应出交变电压信号，其频率与齿圈的齿数和转速成正比。ABS ECU 通过对轮速传感器输入的电压脉冲频率进行处理，就可以确定车轮的转速。

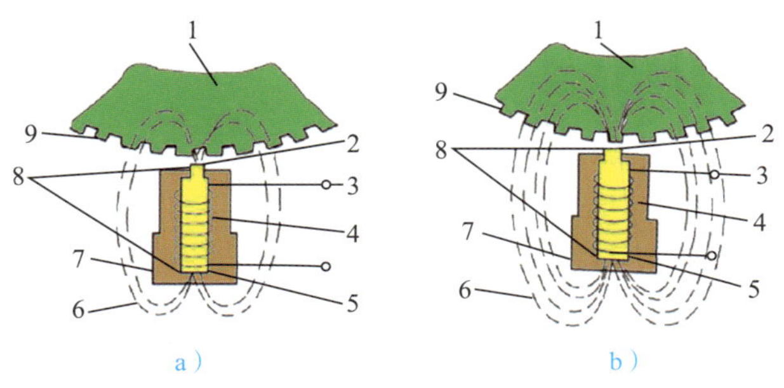

图 7-6 电磁式车轮转速传感器的工作原理

a）齿隙与磁心端部相对时 b）齿顶与磁心端部相对时

1—齿圈 2—极轴 3—电磁线圈引线 4—电磁线圈 5—永久磁体 6—磁力线 7—电磁式传感器 8—磁极 9—齿圈齿顶

电磁式车轮转速传感器输出的电压信号如图 7-7 所示。当车轮转速较高时，感应电压的频率和波幅均较大；反之，感应电压的频率和波幅均较小。

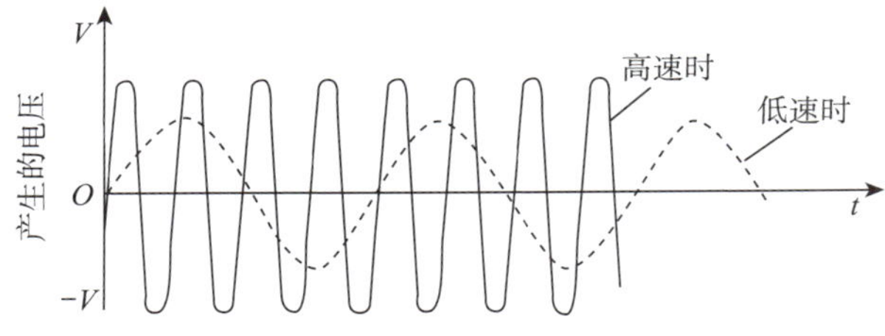

图 7-7 电磁式车轮转速传感器输出的电压信号

电磁感应传感头用来产生感应电压，通常由永久磁铁、电磁线圈和极轴等构成，根据极轴的结构不同，又可分为凿式极轴传感头、柱式极轴传感头两种，如图 7-8 所示。

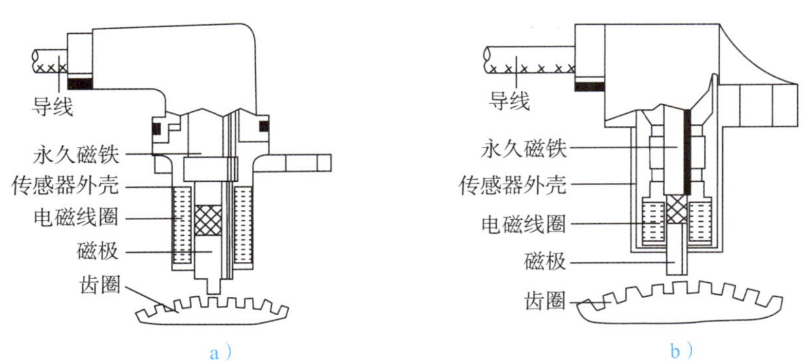

图 7-8 电磁式车轮转速传感器结构

a）凿式极轴传感头 b）柱式极轴传感头

② 霍尔式车轮转速传感器

如图 7–9 所示，霍尔式车轮转速传感器是利用霍尔效应原理制成的，其齿圈的结构及安装方式与电磁式车轮转速传感器的齿圈相同，传感器由永磁体、霍尔元件和电子电路等组成。

霍尔车轮转速传感器具有体积小、结构简单、性能稳定、抗干扰能力强、频率特性好、可靠性高、启动力矩小等优点；其输出信号电压幅值不受转速的影响，霍尔式车轮转速传感器电压波形如图 7–10 所示。

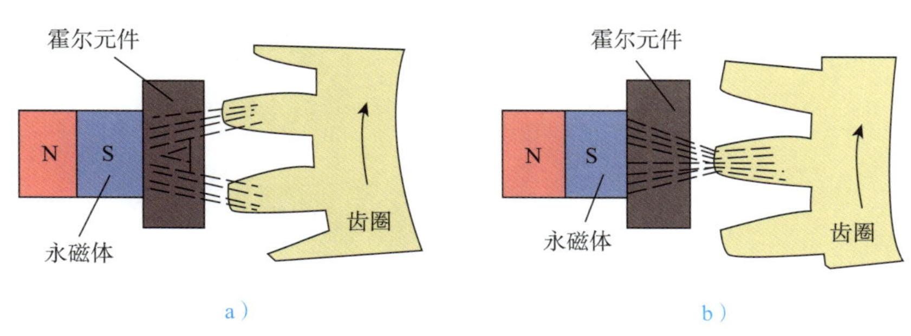

图 7–9　霍尔式车轮转速传感器

a）磁场相对较弱　b）磁场相对较强

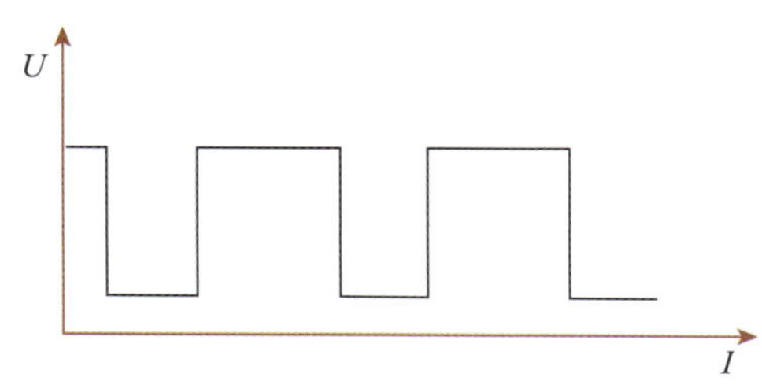

图 7–10　霍尔式车轮转速传感器电压波形

2）电控单元（ABS ECU）

电控单元（ABS ECU）是 ABS 的控制中枢，其主要作用是接收传感器信号，并对这些输入信号进行测量、比较、分析、放大和判别处理，通过精确计算，得出制动时车轮的滑移率、车轮的减速度，以判断车轮是否有抱死趋势，然后向制动压力调节器发出控制指令，进行压力调节。电控单元示意图如图 7–11 所示。

3）制动压力调节器

制动压力调节器又称为 ABS 压力控制器，是 ABS 系统的执行机构，其功用是接收 ABS ECU 的指令，通过电磁阀的动作控制车轮制动轮缸的制动压力，通常主要由电动液压泵、液压控制单元（包括储能器和电磁阀）、液压泵电动机等构成，如图 7–12 所示。

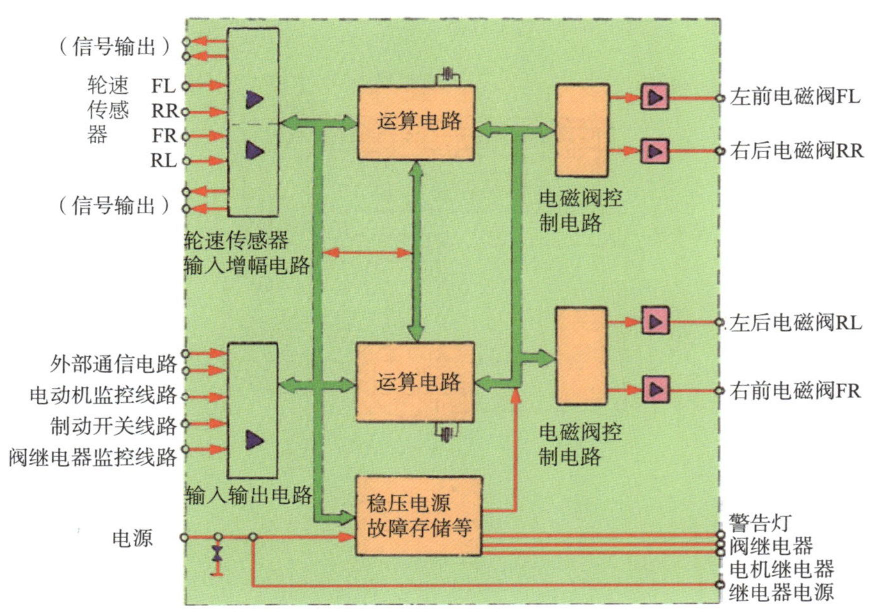

图 7-11 电控单元示意图

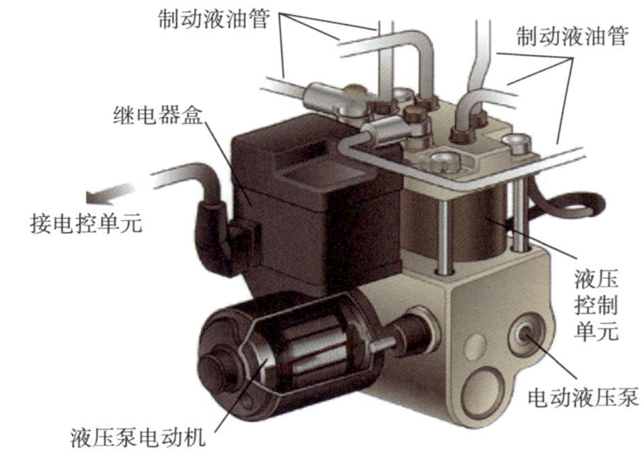

图 7-12 制动压力调节器

① 电动液压泵

在 ABS 运行时，电动液压泵根据 ABS ECU 的信号确定是否工作，从而起到循环控制制动液油压或迅速建立制动液油压的作用。它可在汽车启动 1 min 内将制动液压力提高到 14~22 MPa。电动液压泵如图 7-13 所示。

② 储能器（蓄压器）

储能器的结构形式多种多样。活塞弹簧式储能器一般位于电磁阀与回油泵之间，由轮缸来的液压油进入储能器，进而压缩弹簧使储能器液压腔容积变大，以暂时储存制动液。

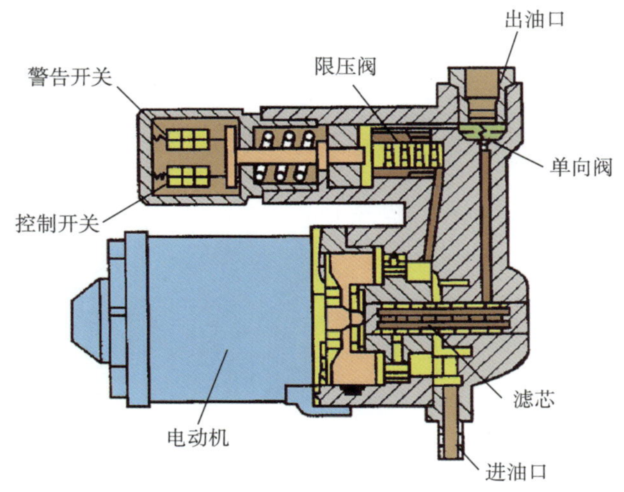

图 7-13　电动液压泵

气囊式蓄压器内则充满了高压氮气，可使制动液的压力保持在 14~18 MPa。为了安全起见，近年来生产的部分车型中，已经取消了蓄压器。气囊式蓄压器结构如图 7-14 所示。

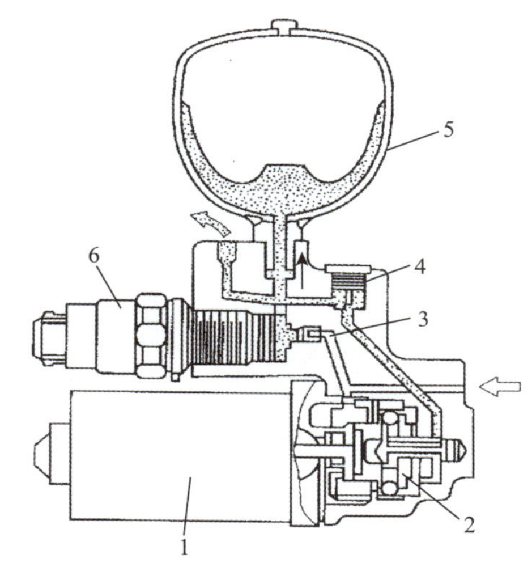

图 7-14　气囊式蓄压器结构

1—电动泵　2—回转球阀式活塞泵　3—单向阀　4—限压阀　5—蓄压器　6—压力开关

③ 电磁阀

ABS 系统中通常有 4~8 个电磁阀，分别对应控制前后轮的制动，常用的电磁阀为三位三通阀，如图 7-15 所示。

4）制动压力调节器的工作形式

① 循环式制动压力调节器

循环式制动压力调节器在制动主缸与轮缸之间串联一电磁阀，直接控制轮缸的制动压力。循环式制动压力调节器结构如图 7-16 所示。

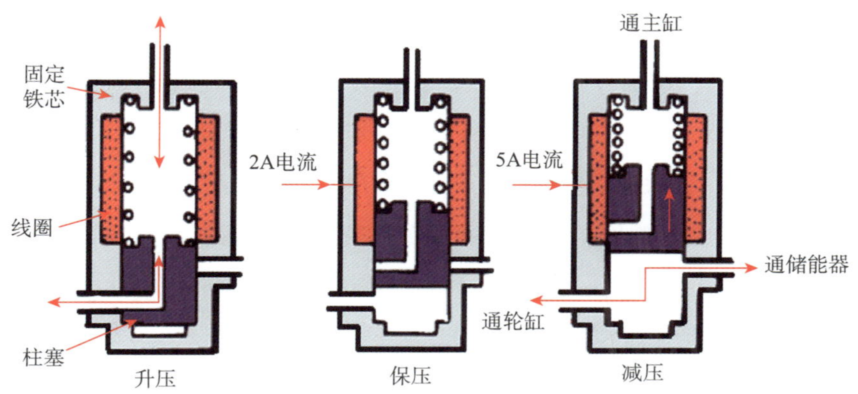

图 7-15　三位三通阀结构

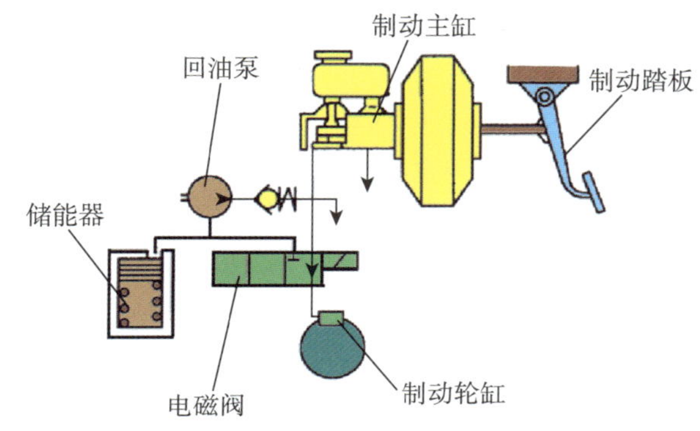

图 7-16　循环式制动压力调节器结构

② 可变容积式制动压力调节器

可变容积式制动压力调节器主要由电磁阀、控制活塞、液压泵、储液器等组成。可变容积式制动压力调节器结构如图 7-17 所示。

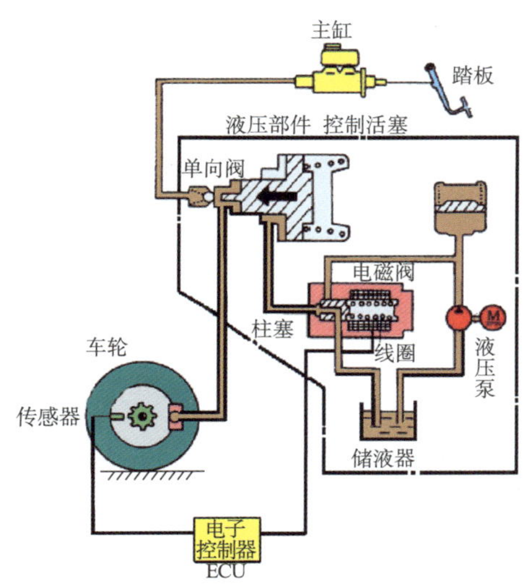

图 7-17　可变容积式制动压力调节器结构

情境二

（7）防抱死制动系统（ABS）电路检查要点

1）根据 ABS ECU 各端子的功能，用万用表对 ABS ECU 各端子进行测量。

2）当测得的数值稍微偏离额定值时，清洁插头和插座端子，再重新测试。

3）在更换相应部件前，再次检查导线及连接，尤其是额定值小于 10 Ω 的部件更应进行此项检查。如果测得的数值达到额定值，还应附带检查线路的电源或搭铁是否正常。

2. 技能操作

（1）操作准备

准备技能操作所需的物料，见表 7–1。

表 7–1　物料准备

类别	所需物料
教学车辆 / 平台	具有 ABS 系统的车辆或实训台
设备、仪器、工具、资料	故障诊断仪、万用表、电源插座、车辆维修手册

（2）防抱死制动系统（ABS）电路检测

对实训车辆的防抱死制动系统（ABS）电路进行检测，将检测结果记录在表 7–2 中。

表 7–2　防抱死制动系统（ABS）电路检测记录

序号	检测项目	检测条件	实测值	标准值	是否正常
1	供电电压				是□　否□
2					是□　否□
3					是□　否□
4					是□　否□
5					是□　否□
6					是□　否□
7					是□　否□
8					是□　否□
9					是□　否□
10					是□　否□
11					是□　否□
12					是□　否□

（二）防抱死制动系统（ABS）故障诊断与排除

1. 知识学习

（1）防抱死制动系统（ABS）常见故障现象（见表 7-3）

表 7-3　防抱死制动系统（ABS）常见故障现象

序号	警告灯	故障现象	可能原因
1	ABS 故障警告灯亮	ABS 不起作用	1）轮速传感器不起作用 2）液控单元工作不良 3）ABS 电控单元工作不良
2	ABS 故障警告灯不亮	踩下制动踏板时，踏板振动强烈	1）制动开关失效或调整不当 2）制动开关线路或插接件脱落 3）制动鼓（盘）变形 4）轮速传感器信号不良 5）液控单元工作不良
3	ABS 故障警告灯偶尔或间歇点亮	ABS 作用正常，只要点火开关关闭后再打开，ABS 故障警告灯即会熄灭	1）电控单元插接器松动 2）轮速传感器导线受干扰 3）轮速传感器内部工作不良 4）车轮轮毂轴承松旷 5）制动管路中有空气 6）制动轮缸工作不良 7）制动蹄衬片不良
4	制动警告灯亮	缺乏制动液或驻车制动拖滞	1）驻车制动器调整不当 2）制动油管或制动轮缸漏油 3）制动警告灯搭铁
5	ABS 故障警告灯和制动警告灯亮	ABS 不起作用	1）两个以上轮速传感器出现故障 2）电控单元故障 3）液控单元工作不良

（2）防抱死制动系统（ABS）故障诊断流程

1）ABS 警告灯不亮故障诊断流程

ABS 警告灯不亮故障诊断流程如图 7-18 所示。

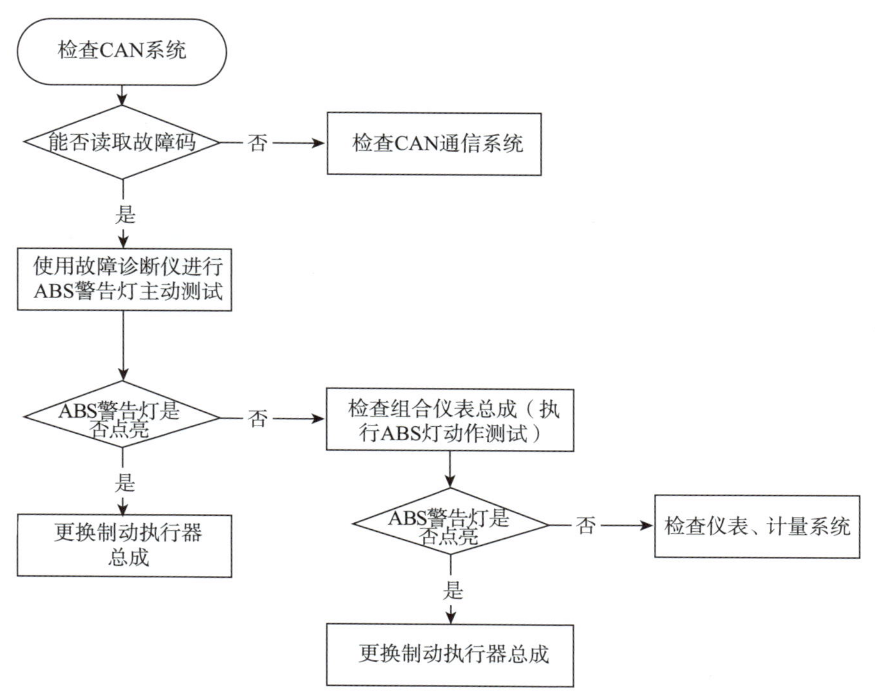

图 7-18　ABS 警告灯不亮诊断流程

2）ABS 警告灯保持亮起故障诊断流程

ABS 警告灯保持亮起故障诊断流程如图 7-19 所示。

（3）防抱死制动系统（ABS）故障排除方法

1）控制系统检查

① 轮速传感器的检查

轮速传感器可能出现的故障有轮速传感器感应线圈短路、断路或接触不良等；轮速传感器齿圈脏污或损坏；轮速传感器信号探头部分安装不牢或磁极、齿圈之间有脏物等。可检测信号电压及波形，检查传感器感应线圈的电阻值，检查传感器外观及间隙。

② ABS 压力调节器的检查

制动压力调节器可能的故障有制动压力调节器电磁阀线圈不良，制动压力调节器中的阀有泄漏，电动液压泵损坏等。可检查电磁阀，检查电动液压泵和液压循环。

③ ABS 继电器的检查

继电器的常见故障有触点接触不良、继电器线圈损坏等。可检查继电器电阻和继电器触点。

④ 电控单元（ABS ECU）的检查

电控单元（ABS ECU）常见的故障有：线束插接器松动、插口损坏，操作不当造成 ABS ECU 的内部损坏等。可检查电控单元（ABS ECU）及外部线束。

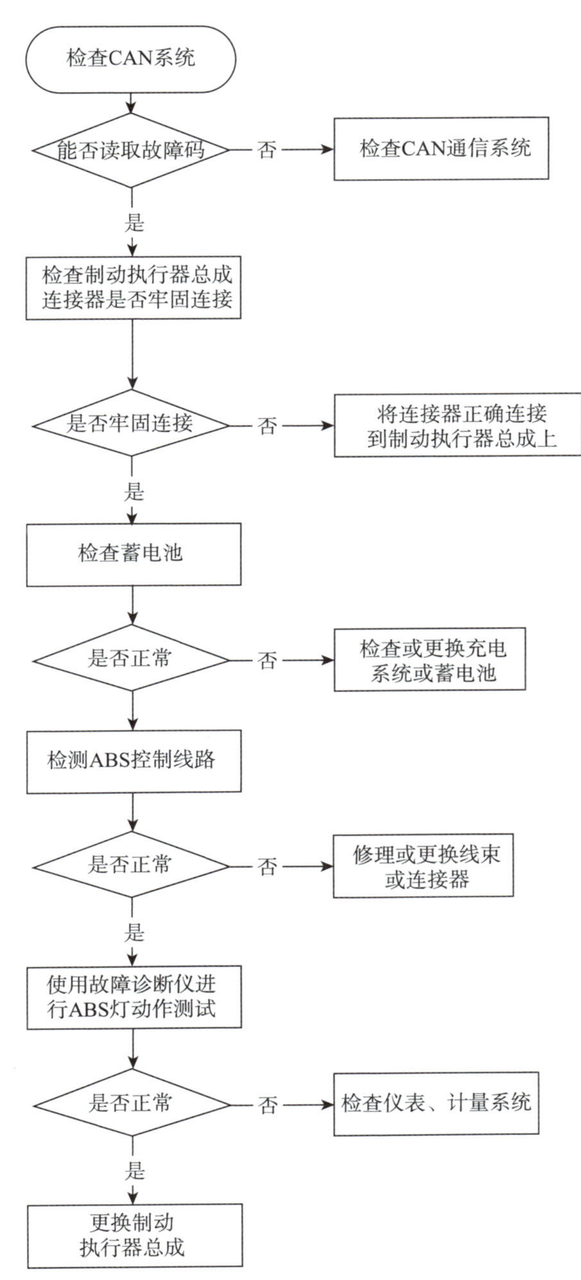

图 7-19　ABS 警告灯保持亮起故障诊断流程

2）车辆的路试

故障检修完成后，应对车辆进行路试，检查故障是否被彻底排除。路试的内容与方法如下。

① 检查制动踏板行程和阻力是否适宜。

② 检查 ABS 警告灯和制动警告灯的指示情况是否正常。

③ 检查 ABS 工作是否正常，在大于 40 km/h 的初始速度下紧急制动，若感觉到制动踏板有轻微的颤动，轮胎与地面基本上无拖痕，说明 ABS 工作正常，否则说明 ABS 存在故障，ABS 不起作用。

④ 检查制动时有没有其他不正常的现象，如果路试后一切正常，则说明故障被彻底排除。

3）制动液的更换和防抱死制动系统（ABS）排气

制动液具有较强的吸湿性，当制动液中含有水分后，其沸点下降，制动时容易产生“气阻”现象，使制动性能下降，同时对管路的腐蚀性增大。因此，一般要求每1~2年更换一次制动液。

在防抱死制动系统（ABS）排气时可采用手动排气和仪器排气两种方法。

2. 技能操作

（1）操作准备

准备技能操作所需的物料，见表7-4。

表7-4 物料准备

类别	所需物料
教学车辆 / 实训平台	具有 ABS 系统的车辆或实训台
设备、仪器、工具、资料	故障诊断仪、示波器、万用表、车辆维修手册

（2）防抱死制动系统（ABS）故障诊断与排除操作

1）读取防抱死制动系统（ABS）故障信息

读取实训车辆整车及防抱死制动系统（ABS）故障信息，将防抱死制动系统（ABS）故障相关信息填写在表7-5中。

表7-5 防抱死制动系统（ABS）故障信息记录

序号	故障码及数据流名称	故障码及数据流参数
1		
2		
3		
4		
5		
6		

2）拆画电路图

查阅所维修车型的电路图、车辆维修手册，拆画实训车辆防抱死制动系统（ABS）电路图，画在图7-20中。

图 7-20　实训车辆防抱死制动系统（ABS）电路图

3）对防抱死制动系统（ABS）故障进行检测

检测后，将检测结果填写在表 7-6 中。

表 7-6　检查表

序号	项目	检测条件	检测类型	标准值	实测值	是否正常
1	蓄电池电压					是□　否□
2						是□　否□
3						是□　否□
4						是□　否□
5						是□　否□
6						是□　否□
7						是□　否□
8						是□　否□
9						是□　否□
10						是□　否□

检查评估

对本任务的学习情况进行检查，并将相关内容填写在表 7-7 中。

表 7-7　检查表

检查项目	检查结果	结果点评
防抱死制动系统（ABS）检测		
是否完成防抱死制动系统（ABS）检测	是□　否□	
防抱死制动系统（ABS）功能是否正常	是□　否□	
防抱死制动系统（ABS）故障诊断排除		
故障码读取及数据流分析是否正确	是□　否□	
防抱死制动系统（ABS）检测项目是否正确	是□　否□	
故障诊断过程是否规范	是□　否□	
故障排除结果是否验证	是□　否□	
防抱死制动系统（ABS）功能是否恢复正常	是□　否□	
工作页记录是否完整	是□　否□	
现场管理		
工具设备是否整理并放至指定位置	是□　否□	
实训工位是否打扫干净	是□　否□	

任务小结

本任务小结如图 7-21 所示。

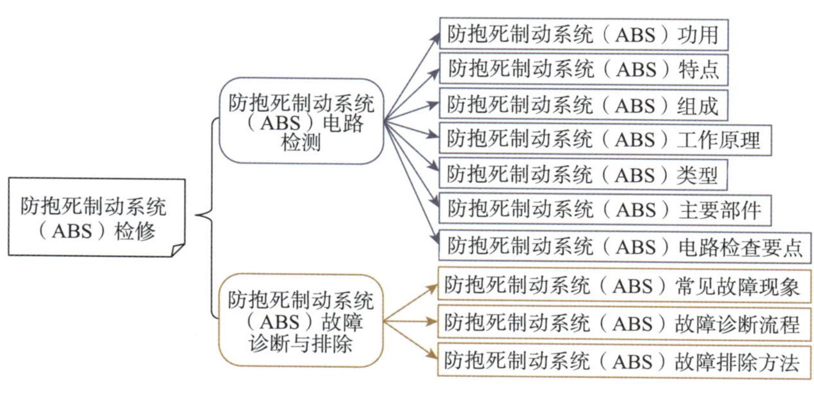

图 7-21　本任务小结

任务八
双离合变速器控制系统检修

情境二

任务导入

场景：某国产智能网联汽车售后维修中心

人物：车主赵先生、维修技师张师傅

情节：车主赵先生向售后维修中心反映车辆无法进行换挡，车辆挡杆位置指示器进入应急状态且无法控制。售后维修中心维修技师张师傅拟对该车进行故障诊断与排除，如果你是维修技师张师傅，如何规范、高效地排除该车故障？

任务目标

- 能运用双离合变速器类型、控制系统组成及检查要点，完成双离合变速器控制系统检查。
- 能够根据故障现象、电路图、故障码和数据流，完成双离合变速器控制系统故障范围确定。
- 能够正确使用诊断设备、万用表，对双离合变速器控制系统开关保险、传感器、执行器及相关电路进行检测，完成双离合变速器控制系统故障诊断与排除。

任务实施

（一）双离合变速器控制系统检查

1. 知识学习

（1）双离合变速器的概念

双离合变速器英文全称为 Dual Clutch Transmission，简称 DCT。大众集团的双离合变速器专用英文名字全称为 Direct Shift Gearbox，简称 DSG，中文直译为“直接换挡变速器”，它以双离合器和传统齿轮

变速器作为动力的传送部件，与高转矩的发动机配合使用。

双离合变速器是基于手动变速器发展而来的，为了消除换挡动力中断的缺点，满足驾驶员对“操控和节油并存”的需求，很多车型都采用了双离合变速器，如图 8–1 所示。

图 8–1　双离合变速器

(2) 双离合变速器的特点

双离合变速器在传动过程中能耗小，大大提高了车辆的燃油经济性。

双离合变速器反应灵敏，加速性能好，在加速过程中不会有动力中断的感觉，车辆加速更加强劲，使驾驶员具有很好的驾驶乐趣。

双离合变速器变速比分配合理，可以使变速器同时有两个挡位啮合，使换挡操作更加快捷。双离合变速器也有手动和自动两种控制方式，除变速杆外，转向盘上的手动控制换挡按钮也可以控制，在行驶中，两种控制模式可以随时切换。当选用手动控制模式时，若驾驶员不进行升挡操作，即使将加速踏板踩到底，双离合变速器也不会升挡，但在手动控制模式下，驾驶员可以跳跃降挡。

双离合变速器虽然有很多优点，但也有很多缺点，它结构复杂，零部件数量多，制造工艺要求和维护成本较高，在特殊情况下，如频繁激烈的使用，使双离合变速器转矩承载不足。若为“干式”的离合器则会产生较多的热量，而“湿式”的离合器又会出现摩擦力不足。

(3) 双离合变速器的类型

根据离合器结构和散热设计的不同，双离合变速器可以分为干式双离合变速器和湿式双离合变速器两种，分别如图 8–2 和图 8–3 所示。

1）干式双离合变速器

干式双离合变速器的离合器部分由压盘、膜片弹簧、从动盘、摩擦片等组成，这与手动变速器采用的方式相同。工作时，通过从动盘和摩擦片的摩擦作用来传递动力，这样带来的好处是动力响应会更快，反应更加灵敏，由于节省了液力系统，在本身所具有的高效转矩传递的基础上，很大程度上提高了燃油经济性，其缺点是不能承受过大的转矩输出，磨损比较严重，主要靠空气散热，散热性较差。

图 8-2 干式双离合变速器

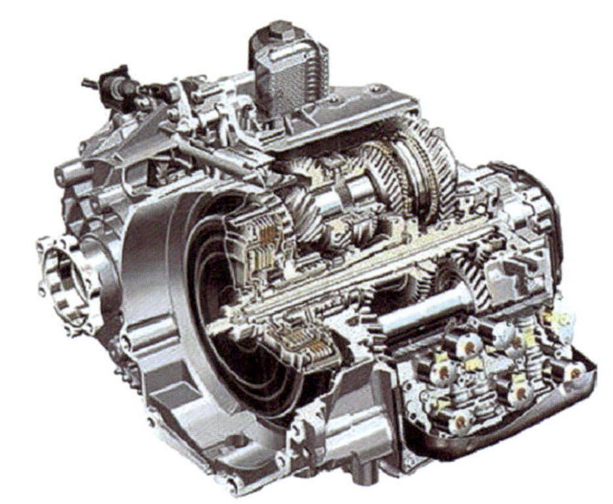
图 8-3 湿式双离合变速器

2）湿式双离合变速器

湿式双离合变速器的离合器部分主要由钢片、摩擦片、活塞和回位弹簧等组成。与干式双离合变速器不同的是，湿式双离合变速器的每一组变速器都带有多组钢片和摩擦片，能够传递更大的转矩，显得动力更为强劲，同时，由于离合器摩擦部分被封闭在油腔内，所以离合器散热性能较好，但由于其采用电子液压控制系统进行控制，所以使用中会有一定延迟。

（4）双离合变速器控制系统组成及作用

如图 8-4 所示，双离合变速器控制系统主要由输入装置（传感器和开关）、电子控制单元和执行器组成。

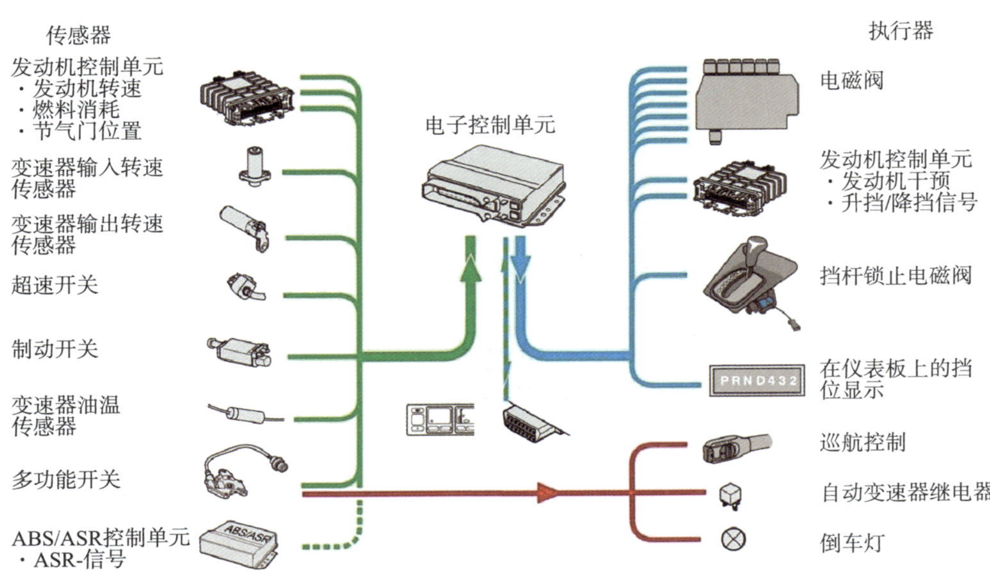

图 8-4 双离合变速器控制系统组成

1）输入装置（传感器和开关）

输入装置主要由各种传感器和开关组成，包括变速器输入转速传感器、变速器输出转速传感器、超速开关和制动开关、变速器油温传感器和多功能开关等，主要负责收集各种数据，然后把数据送到电子控制单元作为电子控制单元控制换挡的依据。

①变速器输入转速传感器

如图 8-5 所示，变速器输入转速传感器安装在变速器上液压控制系统的阀板上，是一个磁感应式或霍尔式传感器。它的主要作用是检测变速器输入转速，变速器控制单元根据此信号更精确地控制离合器的分离和结合，控制换挡时的平顺性。

图 8-5　变速器输入转速传感器安装位置

②变速器输出转速传感器

如图 8-6 所示，变速器输出转速传感器安装在变速器主减速器的输入轴上或四驱车辆的中间差速器上。它是一个磁感应式传感器，用于检测变速器输出转速，变速器控制单元依据此转速信号判断该切换的挡位，并根据此转速调节控制换挡时的油压。

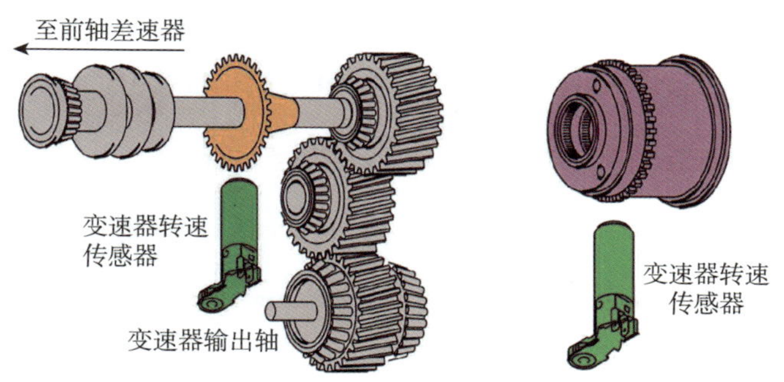

图 8-6　变速器输出转速传感器安装位置

③超速开关和制动开关

如图 8-7 所示，超速开关集成在油门拉线上，安装于发动机舱防火墙位置。油门踏板深度约 80% 时，超速开关闭合，向变速器提供加速信号，变速器控制单元根据此信号控制变速器降挡，以获得更大的输出转矩。采用电子节气门后，此开关被发动机油门踏板速率信号代替。

如图 8-8 所示，制动开关安装在制动踏板上方，其主要作用是向变速器控制单元提供“制动踏板已踩下”的信号，控制单元根据此信号控制挡杆锁止电磁阀解除挡杆锁止。车辆处于下坡行驶时，电子控制单元根据此信号控制变速器换回低速挡。

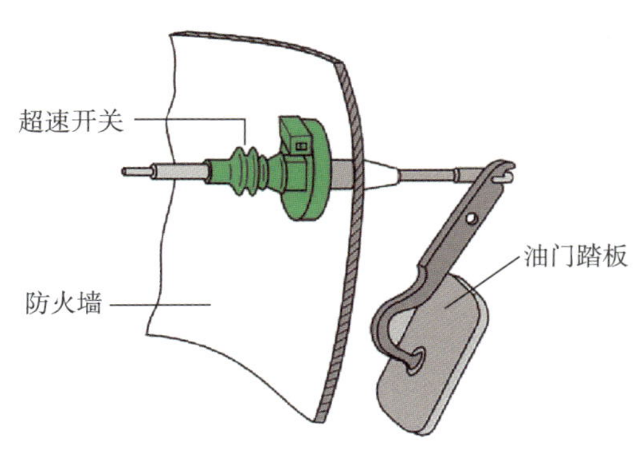

图 8-7 超速开关安装位置

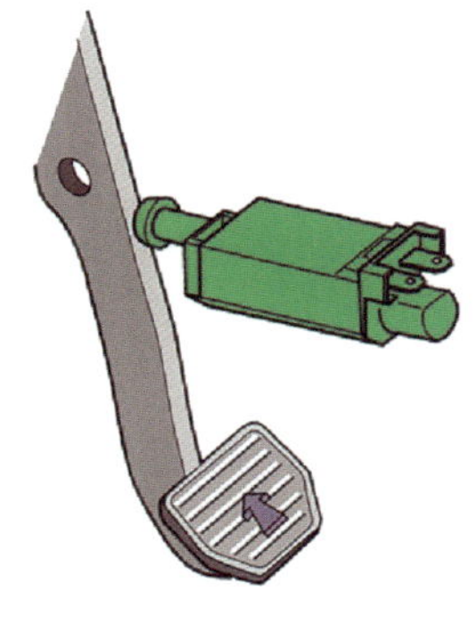

图 8-8 制动开关安装位置

④ 变速器油温传感器

变速器油温传感器的主要作用是监测变速器油的温度，防止出现变速器过热。

2）电子控制单元

电子控制单元与电动液压控制单元集成在一起，它是变速器控制系统的核心，所有传感器信号和来自其他控制单元的信号都由电子控制单元接收并进行监控，它具有变速箱换挡控制、离合器接合、变速箱油的冷却、油压调节、安全保护等功能。双离合变速器电子控制单元总成如图 8-9 所示。

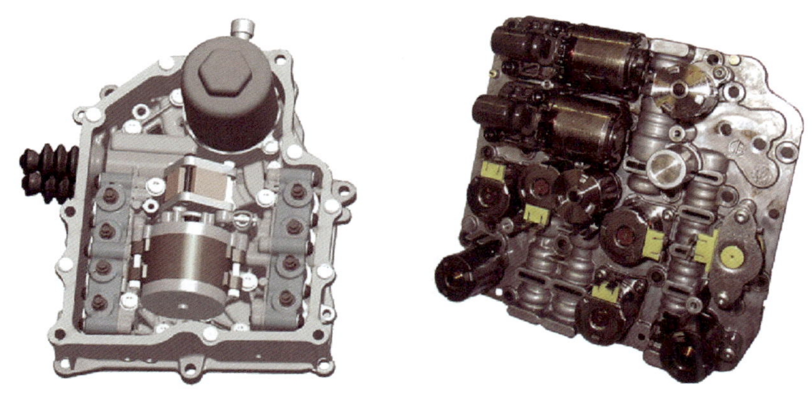

图 8-9 双离合器变速器电子控制单元总成

3）执行器

双离合变速器控制系统的执行器主要是各种电磁阀，主要有液压控制电磁阀、挡杆锁止电磁阀和挡杆位置指示器。

① 液压控制电磁阀

如图 8-10 所示，液压控制电磁阀安装在变速器内部液压控制系统的阀板上，其主要作用是将变速器控制单元的控制信号转变为液压压力，从而对变速器内部的离合器进行控制。

其中，电磁阀 N88~N90 为开关电磁阀，它们只有开和关两种状态，主要负责控制变速器内部前行星齿轮机构上各个执行元件的工作，电磁阀 N91~N94 为线性电磁阀，能够根据控制电流的大小调节电磁阀的开度，从而对液压压力进行调节控制。N91 负责调节变速器内部的主油压力，N92 和 N93 则分别控制后行星齿轮机构上离合器与制动器的接合和分离，并对它们接合时的压力进行调节，N94 的主要作用是控制离合器的接合，以及对变速器内部的润滑油压进行调节和控制。

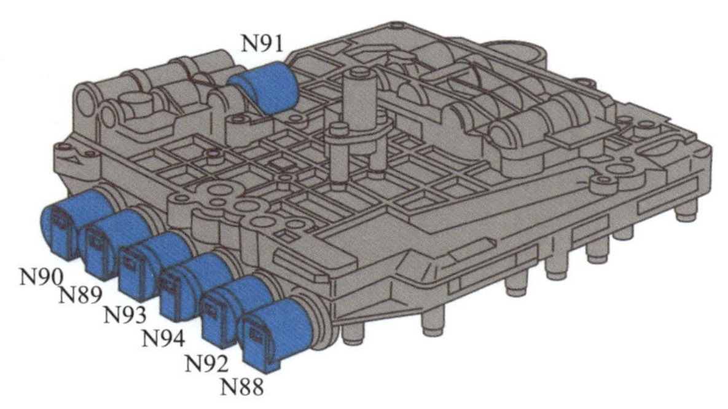

图 8-10　液压控制电磁阀安装位置

② 挡杆锁止电磁阀

如图 8-11 所示，挡杆锁止电磁阀的主要作用是将变速器挡杆锁止在 P 挡或 N 挡位置，防止在车辆静止时未踩制动踏板的情况下，因误操作导致变速器挡杆挂入动力挡使车辆移动，从而引发事故。

③ 挡杆位置指示器

如图 8-12 所示，挡杆位置指示器安装在仪表盘中间部位，它的主要作用是显示变速器挡杆所在位置。若挡杆位置指示器不亮，则可能是变速器电子控制单元损坏或者与仪表控制单元的通信线路损坏；若挡杆位置指示器变为所有挡位都亮，则说明电子控制单元内部有故障码，且变速器控制系统已进入紧急模式。

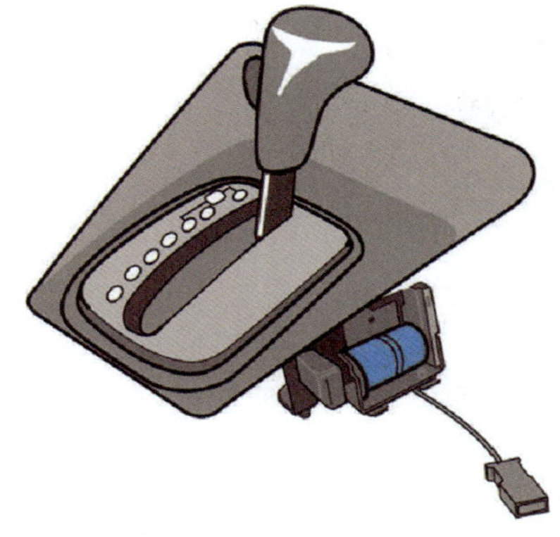

图 8-11　挡杆锁止电磁阀安装位置

图 8-12　挡杆位置指示器安装位置

（5）双离合变速器控制系统检查要点

当双离合变速器控制系统出现故障后会导致变速器无法正常工作，需对双离合变速器控制系统进行检查。

1）打开点火开关，踩下制动踏板，将双离合变速器挡杆在每个位置停留一下，观察仪表盘上挡杆位置显示与挡杆位置是否相符。

2）举升车辆，检查多功能开关定位是否正常。

3）使用诊断设备对双离合变速器控制系统进行自诊断、查询双离合变速器控制系统有无故障码，读取数据流，并与车辆维修手册中的标准进行对比，对执行元件进行测试，查看变速器油温，查看变速器输入、输出转速及各个电磁阀工作有无异常。

4）使用万用表检查变速器控制系统电气线路、各个元件电阻或电压，检查各个插接器有无异常。

2. 技能操作

（1）操作准备

准备技能操作所需的物料，见表 8–1。

表 8–1　物料准备

类别	所需物料
教学车辆 / 平台	实训整车或双离合变速器实训台
设备、仪器、工具、资料	故障诊断仪、万用表、车辆维修手册

（2）双离合变速器控制系统检查

对实训车辆的双离合变速器控制系统进行检查，将检查结果记录在表 8–2 中。

表 8–2　双离合变速器控制系统检查记录表

序号	检查项目	检查结果	是否正常
1	仪表盘上挡杆位置显示		是□　否□
2			是□　否□
3			是□　否□
4			是□　否□
5			是□　否□

（二）双离合变速器控制系统故障诊断与排除

1. 知识学习

（1）双离合变速器控制系统故障诊断流程

如图 8-13 所示，当双离合变速器控制系统出现问题时，按照以下流程对双离合变速器控制系统进行故障排除。

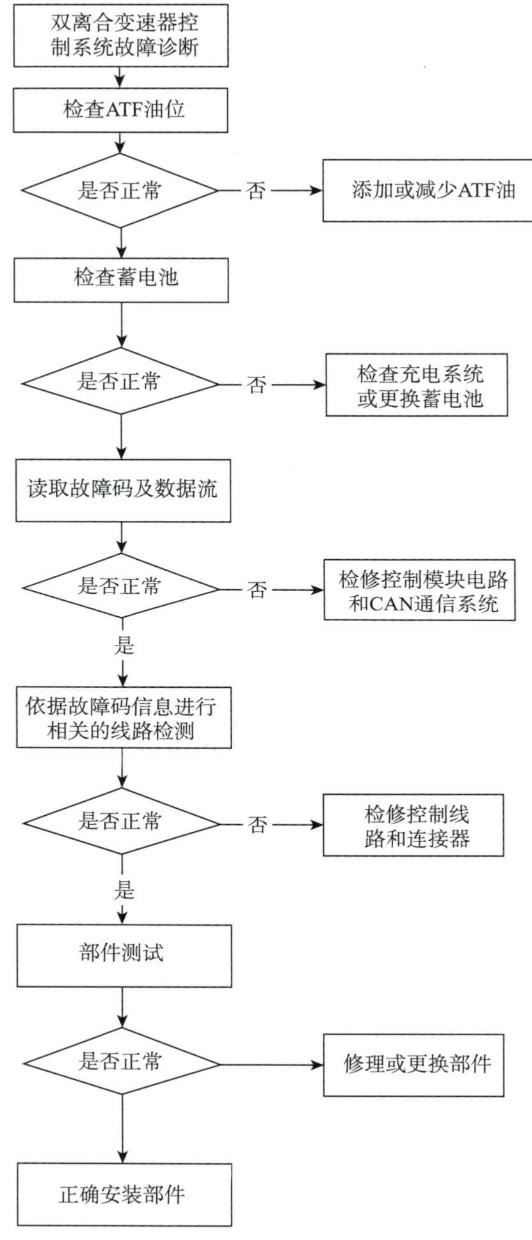

图 8-13　双离合变速器控制系统故障诊断流程

（2）双离合变速器故障现象及故障原因分析

1）故障案例一（以 6 挡湿式 02E 型双离合变速器为例）

故障现象：根据任务导入中的故障现象，发动机能启动，无法拨动换挡杆进行换挡，同时车辆挡杆位置指示器进入应急状态，无法控制。

故障原因分析：挡位传感器故障，控制模块供电、连接线束、信号传输异常，变速器电控单元供电、搭铁或传感器以及线路故障；控制模块本身故障；机械故障或 ATF 油有问题。

排查步骤：

① 检测蓄电池线束连接状况，测量电压。

② 如图 8-14 所示，连接故障诊断仪，清除故障码，然后读取故障码及数据流，初步找到故障源位于 F189 控制模块，其电路图如图 8-15 所示。

图 8-14　故障码

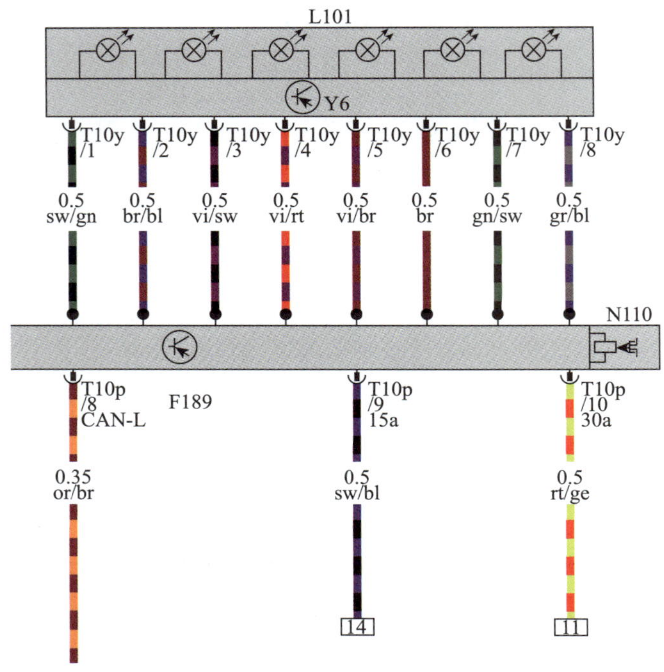

图 8-15　F189 控制模块电路图

③ 检查 T10p/7 CAN-H 和 T10p/8 CAN-L 供电正常，信号正常；由于 L101 换挡杆挡位指示照明灯异常，且伴随换挡杆无法拨动现象，即 N110 换挡杆锁电磁铁控制失效，可判断 F189 控制模块异常。

④ 如图 8-16 所示，检测熔丝 SC23 和 SC25，判断控制模块的供电是否因熔丝而出现故障，同时也可以检测端子 T10p/9 15a 和 T10p/10 30a 电压，判断线路供电是否正常，有无短路或断路现象。

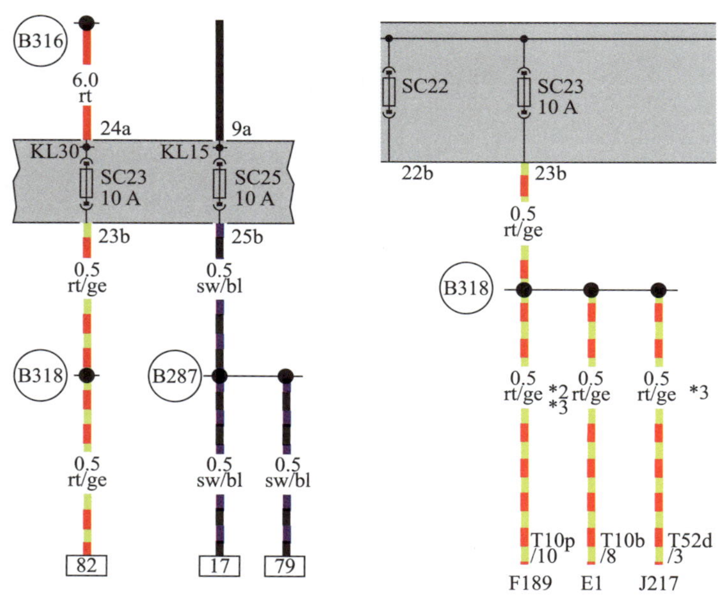

图 8-16　熔丝 SC23 和 SC25 电路图

⑤ 如图 8-17 所示，根据电路图排查熔丝 SC25 控制车灯开关 E1、自动变速器开关 F189、自动变速器控制单元 J217，判断故障点出现在该处，进行电压和电阻检测，根据结果进行更换。

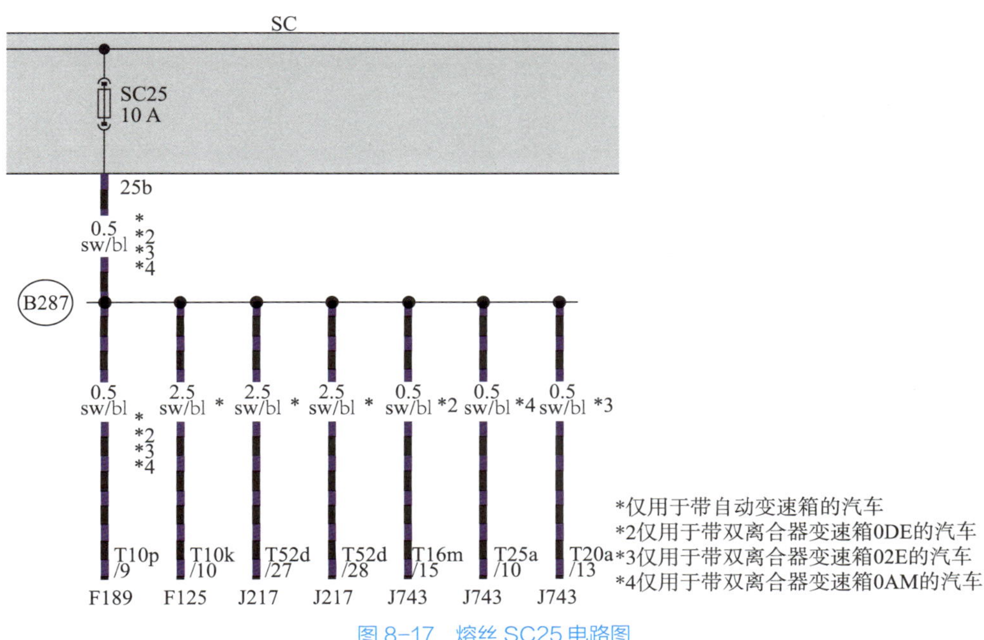

图 8-17 熔丝 SC25 电路图

⑥ 故障排查后清除故障码，进行道路测试，确认故障排查完毕。

本故障中，如果熔丝 SC25 断路，多功能开关 F125、自动变速器开关 F189、自动变速器控制单元 J217 以及双离合器变速箱机电装置 J743 均会异常，故障现象为无法启动车辆，换挡杆无法拨动，且无法读取故障码，如再次出现此类故障现象则可以快速对此处熔丝进行排查。

2）故障案例二（以 02E 型 6 挡湿式型双离合变速器为例）

车辆在行驶中，仪表盘挡位指示灯突然闪烁，加速时发动机动力无问题，但车辆无法正常行驶。熄火后再次启动，故障消失，车辆又可以正常行驶，此故障已发生过几次。

故障原因分析：此车挂挡后加速，发现发动机动力没问题，说明问题出现在变速器上。分析故障原因为变速器电控单元供电、搭铁或传感器以及线路故障；变速器电控单元本身故障；变速器机械故障或 ATF 油有问题。

排查步骤：

只要将车辆熄火后再启动故障就会消失，然后车辆一切正常，此车的故障发生时间不确定。检查变速器电控单元的供电和搭铁，确认没有问题，现场试车故障再现，无论挂任何一个前进挡均不行驶，挡位指示灯不停闪烁。用诊断仪检测发动机、制动系统、驻车制动系统、仪表电控系统，均存储故障码“49409”，如图 8-18 所示。根据故障现象和故障码分析，更加验证故障原因出在变速器上。

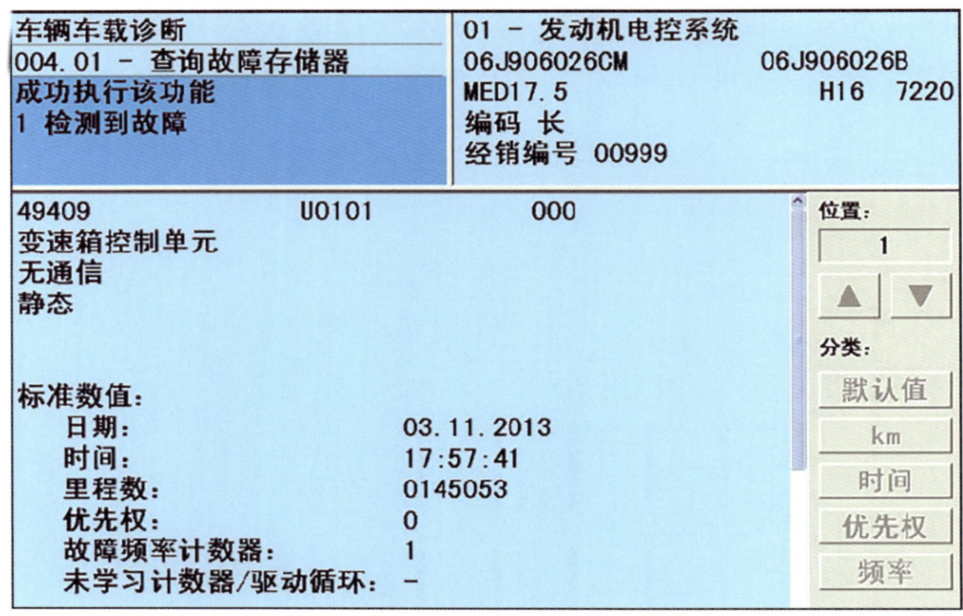

图 8-18 故障码

在故障状态下，测量变速器电控单元 T25/9 正极供电针脚（见图 8-19）正常。测量带负载下 T25/8 和 T25/24 搭铁针脚正常，如图 8-20 所示。然后将变速器供电熔丝 SB8 拔下再插上，故障消失，车辆可以正常行驶。根据以上分析和测量判断为变速器电控单元 J743 本身故障，更换 J743 后故障排除。跟踪该车三个月未发生此故障，确认故障彻底排除。

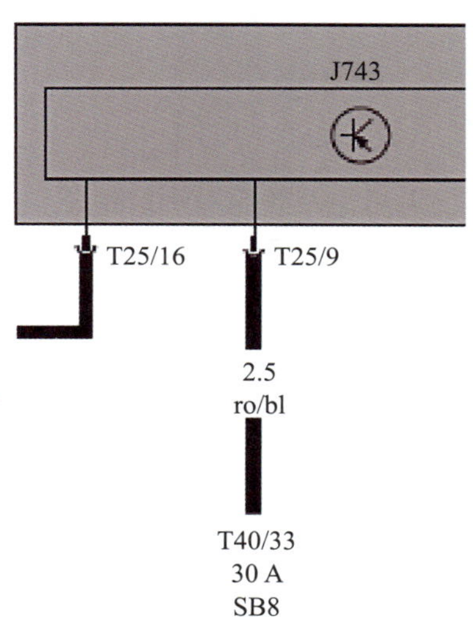

图 8-19 测量正极供电

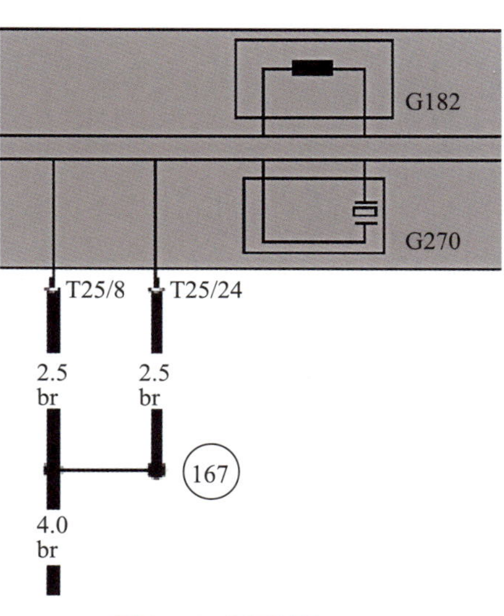

图 8-20 测量接地

2. 技能操作

（1）操作准备

准备技能操作所需的物料，见表 8–3。

表 8–3　物料准备

类别	所需物料
教学车辆 / 实训平台	实训整车或双离合变速器实训台
设备、仪器、工具、资料	故障诊断仪、万用表、车辆维修手册

（2）双离合变速器控制系统故障诊断与排除操作

1）读取故障码及数据流

读取实训车辆整车及双离合变速器控制系统故障码及数据流，将故障相关信息填写在表 8–4 中。

表 8–4　双离合变速器控制系统故障码及数据流

序号	故障码及数据流名称	故障码及数据流参数
1		
2		
3		
4		
5		
6		

2）拆画电路图

查阅所维修车型的电路图、车辆维修手册，拆画实训车辆双离合变速器控制系统电路图，画在图 8–21 中。

图 8-21 实训车辆双离合变速器控制系统电路图

3）双离合变速器控制系统电路检测

对双离合变速器控制系统电路进行检测，将检测结果填写在表 8-5 中。

表 8-5　双离合变速器控制系统电路检测记录表

序号	项目	检测条件	检测类型	标准值	实测值	是否正常
1	蓄电池电压					是□　否□
2						是□　否□
3						是□　否□
4						是□　否□
5						是□　否□
6						是□　否□
7						是□　否□
8						是□　否□
9						是□　否□
10						是□　否□

检查评估

对本任务的学习情况进行检查，并将相关内容填写在表 8-6 中。

表 8-6　检查表

检查项目	检查结果	结果点评
双离合变速器控制系统检查		
是否完成双离合变速器控制系统检查	是□　否□	
双离合变速器是否工作正常	是□　否□	
双离合变速器控制系统故障诊断与排除		
故障码读取及数据流分析是否正确	是□　否□	
故障诊断过程是否规范	是□　否□	
故障排除结果是否验证	是□　否□	
双离合变速器是否恢复正常工作	是□　否□	
工作页记录是否完整	是□　否□	
现场管理		
工具设备是否整理并放至指定位置	是□　否□	
实训工位是否打扫干净	是□　否□	

任务小结

本任务小结如图 8–22 所示。

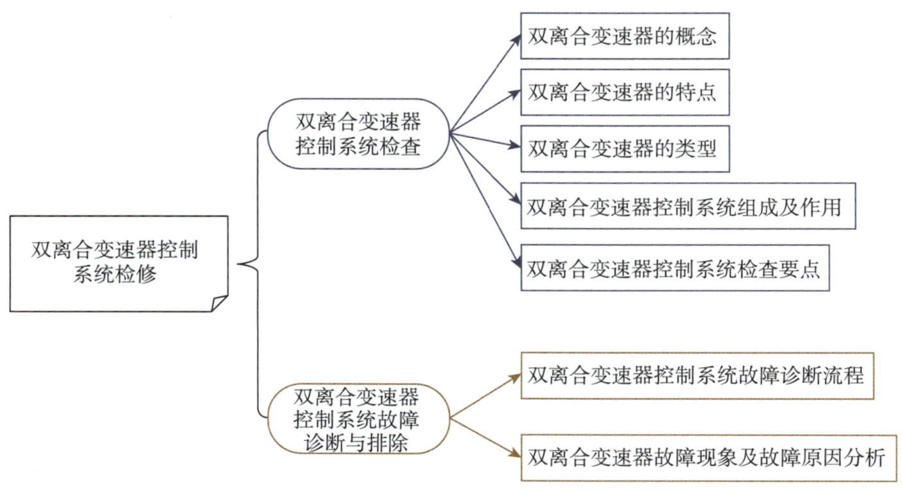

图 8–22 本任务小结

任务九
无级变速器控制系统检修

任务导入

场景：某国产智能网联汽车售后维修中心

人物：车主王女士、维修技师孙师傅

情节：车主王女士反映，启动发动机后发现车辆无法换挡，并且仪表盘上有灯点亮，售后维修中心维修技师孙师傅拟对该车进行故障诊断与排除。如果该车故障交由你来负责，该如何规范高效地完成本任务？

任务目标

▸ 能根据无级变速器控制系统组成及检查要点，完成无级变速器控制系统检查。

▸ 能够根据故障现象、电路图、故障码及数据流，完成无级变速器控制系统故障范围确定。

▸ 能正确使用诊断设备、万用表，规范作业流程，完成无级变速器控制系统故障诊断与排除。

任务实施

（一）无级变速器控制系统检查

1. 知识学习

（1）无级变速器的概念

无级变速器英文全称为 Continuously Variable Transmission，简称 CVT，如图 9-1 所示，它主要由变

矩器、前进及倒挡换挡机构、主轮、副轮、金属带、油冷却器等组成。

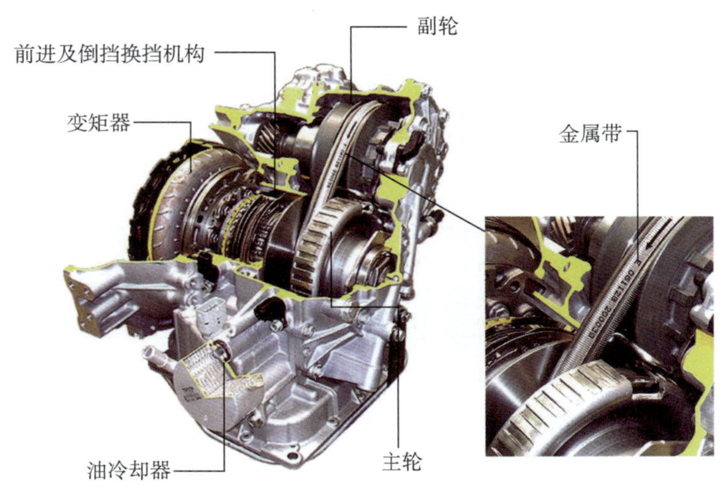

图 9-1　无级变速器（CVT）

无级自动变速器利用主轮、副轮活塞运动改变带轮宽度来实现变速比控制。如图 9-2 所示，通过改变主轮、副轮宽度可实现连续的速度变化，进而实现更大的变速比范围以保证优异的燃油经济性。

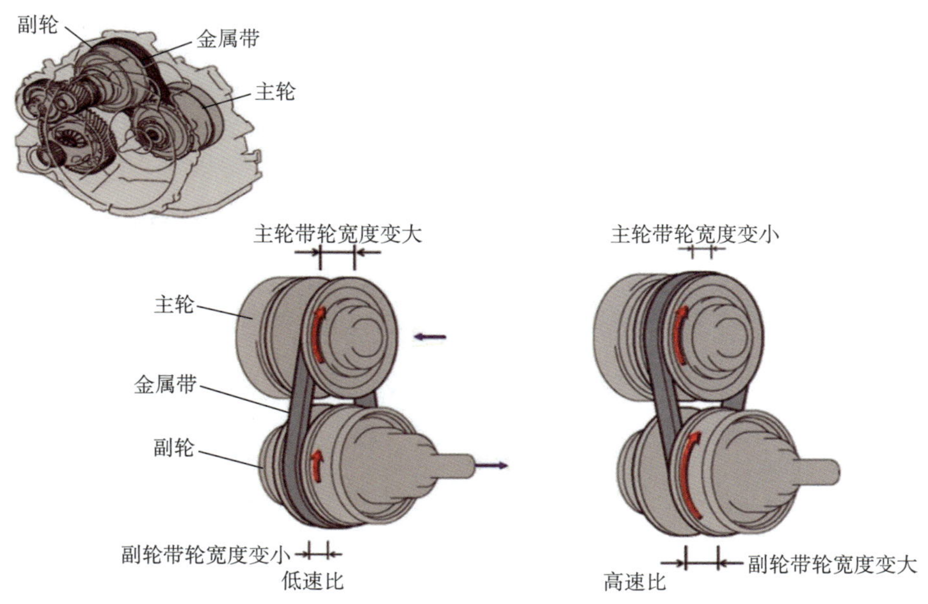

图 9-2　无级自动变速器变速原理示意图

（2）无级变速器的特点

1）更高的燃油经济性

无级变速器可以在相当宽的范围内实现无级变速，从而获得传动系与发动机工况的最佳匹配，提高整车的燃油经济性，同时机械效率大大优于普通的自动挡变速箱，仅次于手动挡变速箱。

2）更好的动力性

汽车的后备功率决定了汽车的爬坡能力和加速能力。汽车的后备功率越大，汽车的动力性越好。由于无级变速器的无级变速特性，能够获得后备功率最大的传动比，所以无级变速器的动力性能明显优于机械变速器（MT）和自动变速器（AT）。

3）更低的排放

无级变速器的速比工作范围宽，能够使发动机以最佳工况工作，从而改善燃烧过程，降低废气的排放量。

4）更低的成本

CVT 系统结构简单，随着大规模生产以及系统、材料的革新，CVT 零部件（如传动带或传动链、主动轮、从动轮和液压泵）的生产成本，将降低 20%~30%。CVT 变速器的技术含量和制造难度都要比 MT 变速器高，与 AT 变速器相仿，由于金属带式 CVT 的结构简单，所含的零件数量比 AT 变速器少 40% 左右，整车的质量因而也有所减轻。

5）动力输出更线性

由于没有了一般自动挡变速箱的传动齿轮，也就没有了自动挡变速箱的换挡过程，由此带来的换挡顿挫感也随之消失，因此 CVT 变速箱的动力输出更加线性，在实际驾驶中非常平顺。

无级变速器虽然有很多优点，但也有暂时无法克服的缺点，其钢带承受力量有限，对钢带材料要求较高，制造难度较大。

（3）无级变速器控制系统组成

如图 9–3 所示，无级变速器控制系统主要由输入装置（传感器和开关）、变速器控制 ECU 和执行器组成。

1）输入装置（传感器和开关）

输入装置主要由各种传感器和开关组成，包括变速器转速传感器、CVT 油液温度传感器、驻车和空挡位置开关总成、变速器换挡开关总成、制动开关总成等。

① 变速器转速传感器

无级自动变速器通常有 4 个转速传感器，分别为 NC1、NT、NSS 和 NOUT，分别监测变速器主动齿轮转速、主动带轮转速、从动带轮转速、变速器输出转速，其安装位置如图 9–4 所示，它们均为霍尔集成电路型，发送齿轮转速信号至变速器控制 ECU。

② CVT 油液温度传感器

CVT 油液温度传感器如图 9–5 所示，传感元件为热敏电阻，其电阻值随温度的升高而下降，它负责检测无级变速器的油液温度，并根据油液温度控制带轮传动比，从而进行锁止离合器压力控制、前进挡离合器压力控制和传动带夹紧压力控制。

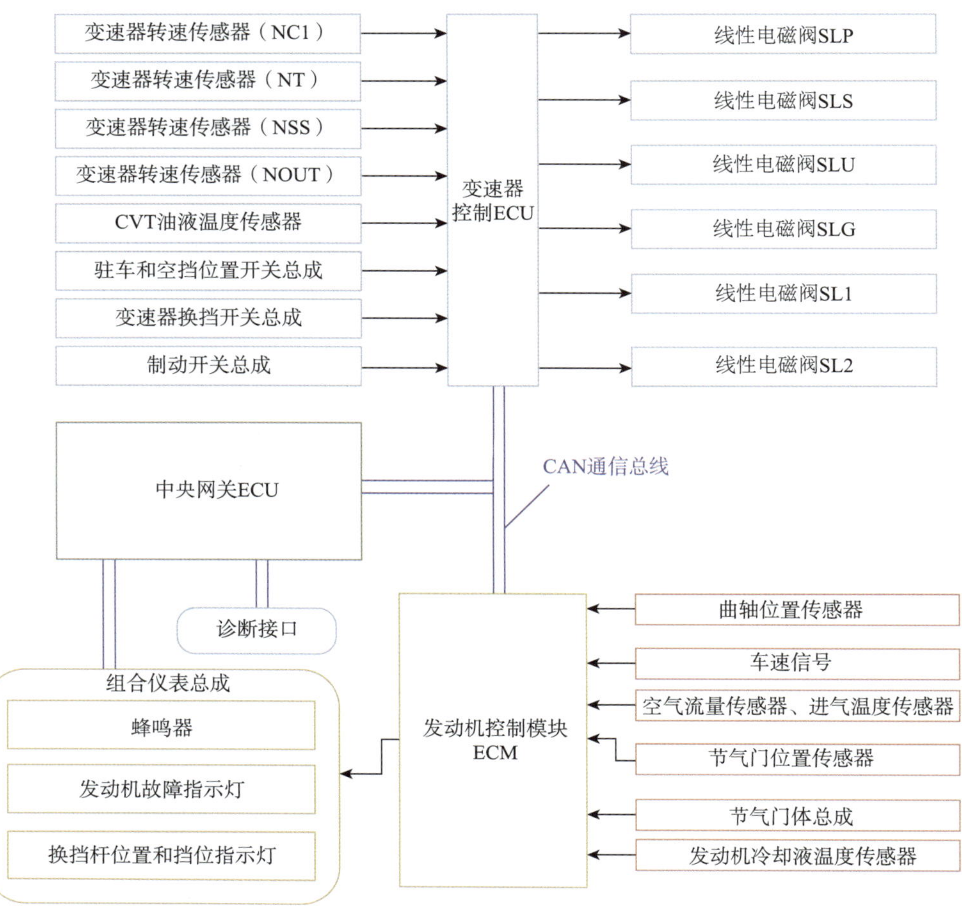

图 9-3　无级自动变速器控制系统示意图

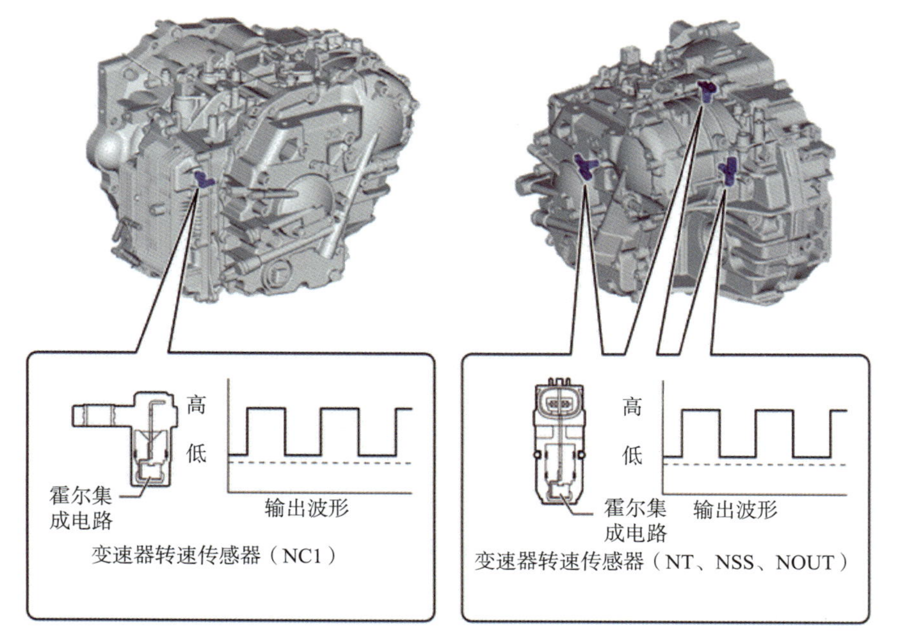

图 9-4　变速器转速传感器安装位置

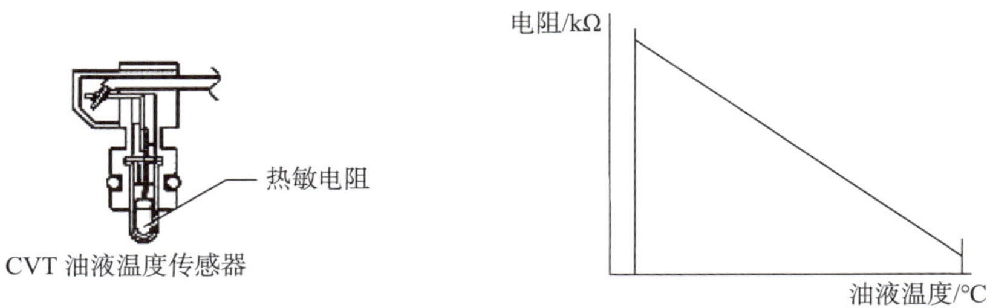

图 9-5 CVT 油液温度传感器

③ CVT 油压传感器

如图 9-6 所示，CVT 油压传感器传感元件为压电元件，输出电压为 0~5 V，其电压值随压力的升高而升高，它监测施加至从动带轮的液压压力并用于执行传动带夹紧压力控制，从而最佳地控制传输转矩所需的钢带夹紧压力。

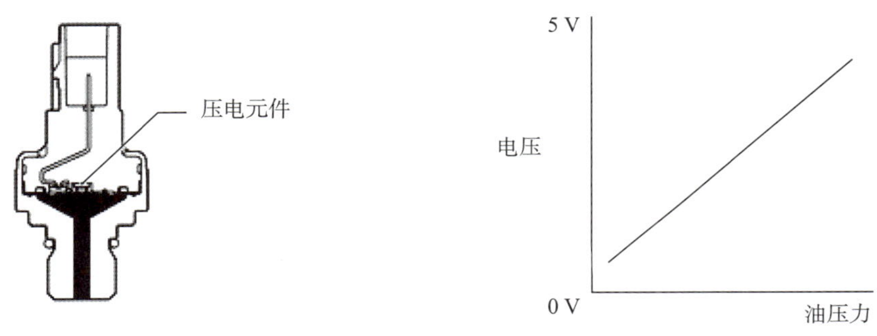

图 9-6 CVT 油压传感器

④ 驻车和空挡位置开关

驻车和空挡位置开关安装位置如图 9-7 所示，变速器控制模块使用驻车和空挡位置开关总成检测换挡杆位置，驻车和空挡位置开关总成将 P、R、N 和 D 位置信号发送至变速器控制 ECU。变速器控制 ECU 也通过 CAN 通信总线发送挡位信号至组合仪表总成中，组合仪表中的换挡杆位置指示灯 P、R、N 和 D 会根据接收到的信号而点亮。

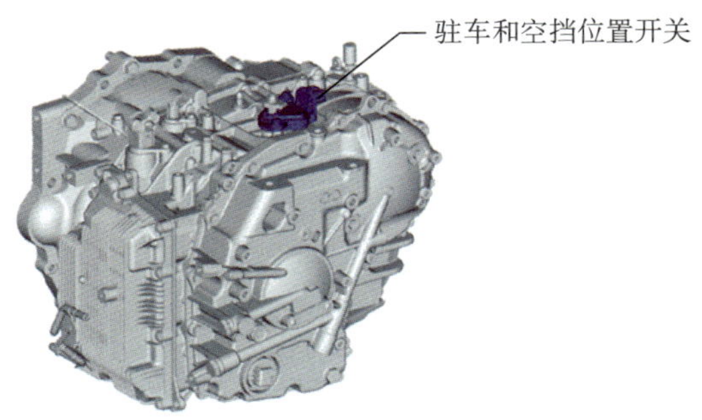

图 9-7 驻车和空挡位置开关安装位置

2）变速器控制 ECU

变速器控制 ECU 根据来自各传感器和开关的信号驱动各电磁阀并且优化控制 CVT。

3）执行器

无级变速器控制系统的执行器主要是电磁阀，包括各种线性电磁阀（SLS、SLP、SLU、SL1、SL2、SLG）。

线性电磁阀（SLS）根据输入轴转矩控制从动带轮的油压以控制传动带夹紧力；线性电磁阀（SLP）根据车速和加速踏板位置信号控制主动带轮的油压以控制速率；线性电磁阀（SLU）负责执行锁止离合器控制；线性电磁阀（SL1）在齿轮模式时控制 C1 离合器；线性电磁阀（SL2）在皮带模式时控制 C2 离合器；线性电磁阀（SLG）负责控制同步器机构和 B1 制动器（倒车）。

（4）无级变速器控制系统功能

无级变速器控制系统可实现发动机 CVT 集成控制、自动换挡控制、上坡和下坡换挡控制、换挡锁止控制等功能。

1）发动机 CVT 集成控制

发动机 CVT 集成控制对 CVT 系统和发动机控制系统进行协同控制以确保车辆可以平稳高速行驶，如图 9–8 所示，控制模块 ECM 中的发动机 CPU 分析来自车速传感器和加速踏板位置信号，CVT 变速器转速信号，对发动机实施控制。发动机 CPU 把计算出的相关数据输送给 CVT 的 CPU 进行分析，CVT 的 CPU 把计算数据传到油压控制电路，对 CVT 进行控制，从而实现了平稳的换挡响应和良好的燃油经济性。

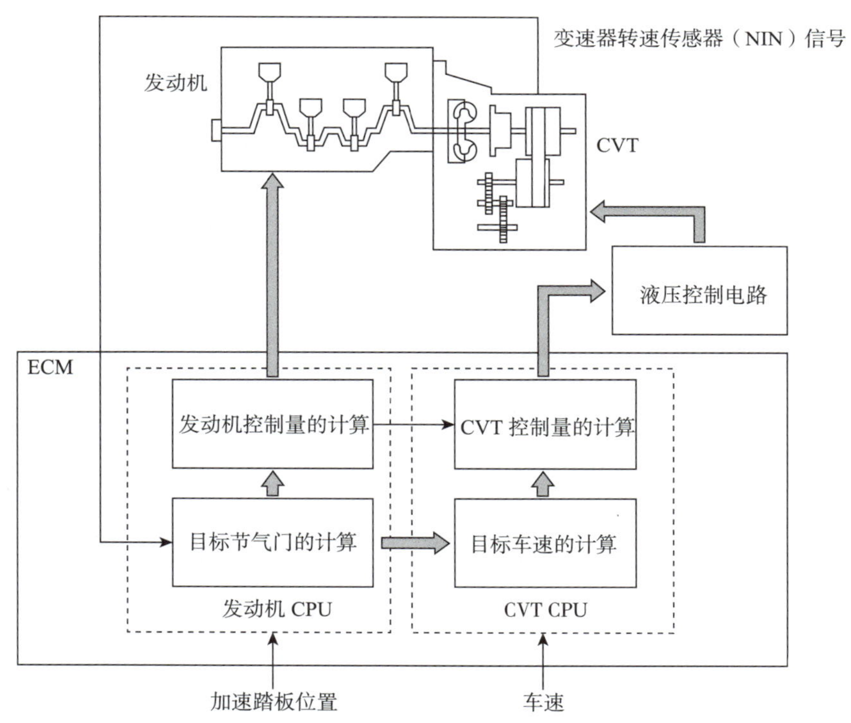

图 9–8　发动机 CVT 集成控制示意图

2）自动换挡控制

如图 9–9 所示，变速器控制 ECU 根据加速踏板位置信号、车速信号、制动灯开关信号等计算初级带轮速度目标，以获得最佳带轮比，通过带轮比改变速度，从而实现适合“驾驶员意图”和“路面状况”的舒适驾驶模式。为匹配目标初级带轮速度和变速器转速传感器（NIN）所计算的实际初级带轮速度，变速器控制 ECU 激活换挡电磁阀 DS1 和 DS2，以控制管路压力流至初级带轮的流入量和来自初级带轮的流出量，从而改变带轮宽度来控制传动比，换挡杆置于 D 时，系统执行发动机集成控制以优化燃油经济特性和驾驶性能。

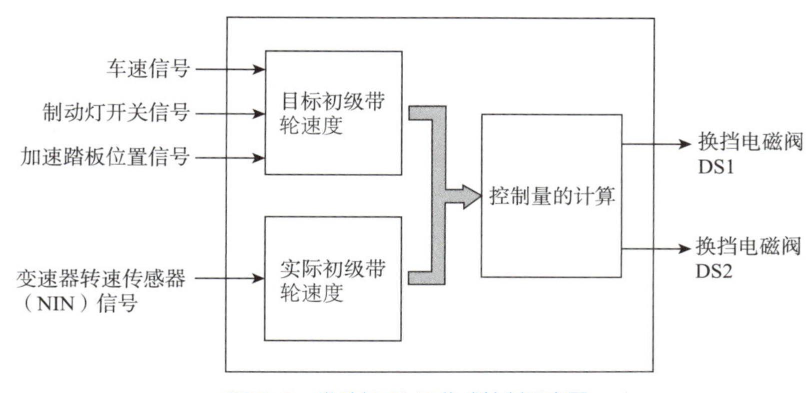

图 9–9　发动机 CVT 集成控制示意图

3）上坡和下坡换挡控制

车辆在蜿蜒上坡或下坡道路上行驶时，上坡和下坡换挡控制功能有助于执行最优换挡。如图 9–10 所示，变速器控制 ECU 判定车辆爬坡行驶时（根据车速信号计算的实际加速度和存储在变速器控制 ECU 内的参考加速度来判定上坡或下坡行驶），系统控制限制升挡，车辆实现平稳驾驶。变速器控制 ECU 判定车辆下坡行驶时，如果输入指示驾驶员操作制动踏板的信号，控制系统降挡以产生最佳发动机牵阻制动力。

4）换挡锁止控制

如图 9–11 所示，换挡锁止控制主要由换挡锁止电磁阀、挡位检测开关、换挡锁止控制 ECU、制动灯开关总成、钥匙互锁电磁阀等组成。换挡锁止电磁阀将换挡杆锁止在 P 挡，挡位检测开关用于监测换挡杆所在的位置，换挡锁止控制 ECU 根据来自各开关的信号控制换挡锁止电磁阀和钥匙互锁电磁阀，制动灯开关总成监测踩下制动踏板的时间，钥匙互锁电磁阀负责将换挡杆置于除 P 挡以外的任何位置时禁止拔出钥匙。

换挡锁止控制 ECU 使用挡位检测开关检测换挡杆位置，并接收来自制动灯开关总成和点火开关的输入信号。接收到这些信号后，换挡锁止控制 ECU 接通钥匙互锁电磁阀和换挡锁止电磁阀以解除钥匙互锁和换挡锁止。除非点火开关转到 ON 且踩下制动踏板，否则换挡锁止机构将禁止换挡杆切换到 P 挡以外的任何位置，该控制有助于防止无意的换挡操作。

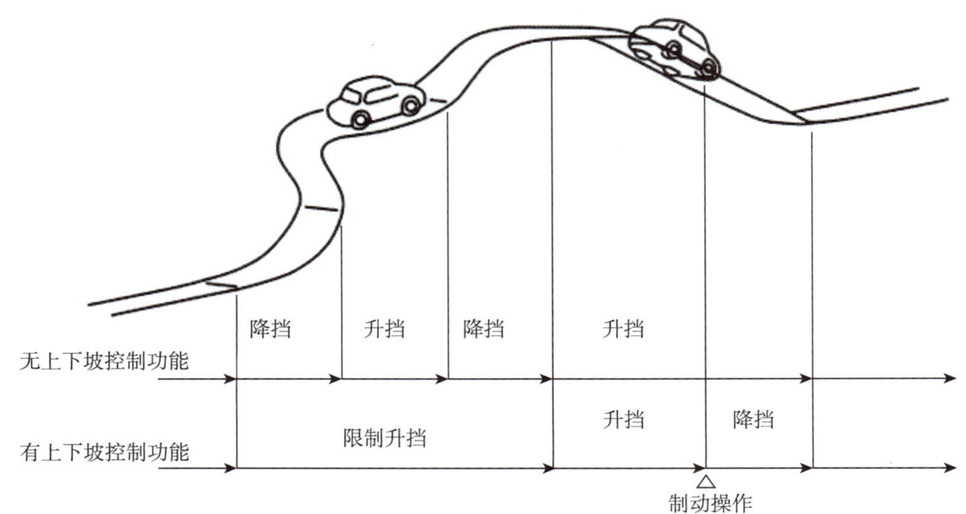

图 9-10　上坡和下坡换挡控制示意图

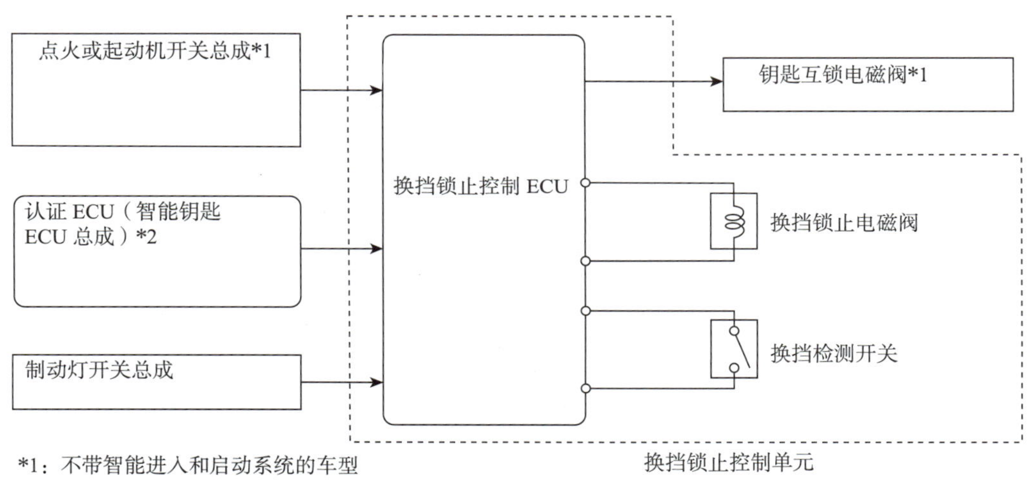

图 9-11　换挡锁止控制组成示意图

（5）无级变速器控制系统检查要点

当无级变速器控制系统出现故障后会导致变速器无法正常工作，需对无级变速器控制系统进行检查。

使用诊断设备对无级变速器控制系统进行自诊断，查询无级变速器系统有无故障码、读取数据流，并与维修手册中的标准进行对比，对执行元件进行测试，查看变速器油温，变速器输入、输出转速及各个电磁阀工作有无异常。

使用万用表检查变速器控制系统电气线路、各个元件电阻或电压，检查各个插接器有无异常。

2. 技能操作

（1）操作准备

准备技能操作所需的物料，见表 9–1。

表 9–1　物料准备

类别	所需物料
教学车辆 / 平台	实训整车或无级变速器（CVT）实训台
设备、仪器、工具、资料	故障诊断仪、万用表、车辆维修手册

（2）无级变速器控制系统检查

对实训车辆的无级变速器控制系统进行检查，将检查结果记录在表 9–2 中。

表 9–2　无级变速器控制系统检查记录表

序号	数据名称	数据值	数据异常处理办法
1	车速	实际车速	
2	发动机转速	发动机怠速：750~850 rpm（换挡杆置于 P，发动机暖机且空调关闭）	
3	冷却液温度	75~100 ℃（暖机后）	
4	从动带轮转速 (NSS)	0 rpm（车辆停止且换挡杆置于 D）	
5	变速器转速传感器 (NSS) 输出电压	0.1~1.9 V（发动机怠速运转，换挡杆置于 P 或 N 的情况下）	
6	输出轴转速 (NOUT)	0 rpm（车辆停止）	
7	变速器转速传感器 (NOUT) 输出电压	0.1~1.9 V（发动机怠速运转，换挡杆置于 P 或 N 的情况下）	
8	输入涡轮转速	与发动机转速 (NE) 相同（锁止开启） 与发动机转速 (NE) 几乎相同 [锁止关闭（换挡杆置于 P 或 N 时发动机怠速运转）] 0 rpm（换挡杆置于 R 时车辆停止）	
9	中间轴（C1 离合器）转速	0 rpm（车辆停止且同步器接合） 与 NT 传感器转速相同（车辆以齿轮模式行驶）	

情境二

续表

序号	数据名称	数据值	数据异常处理办法
10	变速器转速传感器 (NC1) 输出电压	0.1~1.9 V（发动机怠速运转，换挡杆置于 P 或 N 的情况下车辆停止）	
11	驻车和空挡位置开关总成状态	OFF：换挡杆未置于 P 挡 ON：换挡杆置于 P 挡	显示的换挡杆位置与实际位置不同时，驻车和空挡位置开关总成或换挡拉索可能调整不正确
12	次级机油压力值	3.5~4.3 MPa（D 位置失速测试） 1.6~2.4 MPa（R 位置失速测试）	
13	换挡电磁阀 SLU 状态	ON：换挡电磁阀 SLU 工作 OFF：换挡电磁阀 SLU 不工作	
14	换挡电磁阀 SLS 状态	ON：发动机启动后 OFF：点火开关转到 ON	
15	换挡电磁阀 SLP 状态	ON：换挡电磁阀 LP 工作 OFF：换挡电磁阀 SLP 不工作	
16	换挡电磁阀 SLG 状态	ON：换挡电磁阀 SLG 工作 OFF：换挡电磁阀 SLG 不工作	
17	换挡电磁阀 SL1 状态	ON：换挡电磁阀 SL1 工作 OFF：换挡电磁阀 SL1 不工作	
18	换挡电磁阀 SL2 状态	ON：换挡电磁阀 SL2 工作 OFF：换挡电磁阀 SL2 不工作	

（二）无级变速器控制系统故障诊断与排除

1. 知识学习

（1）无级变速器控制系统故障诊断流程

无级变速器故障诊断流程如图 9–12 所示，车辆入厂后，先进行故障分析，向客户询问出现故障的情形和环境，然后检测蓄电池电压（标准电压为 11~14 V），如果电压低于 11 V，则进到下一步前对蓄电池再充电或更换蓄电池，接着使用故障诊断仪检查 CAN 通信总线系统是否工作正常，检测结果如果正常则进入下一步“检查并清除故障码及定格数据”，否则进到 CAN 通信总线系统进行故障排除。

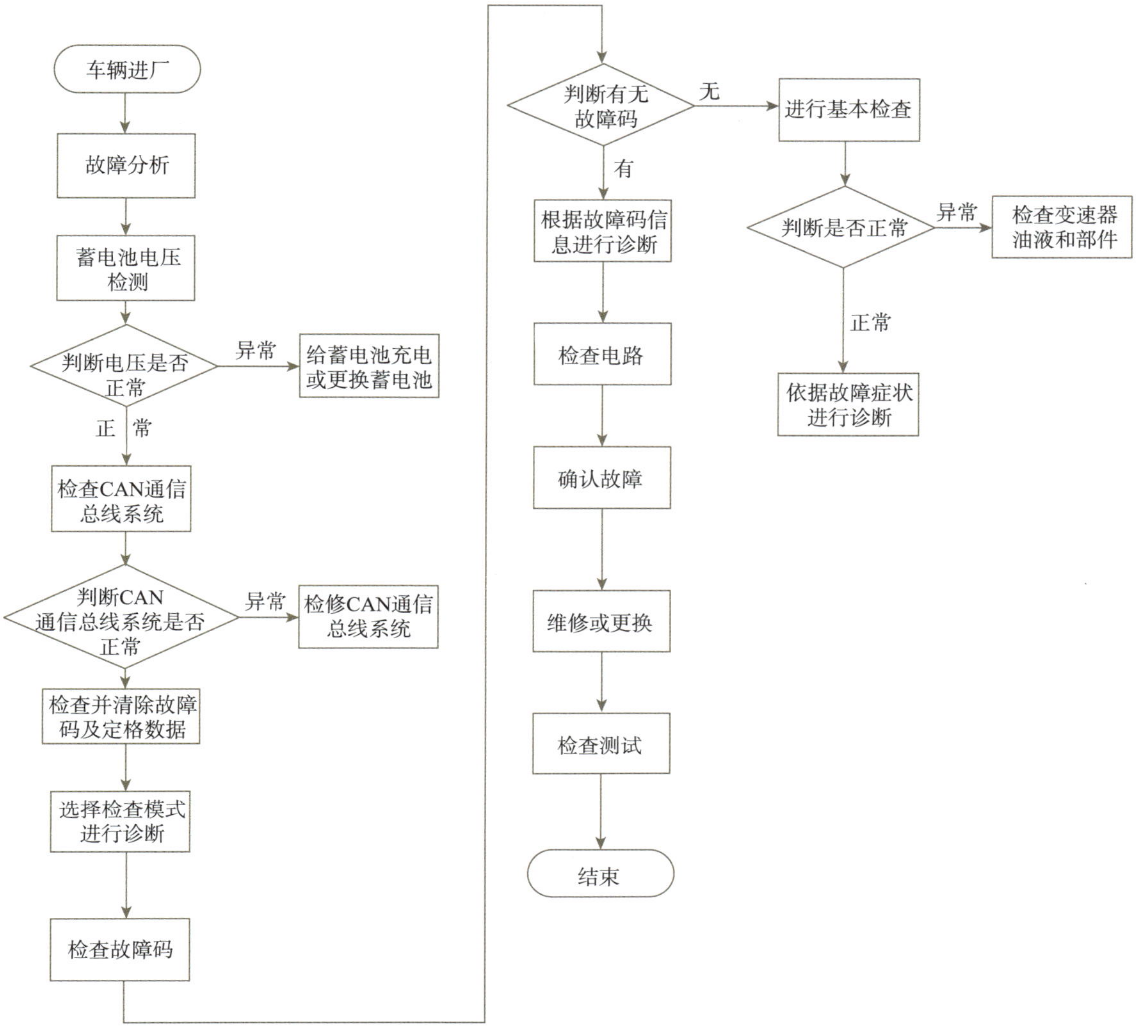

车辆进厂
故障分析
蓄电池电压检测
判断电压是否正常
异常
给蓄电池充电或更换蓄电池
正　常
检查CAN通信总线系统
判断CAN通信总线系统是否正常
异常
检修CAN通信总线系统
检查并清除故障码及定格数据
选择检查模式进行诊断
检查故障码
判断有无故障码
无
进行基本检查
判断是否正常
异常
检查变速器油液和部件
正常
依据故障症状进行诊断
有
根据故障码信息进行诊断
检查电路
确认故障
维修或更换
检查测试
结束

图 9-12　无级自动变速器故障诊断流程

检查无级自动变速器控制系统故障码，如果输出 DTC，则进入诊断故障码表，根据故障码信息进行电路故障检测。如果未输出 DTC，则检查无极传动桥油、驻车和空挡位置开关、换挡杆等，基本检查无异常则需依据故障症状进行道路测试、机械系统测试、液压测试；测试结果如为没有症状出现，则进行症状模拟，如果有症状出现，则进行部件检查。

（2）无级变速器控制系统故障检修注意事项

1）如果断开蓄电池负极端子电缆后重新连接时，需要对车道偏离警报系统、碰撞预测系统、启停系统、驻车辅助监视系统、全景监视系统进行初始化。

2）如果更换了无级自动变速器总成、变速器阀体总成、机油压力传感器、变速器控制模块、发动机控制模块，则需对存储器进行复位学习，对减速传感器进行零点校准，对 CVT 油压校准进行初始化。

3）如果人或物体在车辆附近，不要进行失速测试，因为车辆可能突然开始移动，造成严重事故。

4）如果任一车轮挡块没有安装到位，不要进行失速测试，因为车辆可能突然开始移动，造成严重事故。

5）不要在使轮胎可能打滑的光滑或低摩擦系数路面上进行失速测试，因为车辆可能突然开始移动，造成严重事故。

6）不要使传感器等部件受到撞击，如果这些部件掉落或遭受严重撞击，则需要更换新的部件。

（3）无级变速器控制系统故障检修案例（以 K120 无级变速器为例）

K120 无级变速器采用双放油口油泵系统，为确保启停系统工作时的 CVT 油液压力，配备带马达的油泵总成，除了在带轮之间传输原动力的常规金属传动带外，还增加了类似于车辆起步和低速行驶时使用的手动变速器的齿轮传动机构。

1）故障现象

打开点火开关，仪表故障指示灯点亮，换挡后仪表无挡位显示，车辆不能正常行驶。

2）故障原因分析

该故障可能是换挡行程传感器故障、线束和连接器故障、变速器控制模块故障。

3）故障诊断流程

按照常规步骤检查蓄电池的供电状况，目视检查线束、连接器，使用万用表检测熔丝是否存在开路和短路，读取故障码，故障码为 P091412（换挡位置电路对蓄电池短路），如果换挡行程传感器电路对 +B 短路，则变速器控制模块会检测到该故障，亮起故障指示灯并存储此故障码，其故障诊断流程如图 9–13 所示。

根据图 9–14 检查换挡行程传感器与变速器控制模块 TCM 之间的线束和连接器。

断开换挡行程传感器连接器 C84，将点火开关转到 ON，检测 C84–2（VDD）–C84–3（GND）之间的电压，标准值应为 4.7~5.3 V。

测量 C84–4（VOUT）–C78–46（SFV）之间的电阻，标准值始终小于 1 Ω；测量 C84–4（VOUT）或 C78–46（SFV）– 车身接地和其他端子之间的电阻，标准值始终为 10 kΩ 或更大。

如图 9–15 所示，检查换挡行程传感器，串联连接 3 节新的干电池（各为 1.5 V），准备一个磁铁或同类工具。拆下换挡行程传感器，将蓄电池正极引线连接到换挡行程传感器端子 2（VDD）上，并将蓄电池负极引线连接到换挡行程传感器端子 3（GND）上，测量电压时，将磁铁距离换挡行程传感器的端部 2.6 mm 或更小位置，然后左右晃动以输出信号（高信号或低信号）。测量 4（VOUT）–3（GND）之间的电压，高信号时标准电压为 4.09~4.19 V，低信号时标准电压为 0.36~0.45 V。

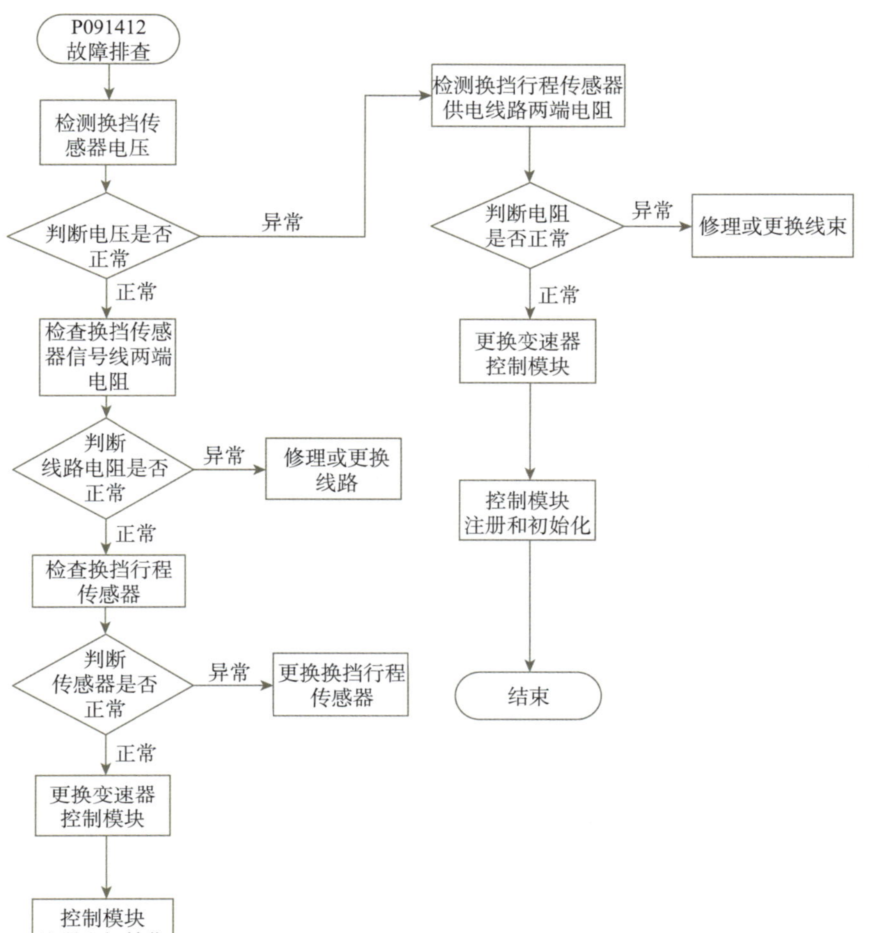

图 9-13　P091412 故障诊断流程

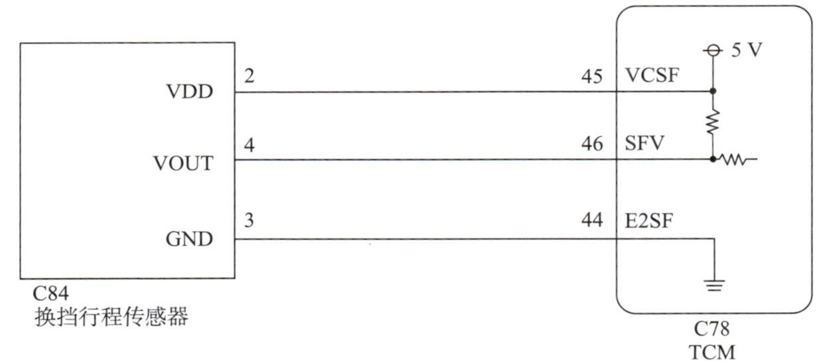

图 9-14　换挡行程传感器电路图

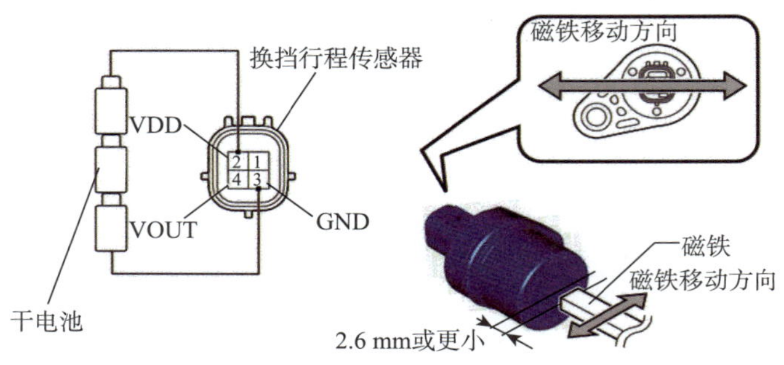

图 9-15 换挡行程传感器检测示意图

2. 技能操作

（1）操作准备

准备技能操作所需的物料，见表 9-3。

表 9-3 物料准备

类别	所需物料
教学车辆 / 实训平台	实训整车或无级变速器（CVT）实训台
设备、仪器、工具、资料	故障诊断仪、示波器、万用表、车辆维修手册

（2）无级变速器控制系统故障诊断与排除操作

1）读取故障码及数据流

读取实训车辆整车及无级变速器控制系统故障码及数据流，将故障相关信息填写在表 9-4 中。

表 9-4 无级变速器控制系统故障码及数据流

序号	故障码及数据流名称	故障码及数据流参数
1		
2		
3	从动带轮转速 (NSS)	
4		
5	输出轴转速 (NOUT)	
6		
7		
8	变速器转速传感器 (NC1) 输出电压	

2）拆画电路图

查阅所维修车型的电路图、车辆维修手册，拆画实训车辆无级变速器控制系统电路图，画在图 9-16 中。

图 9-16　实训车辆无级变速器控制系统电路图

3）无级变速器控制电路检测

对无级变速器控制电路进行检测，将检测结果填写在表 9-5 中。

表 9-5　无级变速器控制电路检测记录表

序号	项目	检测条件	标准值	实测值	是否正常
1	蓄电池电压				是□　否□
2	变速器控制模块搭铁线与车身之间的电阻	断开连接器	小于 1 Ω		是□　否□
3	检查变速器控制模块端子电压（+B 端子）	打开点火开关	11~14 V		是□　否□
4	检查变速器转速传感器	在传感器两端施加 12 V 电压，距磁铁 5 mm 或更小处左右晃动	低信号：4~8 mA 高信号：12~16 mA		是□　否□

续表

序号	项目	检测条件	标准值	实测值	是否正常
5	检查驻车和空挡位置开关	断开线束连接器	置于挡位：电阻小于 1 Ω 未置于挡位：电阻为 10 kΩ 或更大		是□ 否□
6	检查换挡电磁阀	断开线束连接器	5.0~5.6 Ω		是□ 否□
7	换挡行程传感器供电	点火开关转到 ON	4.7~5.3 V		是□ 否□
8	换挡行程传感器信号线两端电阻	断开连接器	小于 1 Ω		是□ 否□
9	检查换挡传感器	传感器两端通直流电 4.5 V	高信号：4.55~4.65 V 低信号：0.36~0.45 V		是□ 否□

检查评估

对本任务的学习情况进行检查，并将相关内容填写在表 9-6 中。

表 9-6　检查表

检查项目	检查结果	结果点评
无级变速器控制系统检查		
是否完成无级变速器控制系统检查	是□ 否□	
无级变速器是否正常工作	是□ 否□	
无级变速器控制系统故障诊断与排除		
故障码读取及数据流分析是否正确	是□ 否□	
故障诊断过程是否规范	是□ 否□	
故障排除结果是否验证	是□ 否□	
无级变速器是否恢复正常工作	是□ 否□	
工作页记录是否完整	是□ 否□	
现场管理		
工具设备是否整理并放至指定位置	是□ 否□	
实训工位是否打扫干净	是□ 否□	

任务小结

本任务小结如图 9-17 所示。

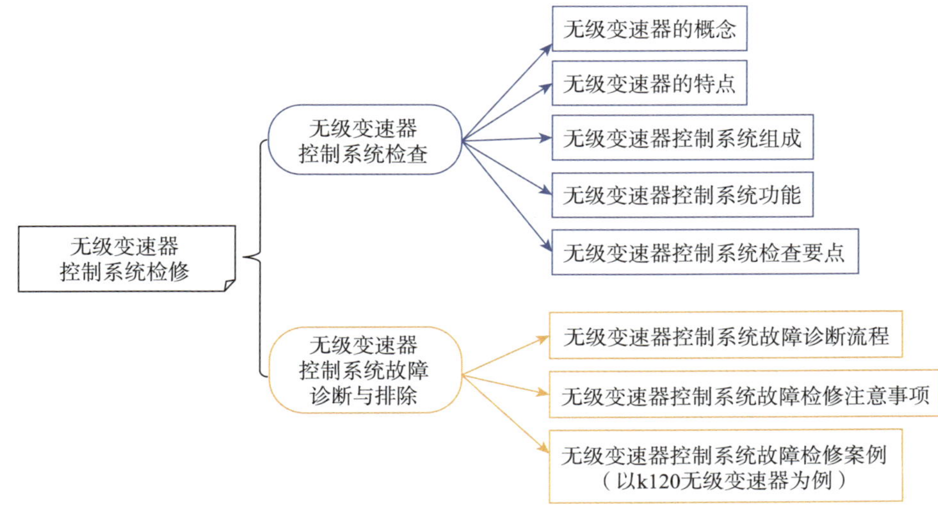

图 9-17　本任务小结

任务十
胎压监控系统（TPMS）检修

任务导入

场景： 某国产智能网联汽车售后维修中心

人物： 车主张先生、维修技师李师傅

情节： 一辆 2019 年产某国产品牌轿车，搭载 224 马力直列 4 缸 2.0 排量发动机，匹配 7 挡双离合（DTC）变速器，行驶里程 36 000 km，车主张先生向维修技师李师傅反映该车在行驶里程约 30 000 km 时就出现仪表上 TPMS 故障灯报警的现象。如果你是维修技师李师傅，你将如何规范高效地排除该车的故障？

任务目标

- 能根据胎压监控系统的组成、工作原理，完成胎压监控系统基本检测。
- 能正确使用相关检测设备，规范作业流程，完成胎压监控系统故障诊断与排除。

任务实施

（一）胎压监控系统基本操作

1. 知识学习

（1）轮胎压力监控系统概述

汽车轮胎压力监控系统简称为胎压监控系统。胎压监控系统是利用安装在每一个轮胎里的气门嘴与发射器总成来直接测量轮胎的气压，并将信息从轮胎内部发送到中央接收器模块上的系统，然后对各轮胎气压数据进行显示。胎压监控系统在轮胎气压变动异常时会发出警告，在轮胎压力的实际值偏离规定

值时会直接显示。当轮胎气压太低或漏气时，该系统会自动报警。

（2）胎压监控系统主要作用

1）预防事故发生

胎压监控系统属于主动安全设备的一种，它可以在轮胎出现危险征兆时及时报警，提醒驾驶员采取相应措施，从而避免严重事故的发生。

2）延长轮胎使用寿命

胎压监控系统可以随时让轮胎都保持在规定的压力、温度范围内工作，从而减少损毁，延长轮胎的使用寿命。有资料显示在轮胎气压不足时，车轮气压比正常值下降 10%，轮胎寿命就减少 15%。

3）使行车更为经济

当轮胎内的气压过低时，就会增大轮胎与地面的接触面积，从而增大摩擦阻力，轮胎气压低于标准气压值 30%，油耗将上升 10%。

4）减少悬架系统的磨损

轮胎内气压过高会导致轮胎本身减震效果减低，从而增加车辆减震系统的负担，长期使用会对发动机、底盘以及悬挂系统造成较大的伤害；如果轮胎气压不均匀，还容易造成制动跑偏，从而增加悬挂系统的磨损。

（3）胎压监控系统的组成

胎压监控系统主要由轮胎压力传感器、轮胎压力监控天线、轮胎压力监控控制单元、功能选择开关、组合仪表等组成，如图 10–1 所示。

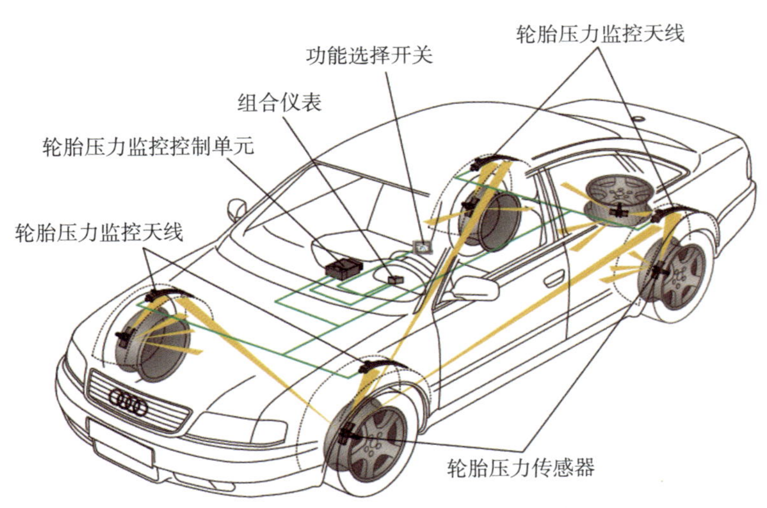

图 10–1 胎压监控系统的组成

1）轮胎压力传感器

轮胎压力传感器是制成在车轮气门嘴中，如图 10–2 所示。用它来检测轮胎内的气压和温度并把测出的实际值和识别代码发送给胎压监控系统的天线与接收器上。

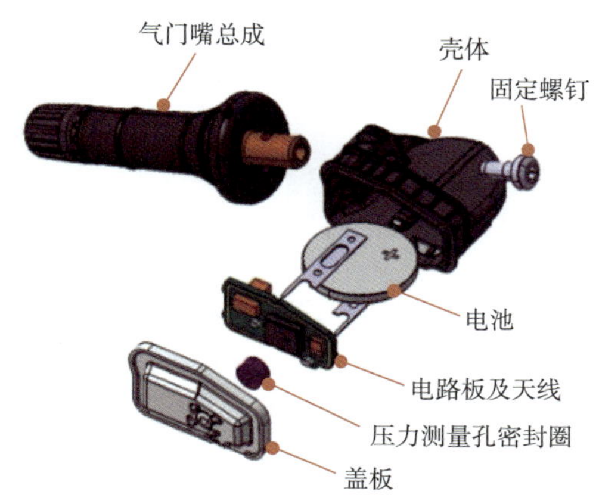

图 10-2 轮胎压力传感器

2）轮胎压力监控天线和胎压监控系统控制单元

轮胎压力监控天线和胎压监控系统控制单元，如图 10-3 所示。胎压监控系统的天线将接收到气门嘴与发射器发送的无线电波信号，并将这个信号传送给胎压监控系统控制单元。实际上系统的天线与接收器接收到轮胎气压数据和传感器识别数据，同时确认接收到的数据信号是否来自汽车本身的轮胎。

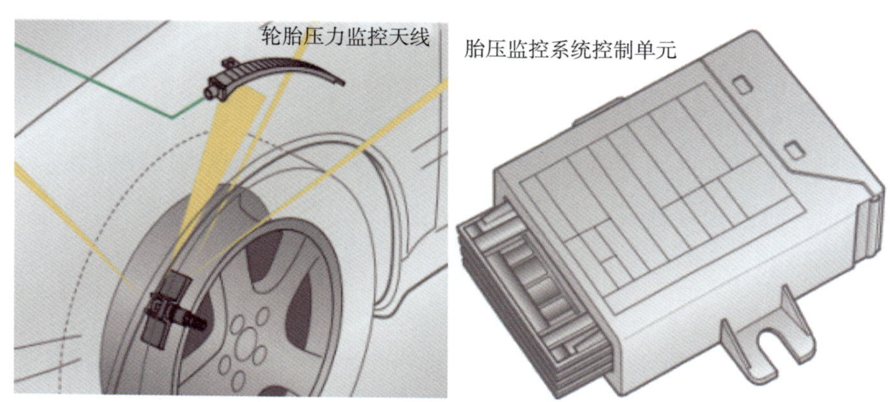

图 10-3 轮胎压力监控天线和胎压监控系统控制单元

3）功能选择开关

功能选择开关，如图 10-4 所示。通过功能选择开关，可以设置胎压监控系统 ECU 的警报，以便与轮胎压力保持一致。因此，设置警报阈值时，一定要设置恰当。只有对汽车轮胎压力进行调整之后，才能按下设定开关。对系统进行初始化操作时，先打开点火开关，之后按住胎压监控系统设定开关 3 s 或 3 s 以上，才能进行初始化操作，胎压警告灯以 0.5 Hz 频率闪烁 3 次。在初始化过程中，胎压监控系统气门嘴与发射器总成测试轮胎气压，记录信号之后，以每分钟一个频率的形式传送给 ECU。初始化过程结束之后，才能收到轮胎信号。胎压监控系统设定开关被按住时，不能关闭点火开关。在更换不同尺寸的轮胎，更换胎压监控系统 ECU 时，必须进行初始化操作。

图 10-4　功能选择开关

4）胎压警告灯

胎压警告灯安装在组合仪表上面，如图 10–5 所示。如果汽车轮胎气压过低或者系统中出现故障时，胎压监控系统 ECU 给组合仪表输出信号，以使胎压警告灯点亮或闪烁，从而提示驾驶员。

图 10-5　胎压警告灯

5）组合仪表

组合仪表，如图 10–6 所示。当轮胎压力低于一定值时，胎压监控模块向 CAN 网络上发送点亮轮胎压力警告灯的信息。同时胎压监控模块也有自诊断能力，当胎压监控模块发现轮胎压力监控系统的故障时会报出故障码。

图 10-6　组合仪表

（4）胎压监控系统分类

根据对轮胎压力检测方法的不同，胎压监控系统主要分为两种，一种是直接式胎压监控系统，另一种是间接式胎压监控系统。

1）直接式胎压监控系统

直接式胎压监控系统，如图 10-7 所示，是直接利用压力传感器测量每个轮胎的压力，当轮胎压力过低或漏气时，系统会报警。如图 10-8 所示为直接式胎压监控系统胎压警示信号。

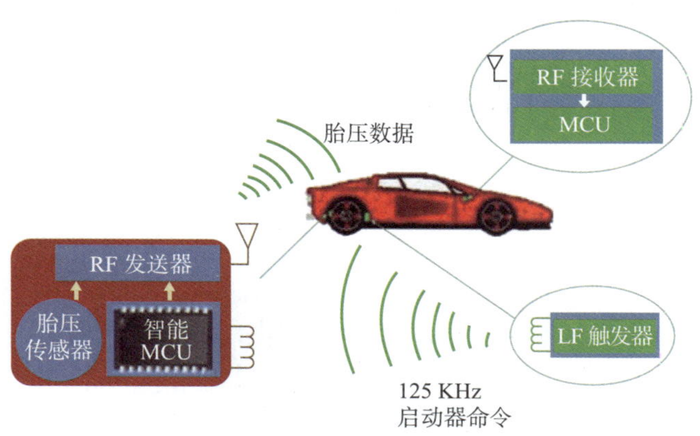

图 10-7　直接式胎压监控系统

图 10-8　直接式胎压监控系统胎压警示信号

2）间接式胎压监控系统

间接式胎压监控系统，如图 10-9 所示，是通过汽车 ABS 系统的轮速传感器测得的转速信号，来比较轮胎之间的转速差别，以达到监控轮胎压力的目的。

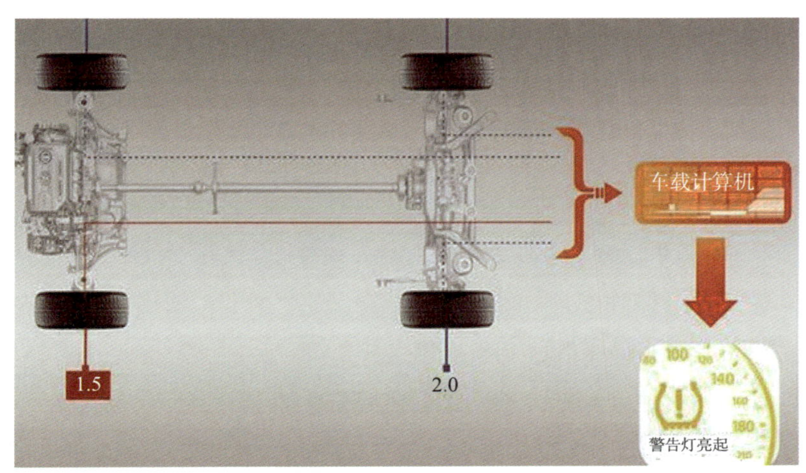

图 10-9　间接式胎压监控系统

当某轮胎的气压降低时，车辆的质量会使该轮的滚动半径变小，导致其转速比其他车轮快。通过比较轮胎之间的转速差别，以达到监测胎压的目的。

（5）胎压监控系统基本操作

1）胎压监控系统的基本设置

改变轮胎充气压力或更换车轮后，打开点火开关，按下轮胎充气压力控制系统的按钮 SET 并保持，直至仪表指示灯亮起。

按下轮胎充气压力控制系统的按钮 SET 并保持，等指示灯亮起，把所有轮胎充气到规定的充气气压，打开点火开关，按下设定按钮 SET 并保持，组合仪表上的警告灯亮起，确认存储好新的参数后熄灭。

2）胎压指示灯复位

改变轮胎充气压力或更换车轮后需要进行复位，可以将检测灯清除，打开点火开关，按下轮胎充气压力控制系统的按钮 SET 并保持，轮胎监测的按钮位于换挡杆的前面板处的黑色按钮，直至仪表指示灯亮起。确认存储好新的参数后熄灭，胎压灯复位完成。最后重新启动车辆，检查是否正常。

3）胎压警告灯清除

如果重设无法消除胎压警告灯，需要做一些检查工作，下列情况可能改变轮胎气压导致胎压警告灯亮：轮胎充气压力过低，轮胎的结构损坏，车辆一侧承受负载，车轴上的车轮受载荷太重，装上防滑链条，装上临时备用轮胎，更换车轮。

如果仍无法解决问题，需要诊断仪进入 ABS 系统进行检查，清除故障码。

2. 技能操作

（1）操作准备

准备技能操作所需的物料，见表 10-1。

表 10-1　物料准备

类别	所需物料
教学车辆 / 平台	实训整车
设备、仪器、工具、资料	轮胎气压表、车辆维修手册

（2）胎压监控系统基本操作

完成胎压监控系统操作，将操作信息填入表 10-2 中。

表 10-2　胎压监控系统操作记录

操作项目	轮胎气压测量	操作步骤	结果
基本设定	左前：　右前： 左后：　右后：		
胎压指示灯复位	左前：　右前： 左后：　右后：		
胎压警告灯清除	左前：　右前： 左后：　右后：		

（二）胎压监控系统故障诊断与排除

1. 知识学习

（1）胎压监控系统的工作模式

胎压监控系统的工作状态分为休眠、静止和运行 3 种，如图 10-10 所示。

1）休眠模式，用于仓储运输，传感器不运动时，没有定时射频传输。

2）静止模式，通常为停车状态，每 1 h 发送一包数据。

3）运行模式，通常为行车状态，每 1 min 发送一包数据。

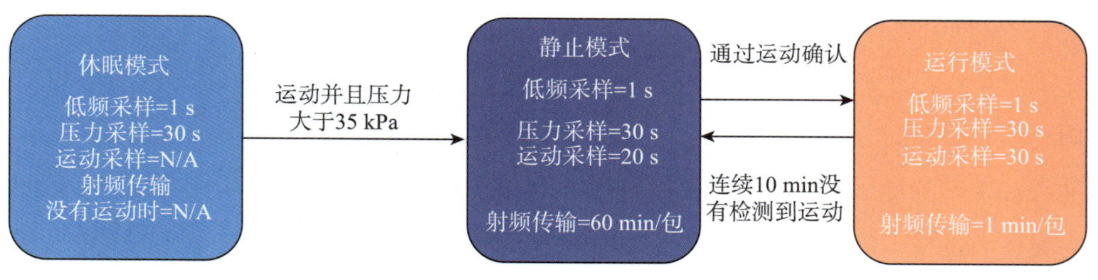

图 10-10　三种模式解析

在运行模式下，细分为 OFF 模式、静态工作模式、动态工作模式、红灯模式、气压快速变化模式（驻车）和气压快速变化模式（行车）6 种，这 6 种模式下监控的数据即可传到胎压监控控制单元进行分析，有异常的即提示异常项，从而实现对应的胎压监控及报警，各种模式详解对比见表 10–3。

表 10–3　各种模式详解对比

模式	进入条件	退出条件	相关功能
OFF 模式	p<69 kPa	p ≥ 69 kPa	加速度检测周期 30 s，气压检测周期 30 s，温度检测周期 1 h，电压检测周期 1 h，不发射数据，低频检测打开
静态工作模式	p ≥ 69 kPa，加速度 <3 g，Δp<8.25 kPa	p<69 kPa 加速度≥ 3 g Δp ≥ 8.25 kPa	加速度检测周期 60 s，气压检测周期 30 s，温度检测周期 1 h，电压检测周期 1 h，不发射数据，低频检测打开
动态工作模式	加速度≥ 3 g，Δp<8.25 kPa	加速度 <3 g Δp ≥ 8.25 kPa	加速度检测周期 30 s，气压检测周期 30 s，温度检测周期 60 s，电压检测周期 1 h，射频发射 5 帧 /min，低频检测关闭
红灯模式	加速度 <3 g，T<10 min，Δp<8.25 kPa	T ≥ 10 min 加速度≥ 3 g Δp ≥ 8.25 kPa	加速度检测周期 30 s，气压检测周期 30 s，温度检测周期 60 s，电压检测周期 1 h，射频发射 5 帧 /min，低频检测关闭
气压快速变化模式（驻车）	Δp ≥ 8.25 kPa	Δp<8.25 kPa	加速度检测周期 30 s，气压检测周期 2 s，温度检测周期 60 s，电压检测周期 1 h，射频发射周期 1 s，低频检测开启
气压快速变化模式（行车）	Δp ≥ 8.25 kPa	Δp<8.25 kPa	加速度检测周期 30 s，气压检测周期 2 s，温度检测周期 60 s，电压检测周期 1 h，射频发射周期 1 s，低频检测关闭

（2）胎压 ID 学习

胎压监控传感器都有一个无线信号发射模块，全部都要进行 IP 地址匹配，故在整车下线、出厂前，全部都要进行胎压 ID 学习，每个传感器有其对应的 ID，需要通过胎压 ID 学习完成其与 BCM 的匹配。

胎压传感器学习需要使用专用工具，如图 10–11 所示。激活工具开机后，可根据屏幕提示，选择对应的车型，具体步骤如下。

1）读取轮胎气压传感器 ID。

2）写入轮胎压力传感器 ID。

3）设置传感器胎压标准值和高压值。

4）激活传感器。

图 10-11　胎压学习专用工具

（3）胎压监控系统报警

胎压监控系统报警分为以下 4 种。

1）高低压报警。低压报警 1.8 bar，高压报警 3.0 bar（按轮胎标准气压 2.4 bar ± 25%），须停车检查轮胎，调整至规定值。

2）轮胎漏气报警（快漏）。当轮胎漏气达到 0.3 bar/min 时，应立即停车检查轮胎是否被刺穿。

3）高温报警。当轮胎温度高于 75 ℃时，应停车休息一段时间，待温度下降后方可行驶（注意：千万不要给轮胎强制降温，否则可能会导致爆胎）。

4）电池电压低报警。当电池电量低于工作电压时，也会触发报警功能，须立即更换电池。

（4）胎压压力传感器的读入

胎压监控系统通过天线模块、仪表板集成模块、遥控门锁发射器、4 个射频发射压力传感器和串行数据电路来实现传感器读入功能。每当更换传感器时或车辆轮胎换位之后都必须执行传感器读入程序。一旦读入模式被启动，每个传感器的唯一识别码可以读入到天线模块存储器中。当一个传感器的识别码已读入时，天线模块会发送一个串行数据信号到仪表板集成模块中，使喇叭发出“嘀嘀”声，这表示传感器已经发送识别码且天线模块已经收到。只要第一个传感器识别码被读入，所有其他识别码将从天线模块存储器中清除。当最后一个传感器识别码被读入时，仪表板集成模块使喇叭发出两声“嘀嘀”声。

在“静止”模式下，每个传感器每 20 s 进行一次气压测量采样。如果轮胎气压与上次测量值相比增加或减小超过 11 kPa，将立即进行重新测量，以确认气压变化值。如果气压确实发生了变化，传感器会发送一个“重新测量”信号给天线模块。当天线模块在传感器读入模式下收到重新测量信号时，它会将传感器识别码指定给车上的该位置。

1）读入模式的取消

如果在超过 2 min 的时间内未读入任何传感器信号或如果系统已经处于读入模式达 5 min 以上，轮胎压力监控系统将会取消读入模式。如果在读入任何传感器识别码之前取消读入模式，天线模块将记忆所有以前的传感器识别码和位置。

2）使用遥控门锁发射器读入

在执行以下步骤之前确认与此同时未进行其他传感器读入程序，且附近无其他配备有轮胎压力监控系统（TPMS）的车辆在进行轮胎气压调整。

① 保持发动机熄火并接通点火开关。

② 使用遥控门锁发射器将车门上锁和开锁 3 次，使发射器和天线模块同步。

③ 同时按下遥控门锁发射器的上锁和开锁按钮，直到听到 2 声喇叭“嘀嘀”声，表示读入模式被启动。如果 35 s 后还没有任何传感器引发喇叭“嘀嘀”声，关闭点火开关，退出读入模式，并从第①步骤重新开始。

④ 从左前轮胎开始持续增加或减少气压 5~8 s 或持续到发出喇叭“嘀嘀”声。喇叭“嘀嘀”声可能在 5~8 s 加压或减压时间到达之前发出，也可能 5~8 s 加压或减压时间到达之后的 30 s 内发出。

⑤ 在听到喇叭“嘀嘀”声后按照右前、右后、左后的顺序对 3 个传感器执行上一步骤。

⑥ 所有传感器被读入之后，关闭点火开关以退出读入模式。

⑦ 退出读入模式之后，将所有轮胎气压调整至标准值。

3）使用故障诊断仪读入

在执行以下步骤之前确认与此同时未进行其他传感器读入程序，且附近无其他配备有轮胎压力监控系统的车辆在进行轮胎气压调整。

① 安装故障诊断仪。

② 保持发动机熄火并接通点火开关。

③ 选择故障诊断仪的“特殊功能”。

④ 选择“传感器读入模式启动”，并按下“确认”键。

⑤ 按“ON”键，将会听到两声喇叭“嘀嘀”声，表示读入模式已经启动。

⑥ 如果 35 s 后还没有任何传感器引发喇叭“嘀嘀”声，关闭点火开关，退出读入模式，并从第④步骤重新开始。

⑦ 从左前轮胎开始持续增加或减少气压 5~8 s 或持续到发出喇叭“嘀嘀”声。喇叭“嘀嘀”声可能在 5~8 s 加压或减压时间到达之前发出，也可能在 5~8 s 加压或减压时间到达之后的 30 s 内发出。

⑧ 在听到喇叭“嘀嘀”声后按照右前、右后、左后的顺序对 3 个传感器执行第⑥步骤。

⑨ 所有传感器被读入之后，关闭点火开关以退出读入模式。

⑩ 退出读入模式之后，将所有轮胎气压调整至标准值。

（5）胎压监控系统常见故障现象及原因分析

1）胎压过低或过高

车辆仪表信息中心显示某轮胎胎压过低或过高，胎压灯亮。

将胎压过低或过高的轮胎气压调整到标准气压值，检查轮胎有无异常，然后重新启动车辆后，胎压灯会熄灭，仪表显示正常，不需要进行轮胎气压指示器传感器读入程序。

2）胎压无显示或部分无显示

① 胎压监控系统线路故障，须对电路进行检测，以某典型车型为例，如图 10–12 所示。

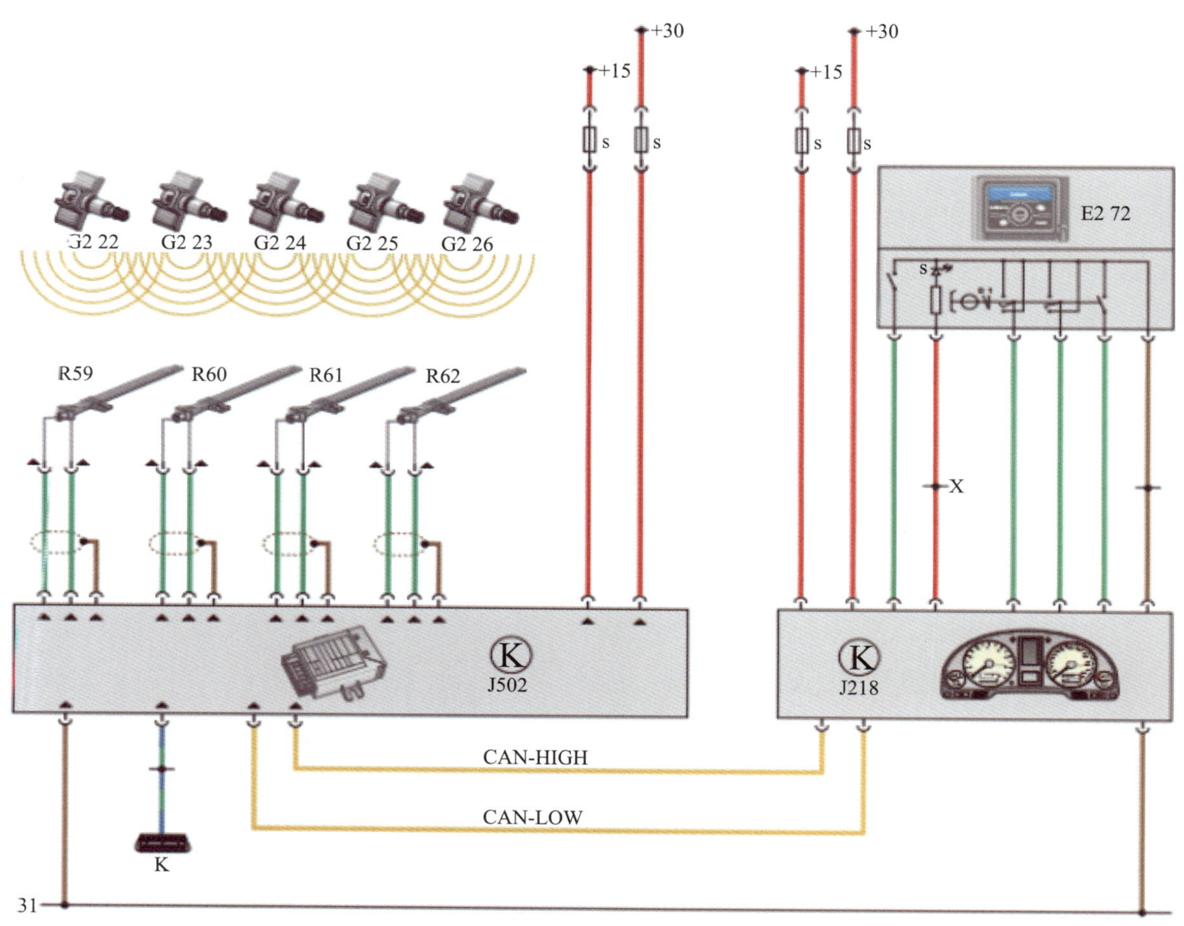

图 10–12　某典型车型胎压监控系统电路

② 车辆蓄电池被断过后四个轮胎胎压值显示“--”，此时不需要进行维修，正常行驶车速大于 32 km/h 以上，20 min 后胎压显示将恢复正常。

③ 轮胎学习过程未完成，车辆行驶 20 min 后胎压仍然无显示或部分无显示，这时需要进行胎压传感器重新学习。

④ 更换胎压传感器，相应的轮胎显示“--”，此时需要进行胎压传感器重新学习。

⑤ 改装电气系统或外加装的其他系统，发出了干扰信号，干扰了接收器接收胎压传感器信号，由于干扰信号较强，必须要排除电磁干扰，并且要注意玻璃贴金属膜、门禁与磁卡也有屏蔽或干扰的现象。

⑥ 胎压传感器在补胎拆装过程中由于操作不当造成机械性损坏，相应轮胎显示“--”，需更换胎压传感器，并进行胎压传感器重新学习。

（6）胎压监控系统故障诊断流程

胎压监控系统是否有故障，可结合仪表显示信息、检测轮胎压力、读取故障码及数据流等进行综合分析诊断，诊断流程如图 10–13 所示。

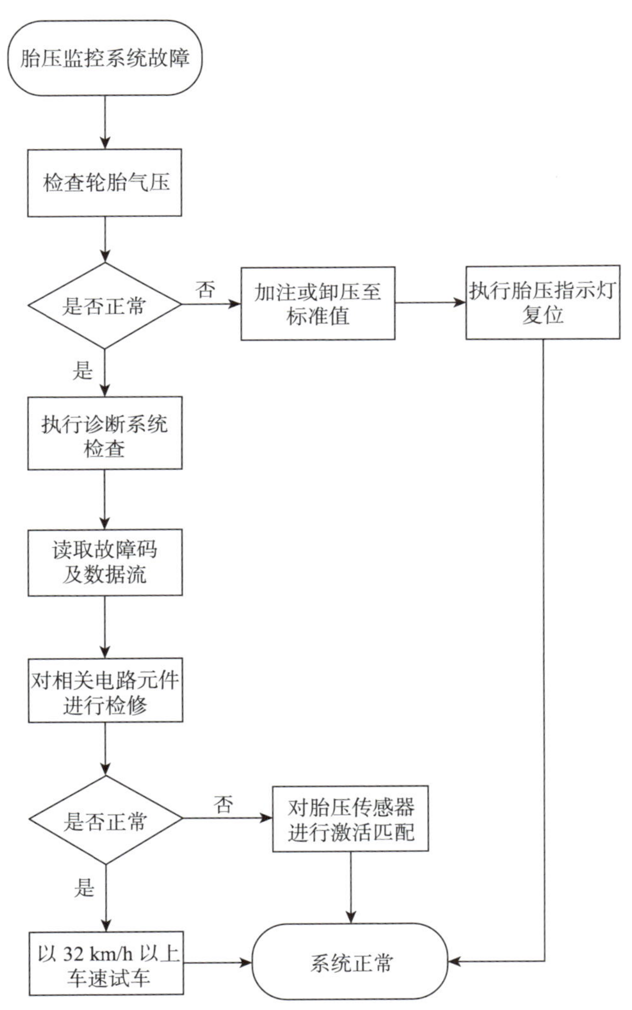

图 10–13　胎压监控系统故障诊断流程

1）检查各轮胎气压是否为标准值，若轮胎气压过高或过低，应加注或卸压至标准值，然后执行胎压指示灯复位。

2）若各轮胎气压正常，则执行诊断系统检查操作。

3）读取故障码及数据流，查找可疑故障点，对故障点相关电路及元件进行检修。

4）对故障进行验证，若正常，以 32 km/h 以上车速进行试车。

5）若不正常，应对胎压传感器进行激活匹配。

2. 技能操作

（1）操作准备

准备技能操作所需的物料，见表 10–4。

表 10–4　物料准备

类别	所需物料
教学车辆 / 平台	实训车辆
设备、仪器、工具、资料	故障诊断仪、万用表、示波器、电源插座、车辆维修手册

（2）胎压监控系统故障诊断与排除操作

1）读取故障码及数据流

读取实训车辆整车及胎压监控系统故障码及数据流，将胎压监控系统故障相关信息填写在表 10–5 中。

表 10–5　胎压监控系统故障码及数据流

序号	故障码及数据流名称	故障码及数据流参数
1		
2		
3		
4		
5		
6		

2）拆画电路图

查阅所维修车型的电路图、车辆维修手册，拆画实训车辆胎压监控系统电路图，画在图 10–14 中。

3）胎压监控系统部件及电路检测

对胎压监控系统部件及电路进行检测，将检测结果填写在表 10–6 中。

图 10-14　实训车辆胎压监控系统电路图

表 10-6　胎压监控系统部件及电路检测记录

序号	项目	检测条件	检测类型	标准值	实测值	是否正常
1	左前胎压					是□　否□
2	右前胎压					是□　否□
3	左后胎压					是□　否□
4	右后胎压					是□　否□
5	蓄电池电压					是□　否□
6	胎压监控控制单元电源电路检测					是□　否□
7	胎压传感器电路检测					是□　否□
8	功能选择开关检测					是□　否□
9	功能选择开关电路检测					是□　否□
10	组合仪表供电电路检测					是□　否□

检查评估

对本任务的学习情况进行检查，并将相关内容填写在表 10-7 中。

表 10-7　检查表

检查项目	检查结果	结果点评
胎压监控系统基本操作		
是否完成胎压监控系统的基本设置	是□　否□	
胎压指示灯是否复位	是□　否□	
胎压警告灯是否清除	是□　否□	

续表

检查项目	检查结果	结果点评
胎压监控系统故障诊断		
故障码读取及数据流分析是否正确	是□　否□	
胎压监控系统电路图绘制是否正确	是□　否□	
胎压故障诊断过程是否规范	是□　否□	
故障排除结果是否验证	是□　否□	
工作页记录是否完整	是□　否□	
现场管理		
工具设备是否整理并放至指定位置	是□　否□	
实训工位是否打扫干净	是□　否□	

任务小结

本任务小结如图 10-15 所示。

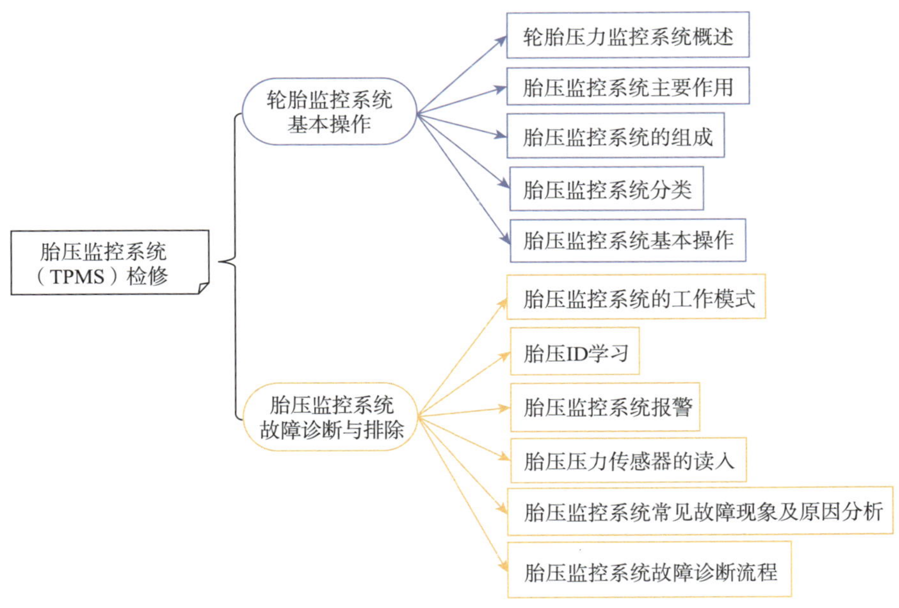

图 10-15　本任务小结

情境三
车身电控系统检修

情境介绍

在智能网联汽车的发展过程中，车身电控技术越来越成熟，从而在车辆的舒适性、安全性方面发挥着关键性的作用。如果车身电控系统出现故障，将会直接影响到驾乘人员的安全性和舒适感，更会影响到车辆品牌的口碑。为此，要解决车身电控系统出现的故障，需首先掌握智能网联汽车车身电控系统的功能、组成及控制原理，故障诊断思路与检修方法，这也是诊断、排除智能网联汽车车身电控系统故障的出发点。

本情境包含自动空调控制系统检修、电动座椅控制系统检修、电控中央门锁控制系统检修、电控防盗系统检修四个工作任务，具体内容主要包括自动空调控制系统，电动座椅控制系统，电控中央门锁控制系统，电控防盗系统的功能、组成及控制原理，常见故障现象及故障原因分析，故障诊断思路及故障排除流程方法等。

情境目标

▶ 能根据自动空调控制系统组成、工作原理和主要技术性能参数，结合故障现象、电路图、故障码及数据流分析，确定故障范围，运用故障诊断思路及检修方法，正确使用检修工具和设备，规范完成自动空调控制系统故障检修。

▶ 能根据电动座椅控制系统和电控中央门锁控制系统的功能、组成及控制原理，结合故障现象、电路图、故障码及数据流分析，确定故障范围，运用故障诊断思路及检修方法，正确使用检修工具和设备，规范完成电动座椅控制系统和电控中央门锁控制系统故障检修。

▶ 能根据电控防盗系统类型、主要组成部件及工作原理，结合车辆故障现象、电路图、故障码及数据流分析，确定故障范围，运用故障诊断思路及检修方法，正确使用检修工具和设备，规范完成电控防盗系统故障检修。

任务十一
自动空调控制系统检修

任务导入

场景： 某国产智能网联汽车售后维修中心

人物： 车主赵先生、维修技师张师傅

情节： 某天中午，气温达 32 ℃，天气非常炎热，车主赵先生驾车出行时，开启汽车空调后，发现空调出风口无冷风，于是将车开到售后维修中心，维修技师张师傅拟对该车进行故障诊断排除。如果你是维修技师张师傅，如何规范、高效地排除该车故障？

任务目标

▸ 能运用自动空调控制系统组成、工作原理及主要技术参数，完成汽车自动空调控制系统检查。

▸ 能依据故障现象、电路图、故障码及数据流分析，完成自动空调控制系统故障范围确定。

▸ 能规范检测压缩机电磁离合器控制电路和空调系统压力传感器控制电路，排除因空调压缩机不工作或空调系统压力传感器故障引起的汽车空调不制冷故障。

任务实施

（一）汽车自动空调控制系统检查

1. 知识学习

（1）汽车自动空调控制系统组成及工作原理

汽车自动空调控制系统是在手动空调系统基础上，加入相应的传感器、执行器和控制模块，采用先进的控制理论和计算机技术，对车内空气的温度、湿度、清洁度、风量和风向等进行自动调节，给驾乘人员提供一个良好的乘车环境，保证在各种气候和条件下使驾乘人员都处于一个舒适的空气环境中，而且还能自动检测故障。

1）汽车自动空调控制系统组成

汽车自动空调控制系统主要由基础部件（压缩机、冷凝器、储液干燥器、节流装置、蒸发器、热交换器、配气系统、空气净化系统）和控制系统组成，自动空调控制系统与手动空调控制系统相比，基础部件构造、工作原理相同，控制系统更加复杂、更加智能，自动空调控制系统主要由自动空调控制单元、空调系统压力传感器、环境温度传感器、空气翻板伺服电机等组成。

2）汽车自动空调控制系统工作原理

如图 11–1 所示，汽车自动空调控制系统启动后，光敏传感器、温度预设传感器、环境温度传感器、新鲜空气进气温度传感器等将所采集的相关信号发送至空调控制单元，空调控制单元根据预设的程序进行计算，向足部翻板伺服电机、中央翻板伺服电机、温度翻板伺服电机、空气翻板伺服电机、鼓风机控制单元、冷却风扇控制单元发出指令，空调控制单元依据各伺服电机电位计的反馈信号，不断优化调节各执行元件的工作，使车内温度、湿度、风速达到合适的状态，空调控制单元根据各传感器反馈的信号参数，自动诊断系统故障。

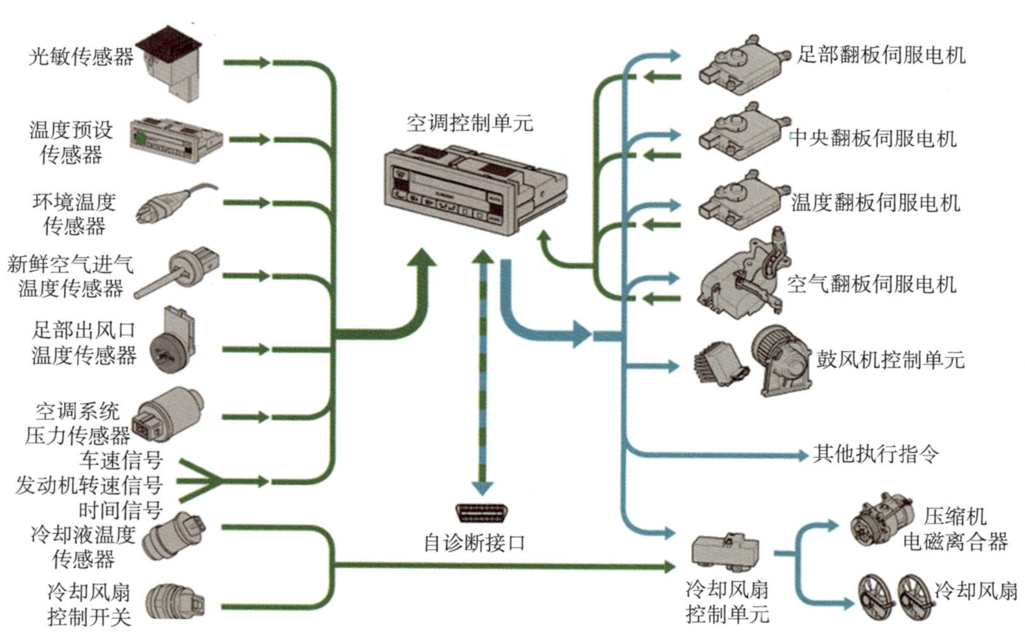

图 11–1　自动空调控制系统

（2）汽车空调控制单元

汽车空调控制单元作为汽车空调自动控制系统的核心，其功能的好坏将直接影响车内温度的控制效果。为适应车型的设计要求，当前多数厂商将控制单元、控制按键和显示装置集成为一体。在自动控制模式下，当设定好所需温度后，控制器将根据传感器检测到的各温度和辐照强度信号，通过预定程序计算出在当前环境工况下，为维持所需温度，空调系统应输出的温度，空调控制单元依据计算的应输出温度自动控制温度风门开度；当设定最大制冷时，温度风门将固定在最小开度；当设定最大制热时，温度风门将固定在最大开度。在自动控制时，当设定最大制冷时，鼓风机将以最大转速运行；当设定最大制热时，鼓风机转速将比最大转速低一挡，以保证制热时的舒适性。控制单元在自动调节温度风门开度和鼓风机转速时，还会同步控制出风模式的变化（一般在吹面、吹面 / 吹脚、吹脚三种模式中切换）。

（3）汽车自动空调传感器

汽车自动空调控制系统传感器主要有环境温度传感器、新鲜空气进气管温度传感器、阳光传感器、仪表板温度传感器、足部出风口温度传感器等，安装位置如图 11–2 所示。除阳光传感器采用光敏元件外，其他温度传感器一般采用 NTC 温度传感器。NTC 温度传感器的阻值随温度增高而变小，一般由不同的金属（如铁、钴、镍、铜和锌）氧化物制成，并以环氧树脂进行封装。

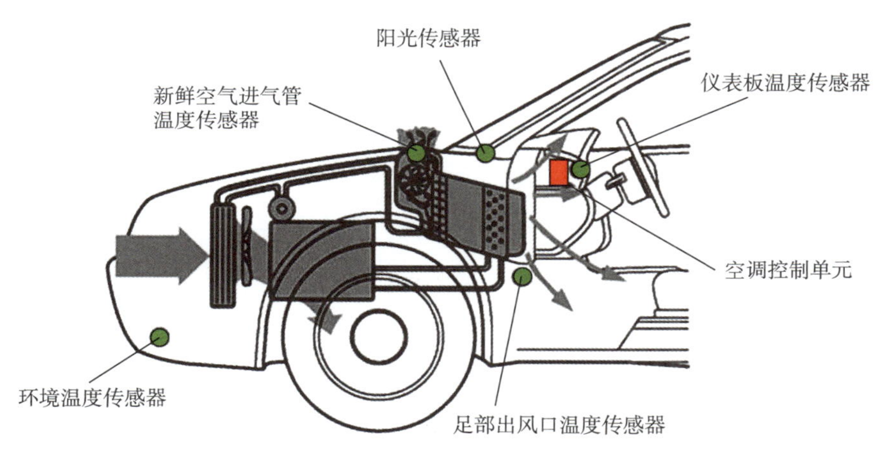

图 11–2　自动空调传感器安装位置

1）环境温度传感器

环境温度传感器也叫车外温度传感器，是空调控制系统的一个传感元件，用以感知车辆外部温度，它主要由插头、热敏电阻探头（被塑料或树脂包裹）组成。热敏电阻在不同温度下电阻值不同，如图 11–3 所示，空调控制单元从而得到车外温度信号，并依据该信号控制温度翻板伺服电机和鼓风机工作。当车外温度传感器信号失效时，控制单元将采用第二个温度传感器（新鲜空气进气温度传感器）的感测值进行计算，如果第二个传感器的信号也失效，则系统将采用替代值 +10 ℃继续运行，空气循环将停止。

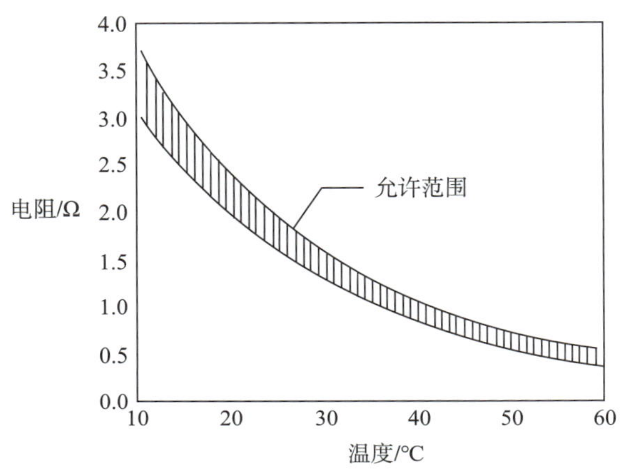

图 11-3　车外温度传感器电阻随温度变化

2）新鲜空气进气管温度传感器

新鲜空气进气管温度传感器直接安装于新鲜空气进气管内，如图 11-4 所示，该传感器为实际环境温度的第二测量点，控制单元根据该温度传感器信号调节温度调节阀和新鲜空气鼓风机。当该信号失效时，控制单元将使用位于车辆前端的第一个温度传感器（环境温度传感器）的感测值进行计算。

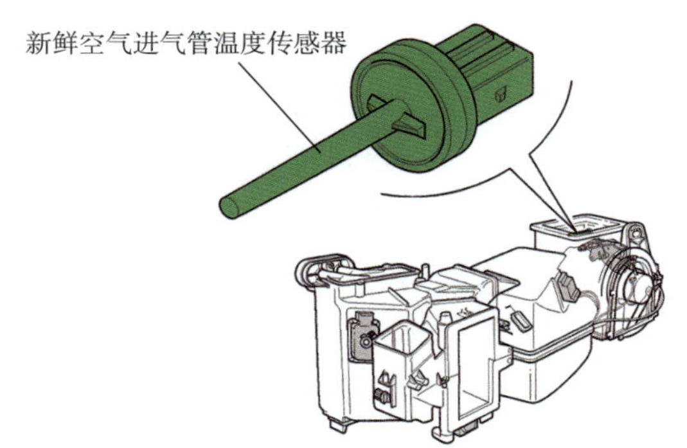

图 11-4　新鲜空气进气管温度传感器安装位置

3）足部出风口温度传感器

足部出风口温度传感器感测从暖风（空调）装置流出的空气（以及外部进入车内的空气）的温度，其工作原理与环境温度传感器一样，当温度降低时，其电阻增加，其信号被发送至控制单元进行计算，以用来控制足部空气流量分配及新鲜空气鼓风机空气流量。当控制单元接收不到该信号时，控制单元将以替代值 +80 ℃进行计算，系统仍继续运行。

4）阳光传感器

阳光传感器是自动空调控制系统重要传感器之一，如图 11-5 所示，阳光传感器由外壳、滤镜、光学器件、光电二极管等组成，其测量阳光的“热辐射”强弱，传感器信号电压在 0~5 V 之间变化。采集的信号传递给空调控制单元，空调控制单元对阳光强弱以及环境温度信号进行综合比较、计算、判断等，并准确计算出合理的驾驶室内环境温度，从而控制“风速”或“风向”以调整空调的冷热输出温度。

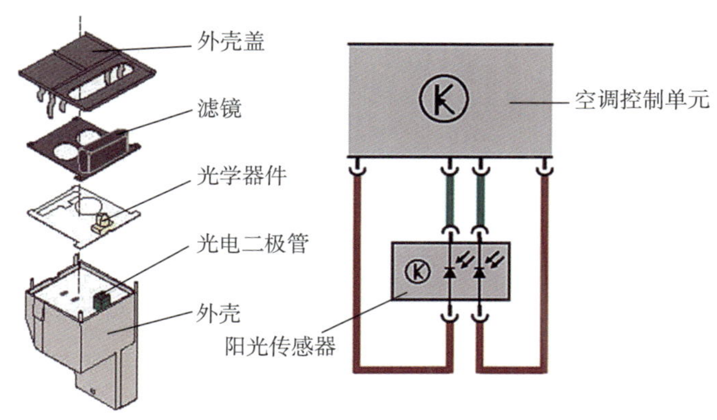

图 11-5　阳光传感器结构

5）空调系统压力传感器

空调系统压力传感器安装于空调系统高压管路上，负责检测空调系统内制冷剂的压力，并将压力物理量转化为电信号，并发送至发动机控制单元或空调控制单元。当控制单元检测到空调制冷管路压力过低或过高时，控制系统停止对空调压缩机离合器供电，压缩机停止运转，以免对空调系统造成损坏。当制冷剂压力达到中等压力值时，散热器风扇高速运转，以降低空调制冷剂压力。空调系统压力传感器如图 11-6 所示，硅晶体和一个微处理器集成在传感器中，并由系统供电。

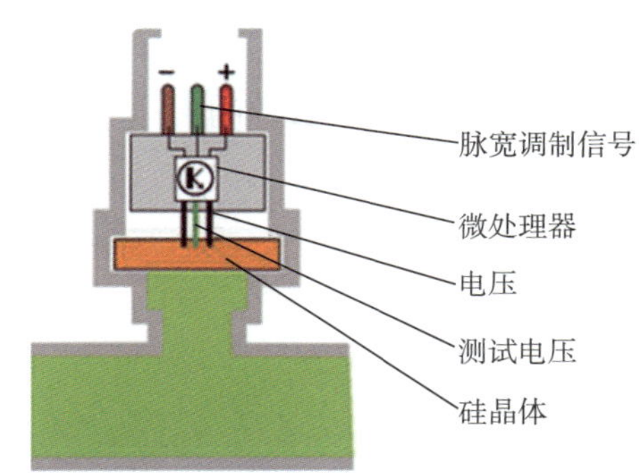

图 11-6　空调系统压力传感器

硅晶体有一物理特性：当发生形变时，其电阻也随之改变。根据施加的压力大小不同，硅晶体会出现不同程度的形变，硅晶体两端的测试电压也会发生变化。当制冷剂压力施加于硅晶体元件上时，硅晶体产生变形（见图 11-7），测试电压传导至微处理器，并转化为脉宽调制信号。脉宽增量与压力增量成正比，在较低压力下，硅晶体的“变形”程度较小，施加的电压仅会遇到很小的阻抗，电压变化量很小，输出的脉宽也较窄。高压（压力增加）状态下，硅晶体进一步受压变形，于是阻抗的变化随之加大，输出的脉宽也较宽。

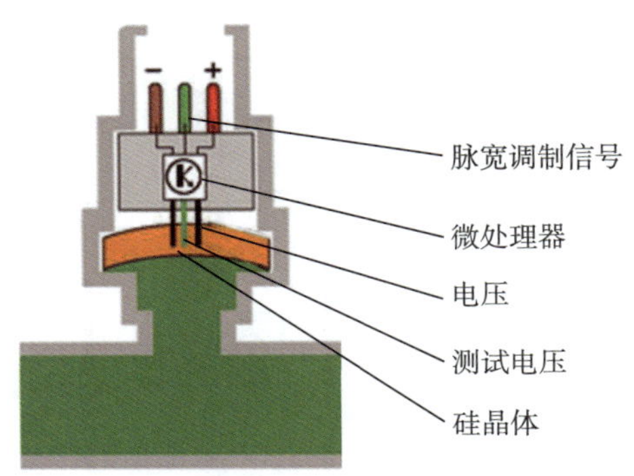

图 11-7　空调系统压力传感器硅晶体变形示意图

6）自动空调辅助信号

如图 11-8 所示，在自动空调控制系统中，驻车时间信号、车速、发动机转速等辅助信号可用于系统控制，有助于提高车内环境舒适度。驻车时间是指关闭点火开关和重起发动机之间的时间，此信号用于调节温度调节阀。当发动机重新启动时，控制单元根据车内存储的上次发动机停机前的环境温度数据，快速设定为车内人员感到舒适的温度，忽略因散热等原因导致的测量数据变化。车速信号用于控制气流调节阀，控制单元利用并处理由车速表传感器产生的信号。车速较高时，新鲜空气入口的横截面减小，使进入车厢的气流保持稳定。发动机转速信号将有关发动机运行的信息提供至空调控制单元，用于系统控制（关停电磁离合器）。

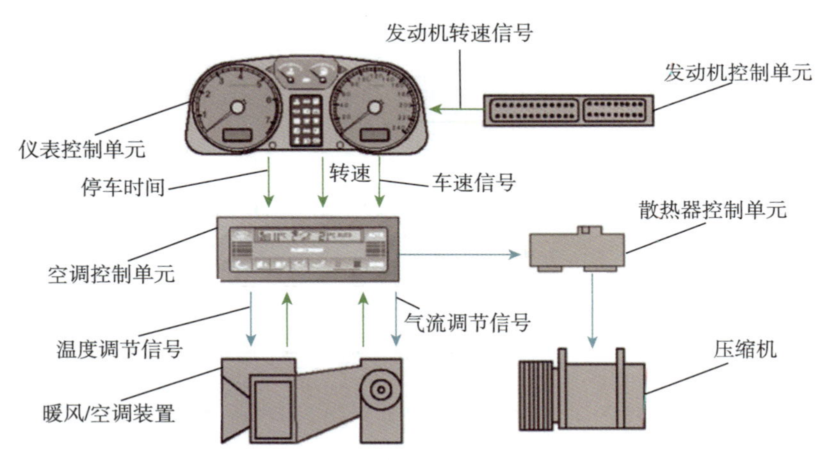

图 11-8　自动空调辅助信号控制示意图

（4）汽车自动空调执行器

汽车自动空调控制系统执行器主要有风门电机和鼓风机两种。目前风门电机分伺服电机和步进电机两种类型，因伺服电机具有控制精度高，驱动转矩大的优点，应用较多。在自动空调中，所有的阀均由电控伺服电机操控，如图 11-9 所示，每台伺服电机都配有电位计。控制单元输出的电信号通过执行器（伺服电机）转换为机械量，然后通过电位计将阀开度信号反馈给控制单元，自动空调伺服电机控制原理如图 11-10 所示。

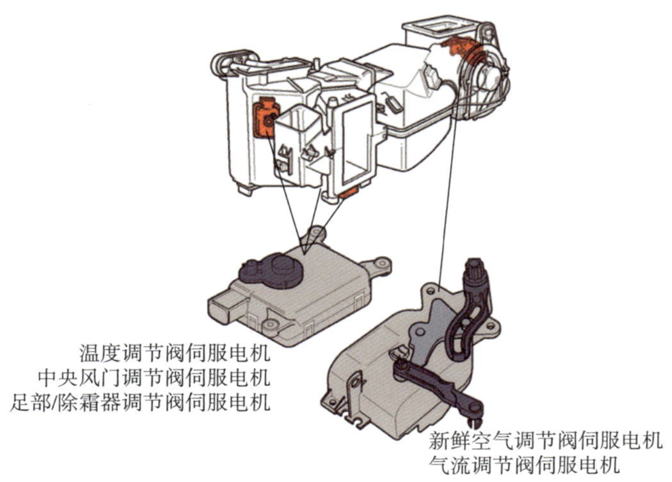

图 11-9　自动空调伺服电机安装位置

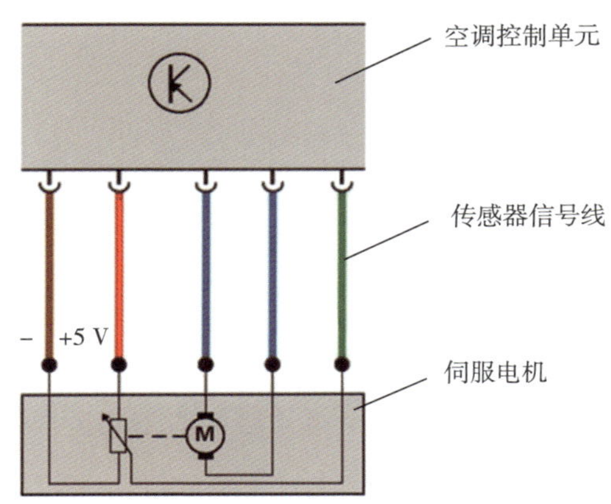

图 11-10　自动空调伺服电机控制原理

（5）汽车自动空调控制系统检查工作要点

1）客户车辆故障分析

进行故障排除时，先确认识别故障症状，不主观臆断，以获得准确判断。为明确地了解故障症状，向客户询问故障发生时的故障现象及发生条件是非常重要的，因为在某些情况下，一些看似无关联的故障就是引起故障发生的原因。故障分析要点见表 11-1。

表 11-1　故障分析要点

故障分析项目	分析要点
车辆信息	车辆型号、系统名称
时间	日期、时间和发生频率
地点	道路状况
在什么情况下发生	行驶情况、天气情况
怎样发生	故障症状

2）检查蓄电池电压

蓄电池标准电压为 11~14 V，如果电压低于 11 V，则进到下一步前对蓄电池充电或更换蓄电池。检查熔丝和继电器是否正常，检查连接器连接和端子以确保无连接松动、变形等异常情况。

3）检查 CAN 通信系统的通信功能

使用故障诊断仪检查 CAN 通信系统故障码，如无故障码，则先检修 CAN 通信系统，如存在故障码，则检查空调系统故障码，读取数据流。

4）检查空调控制面板

操作空调控制面板上的各个开关，检查并确认空调系统开关工作正常，若有故障，则根据故障症状进行检查。

5）检查鼓风机控制

操作空调控制面板上的鼓风机开关，检查并确认鼓风机工作正常，若鼓风机工作不正常，则根据故障症状进行检查。

6）检查进风口控制

操作空调控制面板上的再循环（新鲜）开关，检查并确认进气控制工作正常。

7）检查出风口控制

操作空调控制面板上的出风模式开关，检查并确认出风控制工作正常。

8）检查冷却功能

操作空调控制面板上的温度调节开关，检查并确认冷气从调风器中吹出。

9）检查加热器功能

操作空调控制面板上的温度调节开关，检查并确认暖气从调风器中吹出。

2. 技能操作

（1）操作准备

准备技能操作所需的物料，见表 11-2。

表 11-2 物料准备

类别	所需物料
教学车辆 / 平台	配置自动空调控制系统的实训整车或自动空调控制系统实训台
设备、仪器、工具、资料	故障诊断仪、万用表、电源插座、车辆维修手册

（2）汽车自动空调控制系统检查

对自动空调控制系统进行检查，将检查结果记录在表 11-3 中。

表 11-3　自动空调控制系统检查记录

序号	数据名称	数据值	是否正常
1	蓄电池电压		是□　否□
2	发动机转速		是□　否□
3	冷却液温度		是□　否□
4	环境温度		是□　否□
5	足部出风口温度		是□　否□
6	空调系统压力		是□　否□
7	蒸发器目标温度		是□　否□
8	空调散热器风门伺服机构分总成实际脉冲		是□　否□

（二）汽车自动空调控制系统不制冷故障诊断与排除

1. 知识学习

（1）汽车自动空调控制系统不制冷故障现象

打开汽车空调，空调出风口无冷风，空调系统不制冷。不制冷故障点不同，呈现出的故障现象基本相同，如鼓风机损坏及控制线路引起的故障，出风口就不会有风吹出；压缩机电磁离合器控制电路故障，压缩机就不会运转。确认故障现象时，应仔细检查空调操作面板、冷却风扇、压缩机、出风口开关等部件的工作情况及出现故障时的条件。

（2）汽车自动空调控制系统不制冷故障原因分析

由自动空调控制系统工作原理可知，导致自动空调控制系统不制冷的因素有很多，主要有压缩机损坏、节流装置堵塞、系统密封不良等机械类故障和空调系统压力传感器及控制线路故障、执行器及控制线路故障、空调控制单元损坏及控制电路故障等电气类故障。

1）空调系统压力传感器及控制线路存在故障，系统监测不到空调系统压力，压缩机将不运转。

2）压缩机电磁离合器有故障或控制电路的继电器损坏，控制线路断路、搭铁不良等，会导致压缩机不能正常工作。

3）空调控制单元自身有故障或供电线路有故障，会导致空调控制单元不能正常工作，导致空调系统不能正常运行。

（3）汽车自动空调控制系统不制冷故障诊断流程

汽车自动空调控制系统不制冷故障诊断，应依据故障码、数据流分析，结合故障现象、电路图，检测空调系统压力，进行综合分析诊断，诊断流程如图 11-11 所示。

情境三

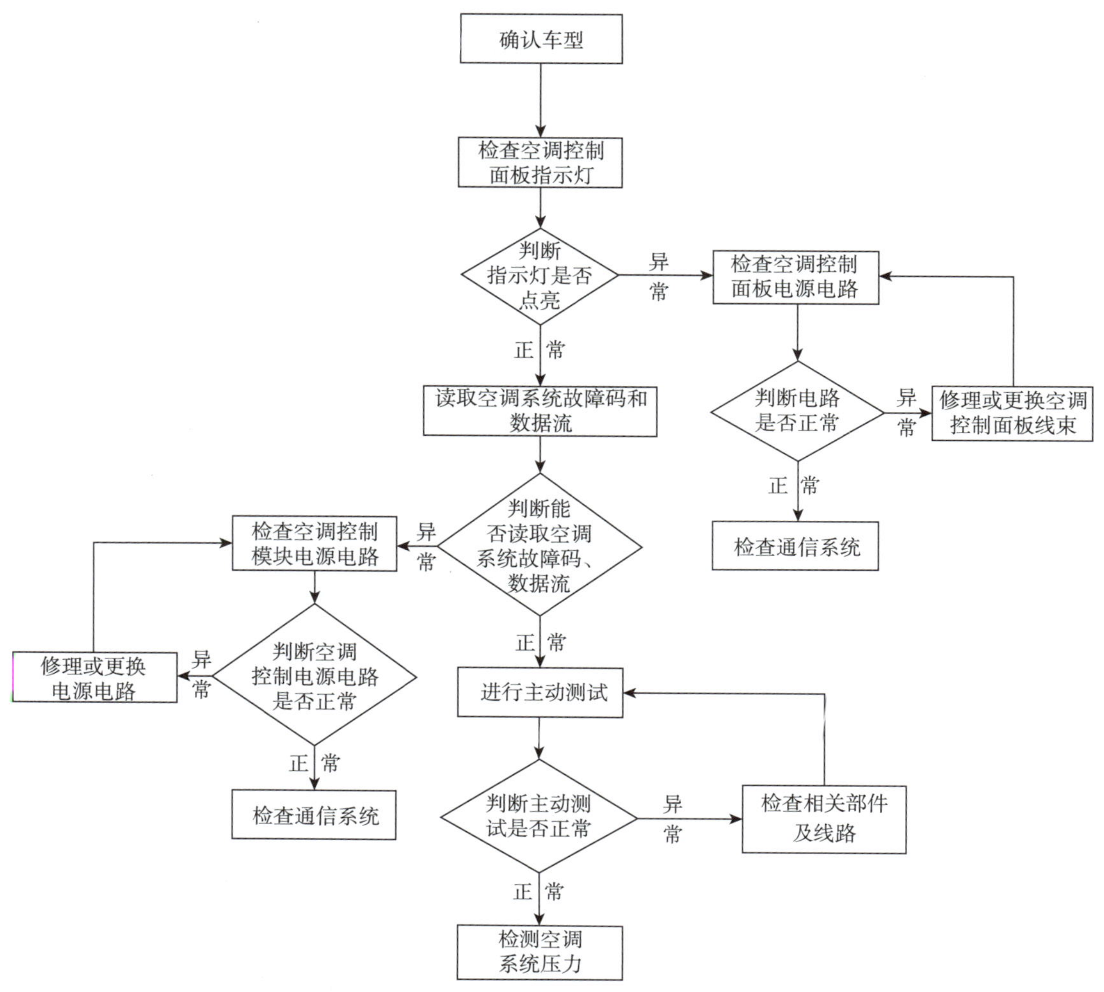

图 11-11　自动空调控制系统不制冷故障诊断流程

操作空调控制面板上的各个开关，检查并确认开关指示灯工作正常。如果所有指示灯不亮，则检测控制面板电源电路，供电端电压应为 11~14 V，搭铁线与车身之间的电阻应小于 1 Ω。

如果空调控制面板上各个开关指示灯正常，则读取空调控制系统故障码和数据流，如果能读到故障码和数据流，则利用故障诊断仪进行相关的主动测试，结合故障码和数据流即可确定故障范围，依据维修手册检测规范对可能的故障进行测试。

1）空调压缩机不工作故障诊断排除要点

按下空调开关后，空调系统控制单元通过 CAN 总线将空调请求的信息发送到发动机控制模块（ECM）。发动机控制模块向空调压缩机离合器继电器控制电路提供搭铁，以切换空调压缩机离合器继电器的状态。继电器触点闭合后，向空调压缩机离合器提供蓄电池电压。空调压缩机离合器将启动。发动机控制模块启动空调压缩机离合器，必须满足的条件包括蓄电池电压介于 9~18 V，发动机冷却液温度低于 124 ℃，发动机转速大于 600 r/min，发动机转速小于 5 500 r/min，空调高压侧压力在规定压力之间，节气门位置小于 100%，蒸发器温度高于 3 ℃，发动机控制模块没有检测到转矩负载过大，发动机控制模块没有检测到怠速质量不足，环境温度高于 1 ℃。

①执行电路系统测试前，必须满足维修手册中的规定条件。

②将点火开关置于 ON 位置，测试 5 V 参考电压电路端子和搭铁之间的电压是否为 4.8~5.2 V，如果低于 4.8 V，将点火开关置于 OFF 位置，断开 K20 发动机控制模块的线束连接器。测试 5 V 参考电压电路和搭铁之间的电阻是否为无穷大。如果电阻不为无穷大，则修理 5 V 参考电压端与车身之间的对搭铁短路故障。如果电阻为无穷大，则测试 5 V 参考电压电路端对端电阻是否小于 2 Ω。如果为 2 Ω 或更大，则修理 5 V 参考电压线路的开路故障。如果小于 2 Ω，则更换发动机控制模块。

③测试 5 V 参考电压电路端子 2 和低电平参考电压电路端子 1 之间的电压是否为 4.8~5.2 V。如果低于 4.8 V，将点火开关置于 OFF 位置，断开发动机控制模块的线束连接器。测试低电平参考电压电路的端到端电阻是否小于 2 Ω。如果为 2 Ω 或更大，则修理电路中的开路 / 电阻过大。如果小于 2 Ω，则更换发动机控制模块。

④确认故障诊断仪的“A/C High Side Pressure Sensor（空调高压侧压力传感器）”参数低于 0.3 V。如果高于 0.3 V，将点火开关置于 OFF 位置，断开发动机控制模块的线束连接器。将点火开关置于 ON 位置，测试信号电路端子 3 和搭铁之间的电压是否低于 0.3 V。如果高于 0.3 V，则修理 5 V 参考电压线路对车身短路故障。如果低于 0.3 V，则更换发动机控制模块。

⑤用故障诊断仪指令发动机控制模块（ECM）空调继电器输出功能“ON（通电）”和“OFF（断电）”。在指令状态之间切换时，测试灯应点亮和熄灭。如果测试灯始终亮着或点不亮，则更换发动机控制模块。

2）空调系统压力传感器故障诊断排除要点

发动机控制模块（ECM）通过空调制冷剂压力传感器来监测高压侧制冷剂的压力。发动机控制模块向传感器提供 5 V 参考电压和低电平参考电压。空调制冷剂压力的变化将使传送至发动机控制模块的传感器信号发生变化。当压力变高时，信号电压变高。当压力变低时，信号电压变低。当压力变高时，发动机控制模块指令冷却风扇接通。当压力过高或过低时，发动机控制模块将不允许空调压缩机运行。当空调系统压力传感器本身及控制线路出现故障时，系统会读取到相关的故障码。

①将点火开关置于 OFF 位置，断开空调制冷剂压力传感器的线束连接器。

②将点火开关置于 ON 位置，测试 5 V 参考电压电路端子和搭铁之间的电压是否为 4.8~5.2 V，如果低于 4.8 V，将点火开关置于 OFF 位置，断开 K20 发动机控制模块的线束连接器。测试 5 V 参考电压电路和搭铁之间的电阻是否为无穷大。如果电阻不为无穷大，则修理电路上的对搭铁短路故障。如果电阻为无穷大，则测试 5 V 参考电压电路端对端电阻是否小于 2 Ω。如果为 2 Ω 或更大，则修理电路中的开路（电阻）过大。如果小于 2 Ω，则更换发动机控制模块。

③测试 5 V 参考电压电路端子 2 和低电平参考电压电路端子 1 之间的电压是否为 4.8~5.2 V。如果低于 4.8 V，将点火开关置于 OFF 位置，断开发动机控制模块的线束连接器。测试低电平参考电压电路

的端到端电阻是否小于 2 Ω。如果为 2 Ω 或更大，则修理电路中的开路（电阻）过大。如果小于 2 Ω，则更换发动机控制模块。

④ 确认故障诊断仪的“A/C High Side Pressure Sensor（空调高压侧压力传感器）”参数低于 0.3 V。如果高于 0.3 V，将点火开关置于 OFF 位置，断开发动机控制模块的线束连接器。将点火开关置于 ON 位置，测试信号电路端子 3 和搭铁之间的电压是否低于 0.3 V。如果高于 0.3 V，则修理电路上的对电压短路。如果低于 0.3 V，则更换发动机控制模块。

⑤ 在信号电路端子和 5 V 参考电压电路端子之间安装一条带 3 A 熔丝的跨接线。确认故障诊断仪的“A/C High Side Pressure Sensor（空调高压侧压力传感器）”参数高于 4.8 V。如果低于 4.8 V，将点火开关置于 OFF 位置，断开发动机控制模块的线束连接器。测试信号电路和搭铁之间的电阻是否为无穷大。如果电阻不为无穷大，则修理 5 V 参考电压端与车身之间的对搭铁短路故障。测试信号电路的端到端电阻是否小于 2 Ω。如果为 2 Ω 或更大，则修理 5 V 参考电压线路的开路故障。如果小于 2 Ω，则更换发动机控制模块。

2. 技能操作

（1）操作准备

准备技能操作所需的物料，见表 11–4。

表 11–4　物料准备

类别	所需物料
教学车辆 / 实训平台	配备自动空调控制系统的实训整车或自动空调控制系统实训平台
设备、仪器、工具、资料	故障诊断仪、示波器、万用表、车辆维修手册

（2）自动空调控制系统不制冷故障诊断与排除操作

1）确认故障现象，读取故障码及数据流

读取实训车辆整车及自动空调控制系统故障码及数据流，将自动空调控制系统故障相关信息填写在表 11–5 中。

表 11–5　自动空调控制系统故障码及数据流记录

序号	故障码及数据流名称	故障码及数据流参数
1		
2	发动机转速	
3	冷却液温度	
4	空调系统压力（高压）	
5	环境温度	
6	蒸发器温度	

2）拆画电路图

查阅所维修车型的电路图、维修手册，拆画实训车辆自动空调控制系统电路图，画在图 11-12 中。

图 11-12　实训车辆自动空调控制系统电路图

3）自动空调控制系统电路检测

对自动空调控制系统电路进行检测，将检测结果填写在表 11–6 中。

表 11–6　自动空调控制系统电路检测记录

序号	项目	检测条件	标准值	实测值	是否正常
1	检测蓄电池电压	开启大灯	11~14 V		是□　否□
2	检测电磁离合器保险两端电压	开启空调	0 V		是□　否□
3	测试压力传感器 5 V 参考电压电路端子和搭铁之间的电压	点火开关置于 ON 位置	4.8~5.2 V		是□　否□
4	检测压力传感器线路两端之间的电阻	关闭点火开关，断开插头	小于 5 Ω		是□　否□
5	检测压力传感器线路与车身之间的电阻	关闭点火开关，断开插头	10 kΩ 或更大		是□　否□
6	检测车内温度传感器热敏电阻	断开插头	电阻值随温度而变化		是□　否□
7	对鼓风机进行主动测试	打开点火开关	鼓风机运转		是□　否□
8	检测鼓风机供电正极与车身之间的电压	打开点火开关	11~14 V		是□　否□
9	检测鼓风机搭铁线与车身之间的电阻	关闭点火开关	小于 5 Ω		是□　否□
10	检测鼓风机控制线电压	始终	4.75~5.25 V		是□　否□
11	检测鼓风机控制线波形	打开点火开关，打开鼓风机	波形随鼓风机速度变化		是□　否□

检查评估

对本任务的学习情况进行检查，并将相关内容填写在表 11–7 中。

表 11–7　检查表

检查项目	检查结果	结果点评
自动空调控制系统检查		
自动空调控制系统功能是否正常	是□　否□	
是否完成汽车自动空调控制系统检查	是□　否□	

续表

检查项目	检查结果	结果点评
自动空调控制系统故障诊断		
故障码读取及数据流分析是否正确	是□　否□	
自动空调控制系统电路检测项目是否正确	是□　否□	
自动空调控制系统故障诊断过程是否规范	是□　否□	
故障排除结果是否验证	是□　否□	
自动空调控制系统功能是否恢复正常	是□　否□	
工作页记录是否完整	是□　否□	
现场管理		
工具设备是否整理并放至指定位置	是□　否□	
实训工位是否打扫干净	是□　否□	

任务小结

本任务小结如图 11–13 所示。

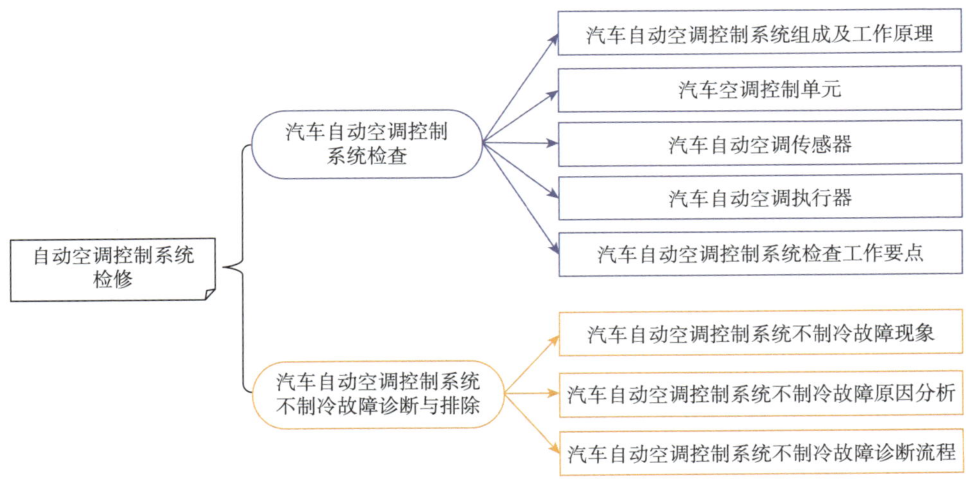

图 11–13　本任务小结

情境三

任务十二 电动座椅控制系统检修

任务导入

场景：某国产智能网联汽车售后维修中心

人物：车主陈女士、维修技师张师傅

情节：车主陈女士驾车出行时，打开点火开关，操作电动座椅调节开关时，发现电动座椅上下、前后、倾斜等调节功能均不能工作，于是将车辆开到维修中心进行维修。维修技师张师傅拟对该车故障进行检修。如果你是维修技师张师傅，如何规范高效地排除该车故障？

任务目标

▸ 能运用电动座椅控制系统的基本组成及工作原理，完成电动座椅调节开关及调节电动机检测。

▸ 能依据故障现象、电路图、故障码及数据流等，完成电动座椅控制系统故障范围确定。

▸ 能正确使用相关检测设备，规范作业流程，完成电动座椅控制系统故障诊断与排除。

任务实施

（一）电动座椅调节开关及调节电动机检测

1. 知识学习

（1）电动座椅的作用

汽车电动座椅的主要功能是为驾驶员提供便于操作、舒适而又安全的驾驶位置，为驾乘人员提供不易疲劳、舒适而又安全的乘坐角度。座椅调节的目的是使驾乘人员舒适，通过调节改变坐姿，减少长时

间驾乘的疲劳。

目前汽车采用电动座椅越来越多，驾驶员通过操纵电动座椅开关，可以将座椅及靠背调整到最佳的位置上，进而获得最佳视野，便于操纵转向盘、踏板、变速杆等，还可以获得最舒适和最习惯的乘坐姿态。乘客也能通过操纵电动座椅开关按钮，调整乘坐姿势，使乘坐更加舒适。汽车电动座椅如图 12–1 所示。

图 12–1　汽车电动座椅

（2）电动座椅的分类

根据使用电动机的数量不同，电动座椅可分为单电动机式、双电动机式、三电动机式、四电动机式和多电动机式等。多电机电动座椅可分为四方向、六方向、八方向等。具有多方位调节功能的电动座椅如图 12–2 所示，其调节方式有座椅的前后滑动调节、座椅后部的上下移动调节、座椅前部的上下移动调节、靠背的前后倾斜调节、腰部支撑调节、侧背支撑调节，以及头枕的上下调节、头枕的前后调节等。

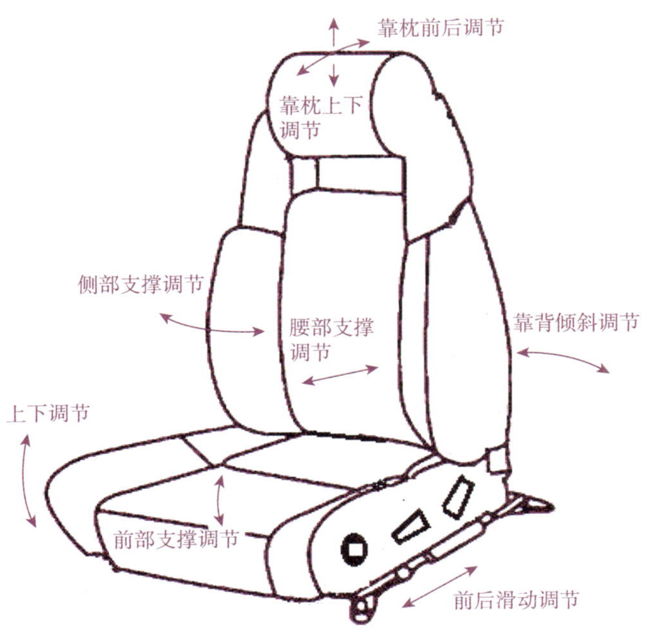

图 12–2　具有多方位调节功能的电动座椅

根据有无存储记忆功能，电动座椅可分为无存储记忆功能和有存储记忆功能两种。有存储记忆功能电动座椅的开关如图 12–3 所示，可以将每次驾驶员或乘客调整电动座椅后的数据存储下来，以备下次恢复座椅位置时使用。

图 12–3　有存储记忆功能电动座椅的开关

根据有无加热器分类，电动座椅可分为无加热器式与有加热器式两种。有加热器式电动座椅，如图 12–4 所示，它可以在冬季寒冷的时候对座椅的坐垫和靠背进行加热，以使驾驶员或乘客乘坐得更为舒适。

图 12–4　有加热器式电动座椅

根据有无通风功能分类，电动座椅可分为无通风功能与有通风功能两种。带通风功能的电动座椅如图 12–5 所示。通风型座椅是利用风扇向座椅内注入空气，借助坐垫和座椅靠背护套中的小孔、泡沫垫中的通道排出。另外，有些座椅还附加了一些特种功能的装置，如在座椅上使用电动气泵，对各个专用支撑气囊（腰椎支撑气囊、侧背支撑气囊、座位前部的大腿支撑气囊）进行充气，起到调节支撑腰椎、侧背、大腿的作用。

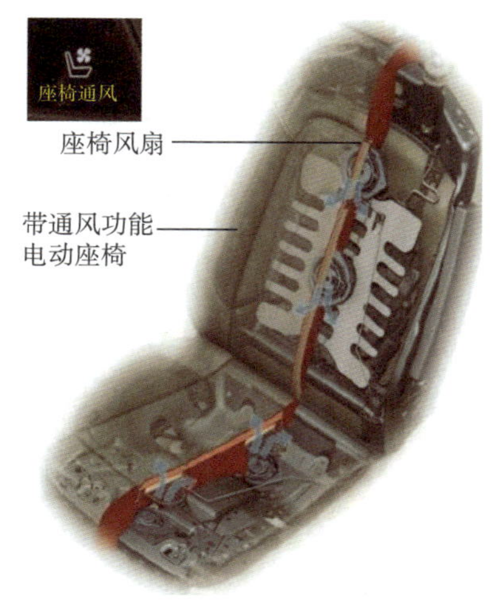

图 12-5　带通风功能的电动座椅

（3）电动座椅的结构

电动座椅的结构如图 12-6 所示，一般由若干个双向控制电动机、传动装置、电动座椅开关及控制器等组成。

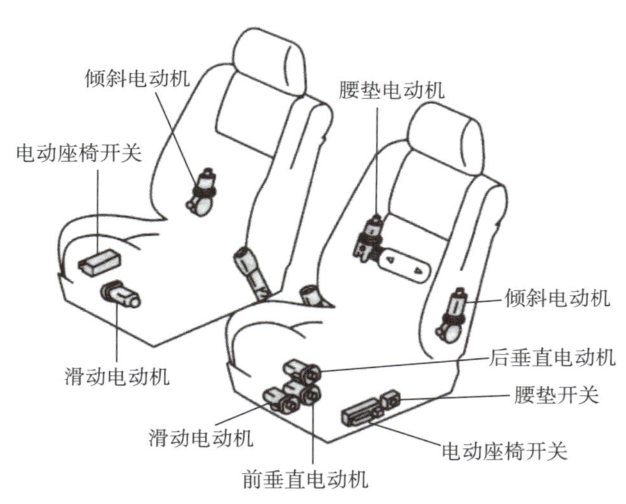

图 12-6　电动座椅的结构

1）电动机

大多数电动座椅的位置调节都采用永磁式直流电动机，且通过控制开关来控制，使某一调节功能的电动机按驾乘人员所需的方向运动，以达到调节座椅的目的。此外，为了防止电动机过载，一般都在电动机内安装有断路器保护。

2）传动装置

传动装置的作用是把动力传至座椅，通过控制开关实现座椅不同位置的调节。传动装置主要包括变速器、联轴节、软轴及齿轮传动机构等。

3）高度调整机构

高度调整机构由蜗杆、蜗轮、心轴等组成，如图 12-7 所示。

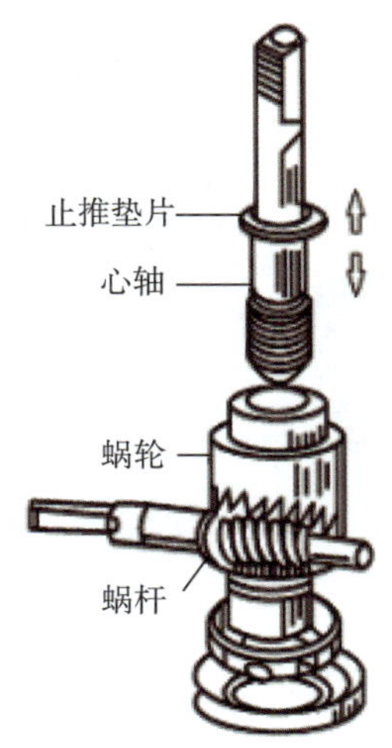

图 12-7 高度调整机构

4）滑动调整机构

滑动调整机构由蜗杆、蜗轮、齿条、导轨等组成，如图 12-8 所示。

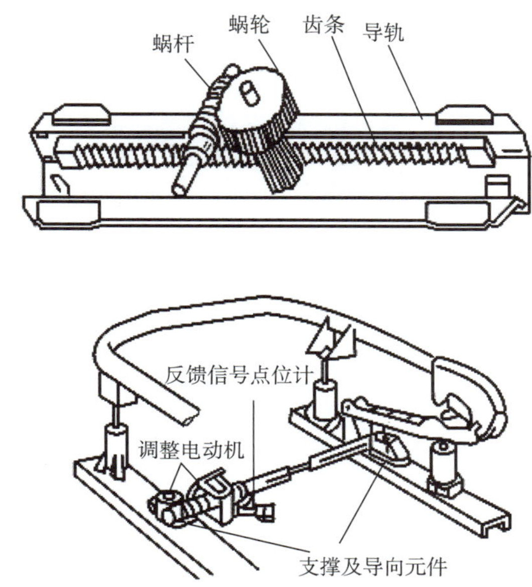

图 12-8 滑动调整机构

5）靠背倾斜调整机构

靠背倾斜调整机构主要由铰链销钉、链轮、内齿轮、外齿轮等组成，如图 12-9 所示。

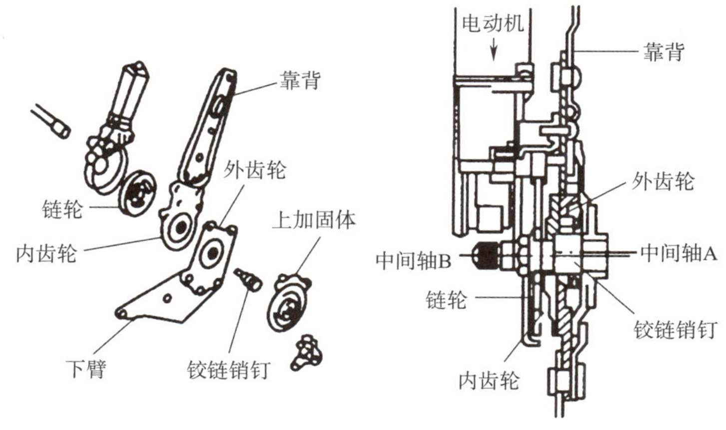

图 12-9　靠背倾斜调整机构

6）腰部支撑调整机构

腰部支撑调整机构主要由电动机、螺母、扭力弹簧、支架等组成，如图 12-10 所示。

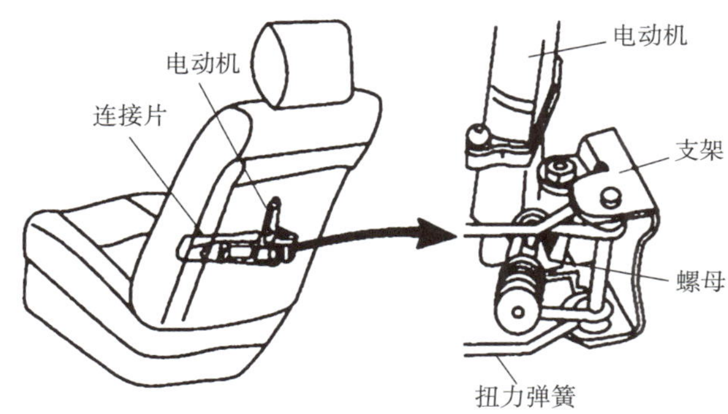

图 12-10　腰部支撑调整机构

7）头枕高度调整机构

头枕高度调整机构主要由电动机、外壳、螺杆及固装在座椅靠背框架上的轴等组成，如图 12-11 所示。

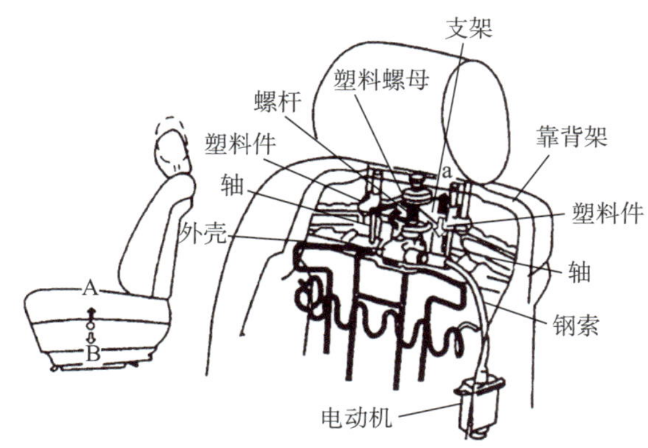

图 12-11　头枕高度调整机构

8）电动座椅开关

电动座椅开关包括座椅调节开关和记忆开关，通常安装在座椅旁边，也有的安装在车门或仪表板上，以方便驾驶员或乘客操控，电动座椅开关如图 12–12 所示。

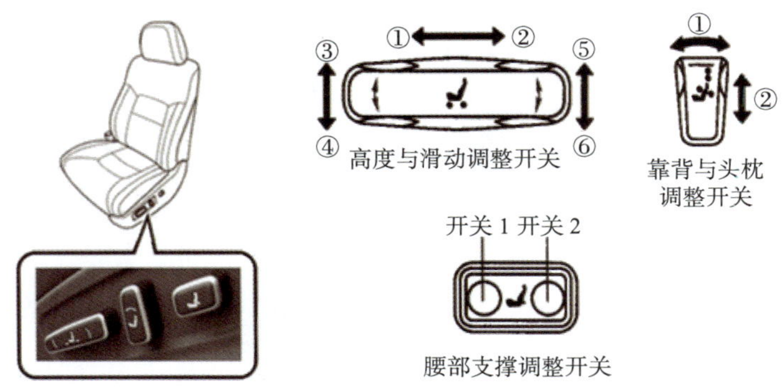

图 12–12　电动座椅开关

（4）电动座椅的基本工作原理

如图 12–13 所示为普通电动座椅控制电路图，该座椅共设置了前垂直电动机、滑动电动机、倾斜电动机、后垂直电动机，分别对座椅前后滑动、前部上下移动、靠背前后倾斜、后部上下移动进行调节。

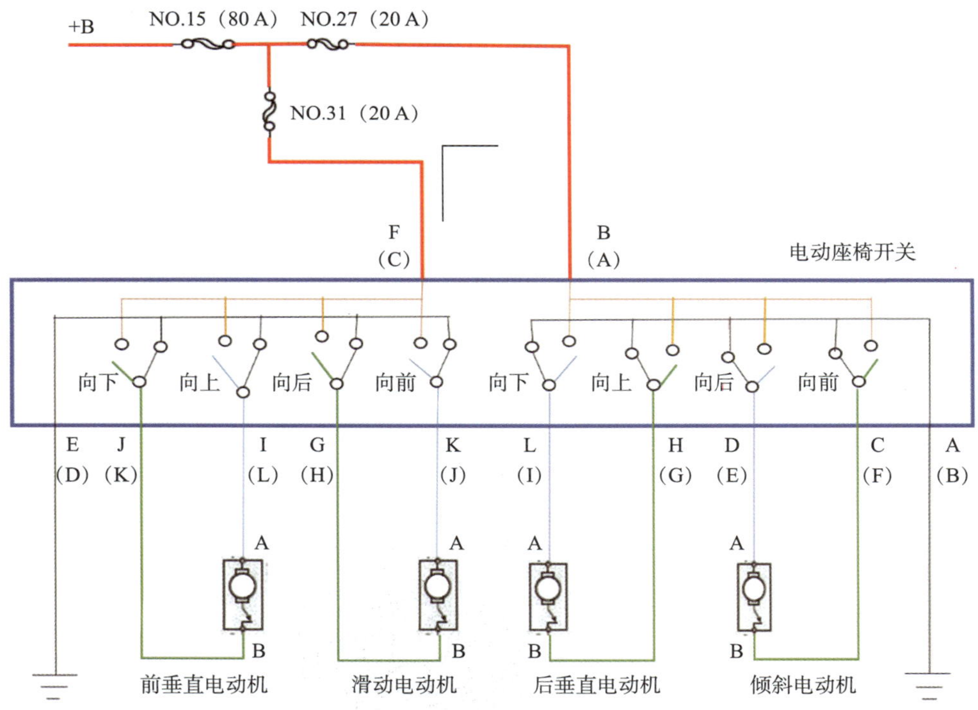

图 12–13　普通电动座椅控制电路

当电动座椅需要向前移动时，开关向前位置闭合，因而使滑动电动机正向通电，电动机正转，座椅向前滑动。

其控制回路为蓄电池正极→ NO.15 → NO.31 → F（C）→向前位置→ K（J）→ A 端子→ B 端子→ G（H）端子→搭铁。

当电动座椅需要向后移动时，开关向后位置闭合，滑动电动机反向通电，电动机反转，座椅向后滑动。

其控制电路为：蓄电池正极→ NO.15 → NO.31 → F（C）→向后位置→ G（H）→ B 端子→ A 端子→ K（J）端子→搭铁。

其他方向调整的工作原理完全相同。

2. 技能操作

（1）操作准备

准备技能操作所需的物料，见表 12–1。

表 12–1　物料准备

类别	所需物料
教学车辆 / 平台	实训整车或电动座椅控制系统实训台
设备、仪器、工具、资料	故障诊断仪、万用表、电源插座、车辆维修手册

（2）电动座椅调节开关检测

松开驾驶员电动座椅装饰盖上的开关旋钮，拆卸驾驶员电动座椅调节开关，对开关各位置之间端子进行检测，将检测结果填写在表 12–2 中。

表 12–2　电动座椅调整开关检测记录

开关位置	开关端子	是否导通	开关位置	开关端子	开关完好时万用表指示
前部升高		是□　否□	后部升高	H 和 A	是□　否□
前部降低		是□　否□	后部降低	L 和 A	是□　否□
水平前移		是□　否□	靠背往前	C 和 A	是□　否□
水平后移		是□　否□	靠背往后	D 和 A	是□　否□

（3）电动座椅调节电动机检测

对驾驶员电动座椅各调节电动机进行检测，将检测结果填写在表 12–3 中。

情境三

表 12-3　电动座椅调节电动机检测记录

电动机名称	操作过程	检测情况	结果判断
前垂直电动机	正向跨接电源－端子 A－跨接端子 B－搭铁	电动机是否正转	是□　否□
	反向连接两根跨接线	电动机是否反转	是□　否□
滑动电动机	正向跨接电源－端子 A－跨接端子 B－搭铁	电动机是否正转	是□　否□
	反向连接两根跨接线	电动机是否反转	是□　否□
后垂直电动机	正向跨接电源－端子 A－跨接端子 B－搭铁	电动机是否正转	是□　否□
	反向连接两根跨接线	电动机是否反转	是□　否□
倾斜电动机	正向跨接电源－端子 A－跨接端子 B－搭铁	电动机是否正转	是□　否□
	反向连接两根跨接线	电动机是否反转	是□　否□

（二）电动座椅控制系统故障诊断与排除

1. 知识学习

（1）带存储记忆功能的电动座椅

带存储记忆功能的电动座椅称为自动座椅，它能自动适应不同体型乘客乘坐舒适性的要求。驾驶员可以按照自身意愿和实际需求进行相应的设定，并将设定信息存储在电动座椅的 ECU 内，在需要时只要按动记忆按钮，就可以调整到设定的最舒适、最方便的位置，即实现电动座椅的自动调整功能。

带存储记忆功能的电动座椅控制系统有手动和自动两套控制装置。手动控制装置包括电动座椅开关和一组座椅位置调整电动机等，驾驶员或乘客可以根据自身需要通过相应的座椅开关来调整，它的控制方式和普通电动座椅完全相同。自动控制装置包括座椅位置传感器、记忆开关（存储复位开关）、ECU 及与手动控制系统共用的一组调整电动机。自动座椅可以根据座椅位置传感器的信号将座椅位置进行存储，以备下次恢复座椅位置时使用。

带存储记忆功能的电动座椅结构与普通电动座椅相似，不同之处是增加了一套电子控制系统，如图 12-14 所示。

1）座椅位置传感器

要实现座椅位置的存储与恢复，则必须有座椅位置传感器。电动座椅位置传感器主要有滑动电位器式和霍尔式等类型。

滑动电位器式位置传感器如图 12-15 所示，主要由驱动齿轮、螺杆、电阻丝、滑块等组成。当电动机驱动座椅的同时，也驱动齿轮带动螺杆，驱动滑块在电阻器上滑动，相当于一个可变电阻，通过电阻器阻值的变化将座椅位置信号转变成电压信号输入 ECU。

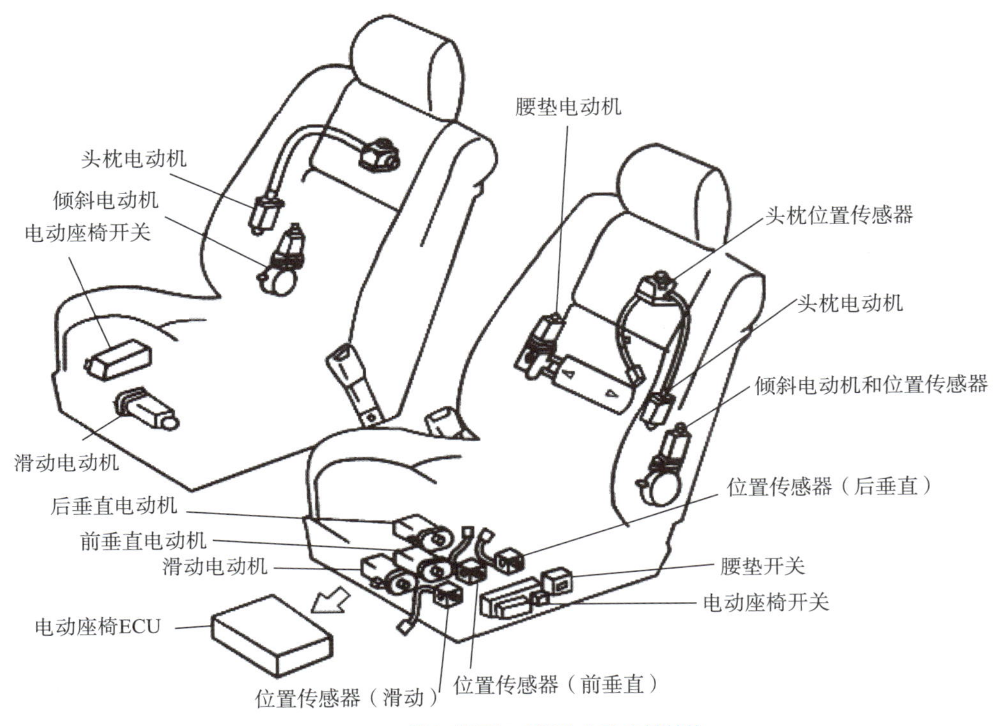

图 12-14　带存储记忆功能的电动座椅结构

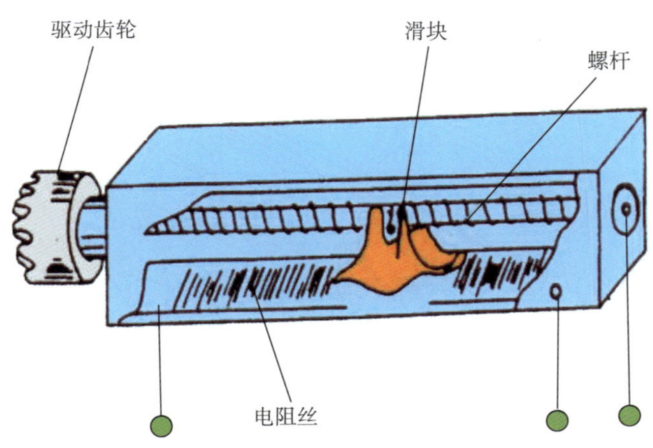

图 12-15　滑动电位器式位置传感器

霍尔式位置传感器有一个永久磁铁（与电动机相连）和霍尔集成电路，如图 12–16 所示。霍尔集成电路将检测由永久磁铁旋转所引起的磁通变化，并将其转换成脉冲电信号，然后再送给电动座椅 ECU。

2）转向柱倾斜与伸缩 ECU

转向柱倾斜与伸缩 ECU 如图 12–17 所示，从驾驶姿势存储复位开关中接收到信号，便立即送出存储指令信号或位置信号给自动座椅 ECU 和外后视镜 ECU，以便控制自动调节系统的存储器和驾驶姿势。

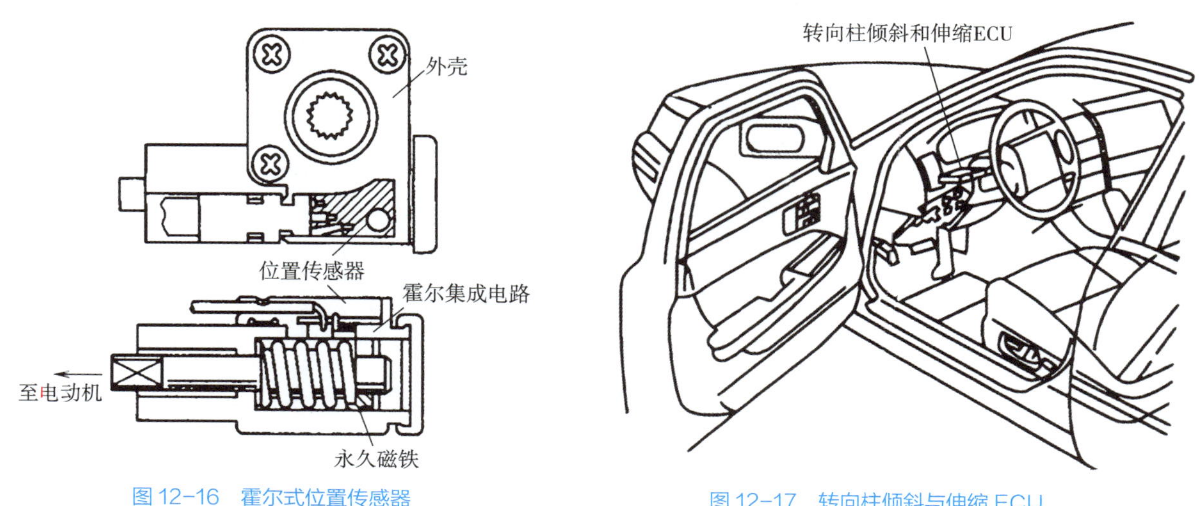

图 12–16　霍尔式位置传感器

图 12–17　转向柱倾斜与伸缩 ECU

3）驾驶位置存储复位开关

驾驶位置存储复位开关如图 12–18 所示，操纵驾驶姿势存储复位开关，座椅位置（如倾斜与伸缩转向柱、外后视镜、安全带的系紧等）即被存储于存储器内。驾驶姿势存储复位开关会使座椅 ECU 调节两个预选座椅位置中的一个。

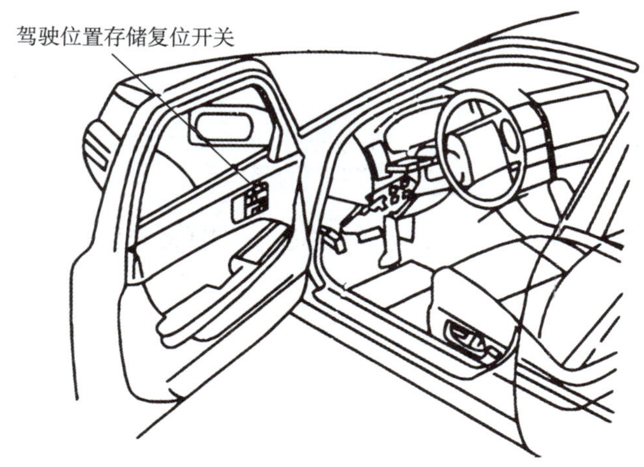

图 12–18　驾驶位置存储复位开关

（2）带存储记忆功能的电动座椅工作原理

带存储记忆功能的电动座椅采用典型的汽车电子控制系统，它能将选定的座椅调节位置进行存储，使用时只要按指定的按键开关，座椅就会自动地调节到预先选定的座椅位置上。带存储功能电动座椅控制示意图如图 12–19 所示。该系统有一个存储器，存储装置通过若干个电位计来控制座椅的调定位置。只要座椅位置调定后，驾驶员按下存储器的按钮，电子控制装置就把这些电压信号存储起来，作为重新调整位置时的基准。使用时，只要一按按钮，就能按存储时的状态来调整座椅的位置。

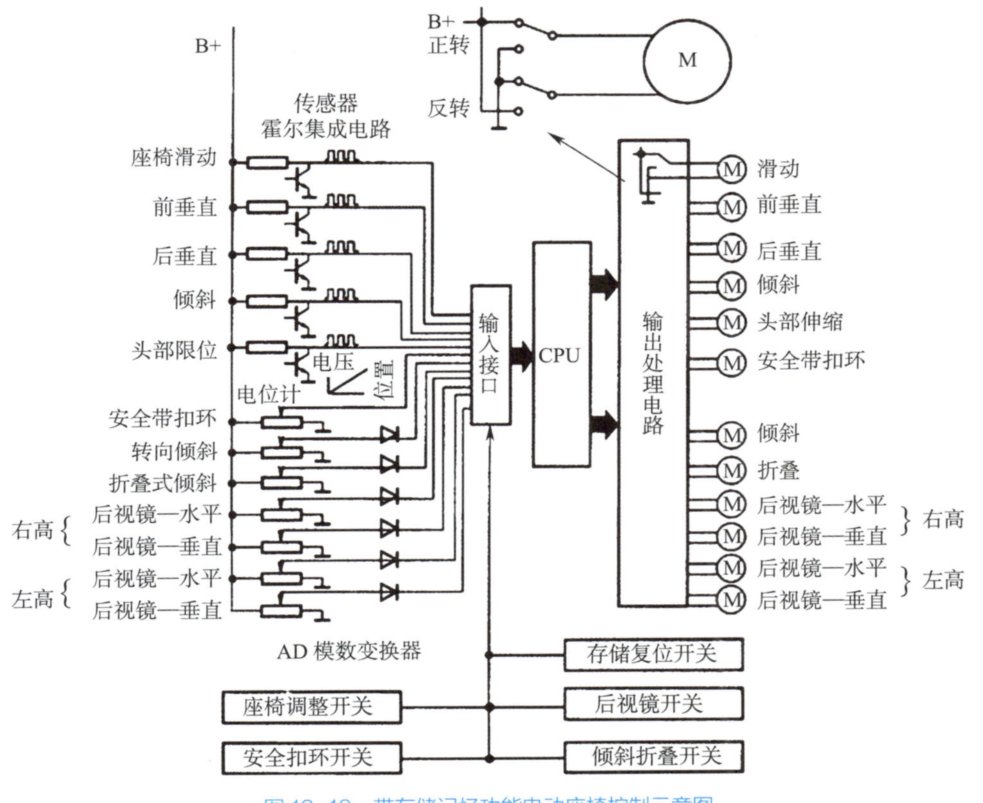

图 12–19　带存储记忆功能电动座椅控制示意图

（3）座椅位置的存储复位及控制

1）信息存储

接通点火开关（ON），变速杆置于停车 P 挡位置。利用手动开关将电动座椅、外后视镜、安全带、倾斜与伸缩转向柱置于所期望的位置。按下座椅位置存储复位开关 1 或 2，如图 12–20 所示，再按下 SET 开关，此时，由各种开关将信号送至转向柱倾斜与伸缩 ECU。

图 12-20　座椅位置存储复位开关

2）选择已存储的座椅位置

按下存储复位开关 1 或 2（可听到约 0.1 s 的蜂鸣声），即可选择已存储的座椅位置（注意：在踩下制动踏板和车辆运行时，禁止进行此项操作，以保证安全），电动座椅位置存储复位开关电路如图 12-21 所示。

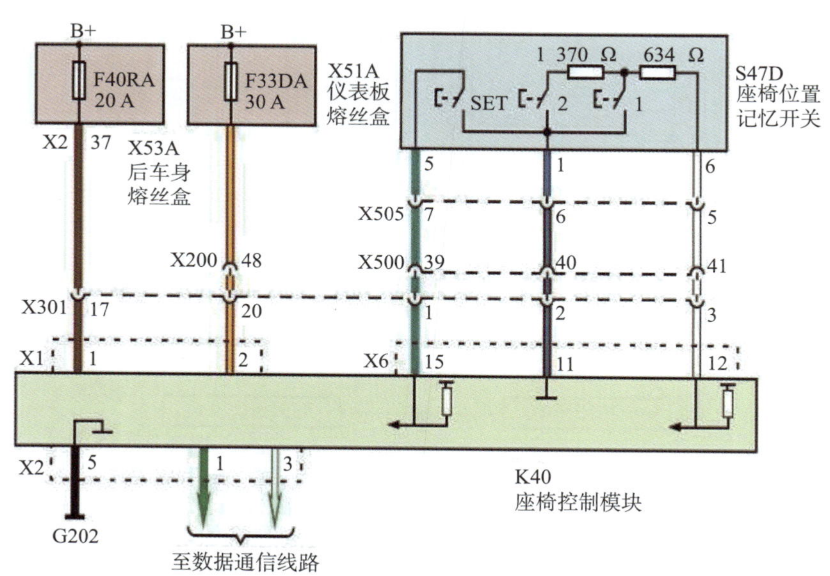

图 12-21　电动座椅位置存储复位开关电路

3）座椅的位置控制

当点火钥匙插入点火开关的钥匙孔内，且将点火开关接通（ON），变速杆置于 P 挡位置时，只要按住存储复位开关 1 或 2，即可重复被存储的信息（或状态），其重复过程是按图 12-22 所示的顺序进行的，即先将座椅向后滑动→靠背后倾→靠背前倾→转向盘上下倾斜或伸缩→座椅向前滑动→前后部垂直调节→头枕位置上下调节的顺序进行自动调节至最舒适的位置（注：外后视镜的重复动作与上述动作无关）。

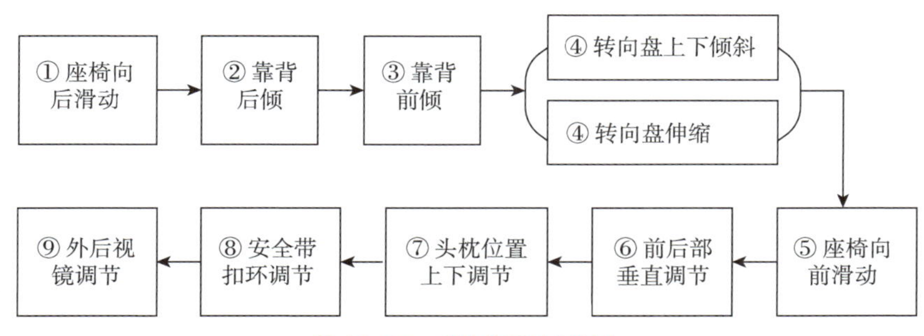

图 12-22　座椅位置控制顺序

（4）电动座椅控制系统故障诊断流程

电动座椅常见故障有完全不动作或某个方向不能动作。

电动座椅完全不动作的主要原因有熔断器断路、线路断路、座椅开关故障等。可以首先检查熔断器是否断路；若熔断器良好，则应检查线路连接是否正常，最后检查开关。对于有存储功能的电动座椅系统，还应检查控制单元（ECU）的电源电路和搭铁线是否正常，若开关、线路等都正常，应检查控制单元。

电动座椅某个方向不能动作的主要原因有该方向对应的电动机损坏，开关、连接导线断路。可以先检查线路是否正常，再检查开关和电动机。

可结合具体情况，利用诊断仪，读取故障码及相关信息，进行综合分析诊断，诊断流程如图 12-23 所示。

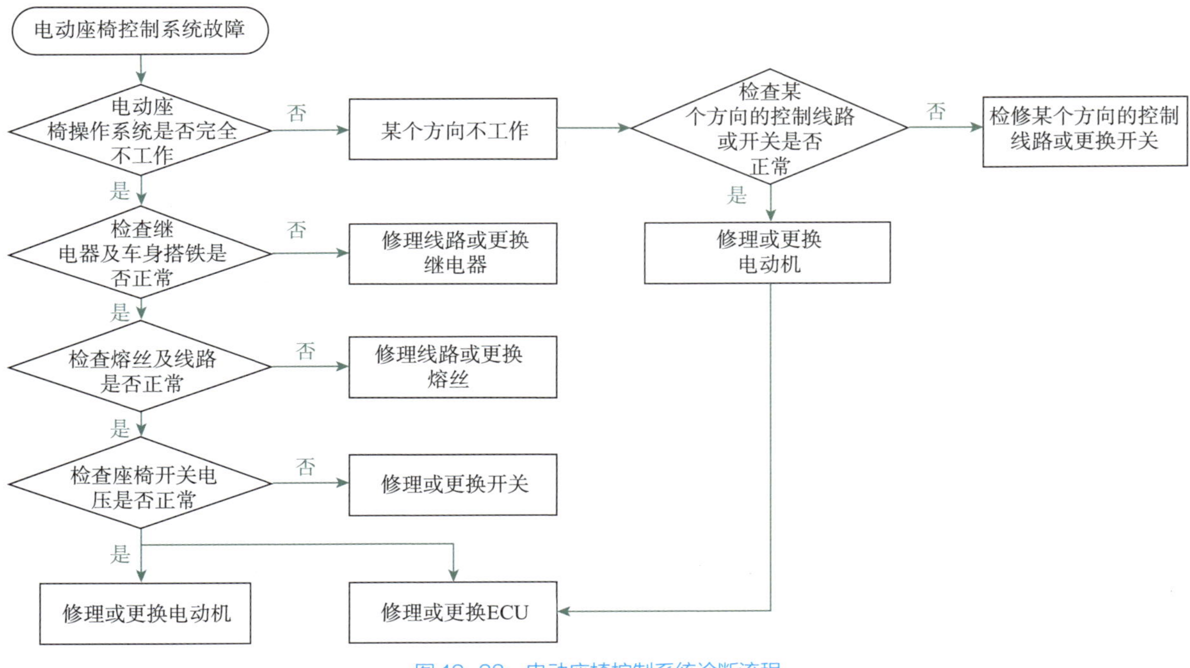

图 12-23　电动座椅控制系统诊断流程

2. 技能操作

（1）操作准备

准备技能操作所需的物料，见表 12–4。

表 12-4　物料准备

类别	所需物料
教学车辆 / 平台	实训整车或燃油供给系统实训台
设备、仪器、工具、资料	故障诊断仪、万用表、电源插座、车辆维修手册

（2）电动座椅控制系统故障诊断与排除操作

1）确认故障现象，读取故障码及数据流

读取实训车辆整车及电动座椅控制系统故障码及数据流，将电动座椅控制系统故障相关信息填写在表 12–5 中。

表 12-5　电动座椅控制系统故障码及数据流记录

序号	故障码及数据流名称	故障码及数据流参数
1		
2		
3		
4		
5		
6		

2）拆画电路图

查阅所维修车型的电路图、维修手册，拆画实训车辆电动座椅控制系统电路图，画在图 12–24 中。

图 12-24　实训车辆电动座椅控制系统电路图

3）电动座椅记忆开关的检修

对电动座椅记忆开关进行检测，将检测结果填入表 12-6 中。

表 12-6　电动座椅记忆开关的检测

万用表连接	开关条件	标准值	测量值	是否正常
	没有按下任何按钮			是□　否□
	按下按钮 SET			是□　否□
	按下按钮 1			是□　否□
	按下按钮 2			是□　否□

4）位置传感器电路的检修

对位置传感器控制电路进行检测，将检测结果填写在表 12-7 中。

表 12-7　位置传感器检测记录

序号	项目	检测条件	标准值	实测值	是否正常
1	K40- 传感器线路				是□　否□
2	传感器电源测试	打开点火开关	>10.8 V		是□　否□
3	传感器信号测试		0.3~2 V		是□　否□

检查评估

对本任务的学习情况进行检查，并将相关内容填写在表 12-8 中。

表 12-8　检查表

检查项目	检查结果	结果点评
电动座椅调节开关及调节电动机检修		
是否完成电动座椅调节开关检测	是□　否□	
是否完成电动座椅调节电动机检测	是□　否□	
电动座椅功能是否正常	是□　否□	
电动座椅控制系统故障诊断与排除		
故障码读取及数据流分析是否正确	是□　否□	
电动座椅控制电路检测项目是否正确	是□　否□	
故障诊断过程是否规范	是□　否□	
故障排除结果是否验证	是□　否□	
电动座椅功能是否恢复正常	是□　否□	
工作页记录是否完整	是□　否□	
现场管理		
工具设备是否整理并放至指定位置	是□　否□	
实训工位是否打扫干净	是□　否□	

任务小结

本任务小结如图 12-25 所示。

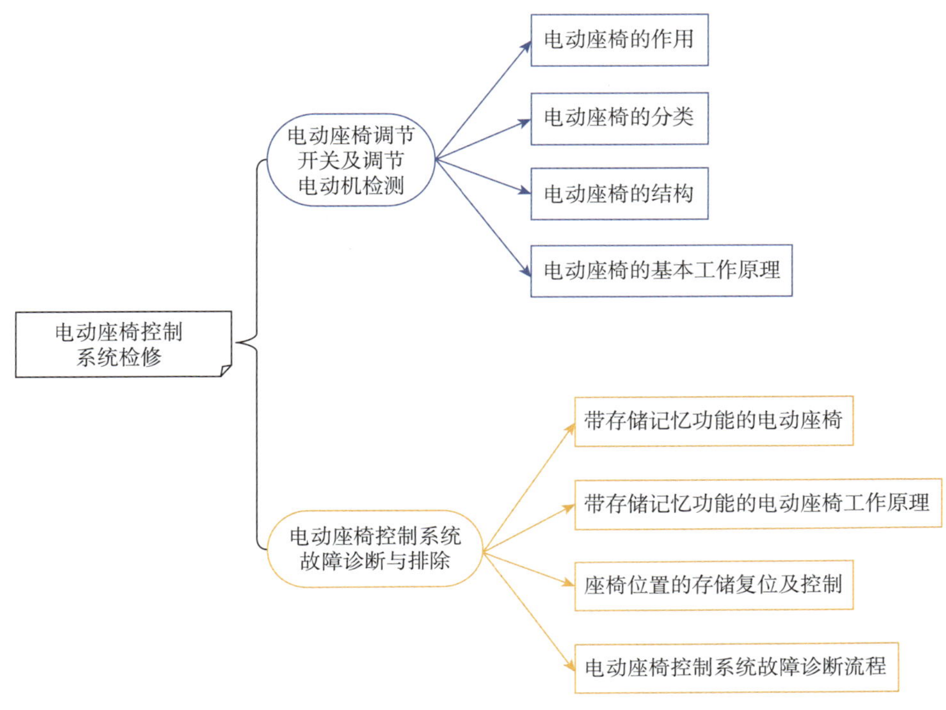

图 12-25　本任务小结

情境三

任务十三 电控中央门锁控制系统检修

任务导入

场景：某国产智能网联汽车售后维修中心

人物：客户杨先生、维修技师李师傅

情节：杨先生停车时，按下遥控锁车键，车门锁没动作，车门不能上锁，于是联系售后维修中心寻求帮助，维修中心技师李师傅拟对该车进行故障诊断与排除。如果你是维修技师李师傅，如何规范、高效地排除该车故障？

任务目标

- 能运用电控中央门锁控制系统组成和工作原理，完成电控中央门锁控制系统的检查。
- 能依据故障现象、电路图、故障码及数据流分析，完成电控门锁控制系统故障范围确定。
- 能正确使用相关检测设备，规范作业流程，完成电控门锁控制系统故障诊断与排除。

任务实施

（一）电控中央门锁控制系统检查

1. 知识学习

（1）电控中央门锁控制系统功能

电控中央门锁是汽车安全控制的重要部分，可利用智能钥匙遥控或感应开闭车门锁、行李舱盖，电控中央门锁性能关系汽车的安全性和客户体验，在车辆闭锁状态下，电控中央门锁应防止车门被未授权

打开，从而保证车内财产安全；在车辆行驶状态下，电控中央门锁既要保证门锁不被异常打开，又要确保碰撞发生时门锁能及时开启，以确保车内人员安全。近年来，汽车普遍采用无钥匙进入系统，即采用无线射频识别技术，通过感应车主随身携带的智能钥匙中的芯片，自动开闭门锁和行李舱盖，如图 13–1 所示。

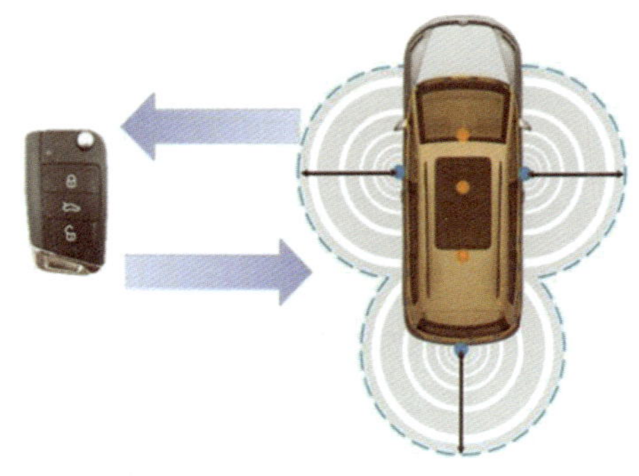

图 13–1 无钥匙进入系统示意图

（2）电控中央门锁控制系统组成

如图 13–2 所示，电控中央门锁控制系统主要由智能钥匙、进入及启动控制单元、车载电网控制单元、防盗锁止系统控制单元、左前车门控制单元、右前车门控制单元、左后车门控制单元、右后车门控制单元、行李舱盖控制单元、防盗锁止系统控制单元等组成，在电控中央门锁控制系统中，除左前车门控制单元与左后车门控制单元，右前车门控制单元与右后车门控制单元之间是用 LIN 总线传动数据信息外，其他各控制单元之间通过舒适系统 CAN 数据总线交换数据信息。

（3）电控中央门锁控制系统工作原理

如图 13–3 所示，汽车钥匙位于车辆附近，按下智能钥匙解锁键，或者如果握住车门把手，相关的车门外把手接触传感器向进入及启动许可控制单元发送这一消息，进入及启动许可控制单元通过一条单独的导线唤醒车载电网控制单元，随后位于车门外把手接触传感器相同触摸位置的天线向已匹配的钥匙发送一个特定的查询码（125 kHz 低频信号）。这同样适用于操作行李厢盖把手的情况。已获得授权的钥匙识别到其信号，并以 433 MHz 的高频信号向车载电网控制单元发送中控锁和智能钥匙识别的转换代码。车载电网控制单元检查数据的可靠性。如果是可靠的钥匙基本数据，则车载电网控制单元唤醒舒适系统 CAN 数据总线。车载电网控制单元向进入及启动许可控制单元发送钥匙数据，进入及启动许可控制单元检查数据并向车载电网控制单元发送“OK”信息。车载电网控制单元通过舒适系统 CAN 数据总线向车门控制单元发送一个车门解锁命令，车门实现解锁。闭锁时，工作过程基本相同。

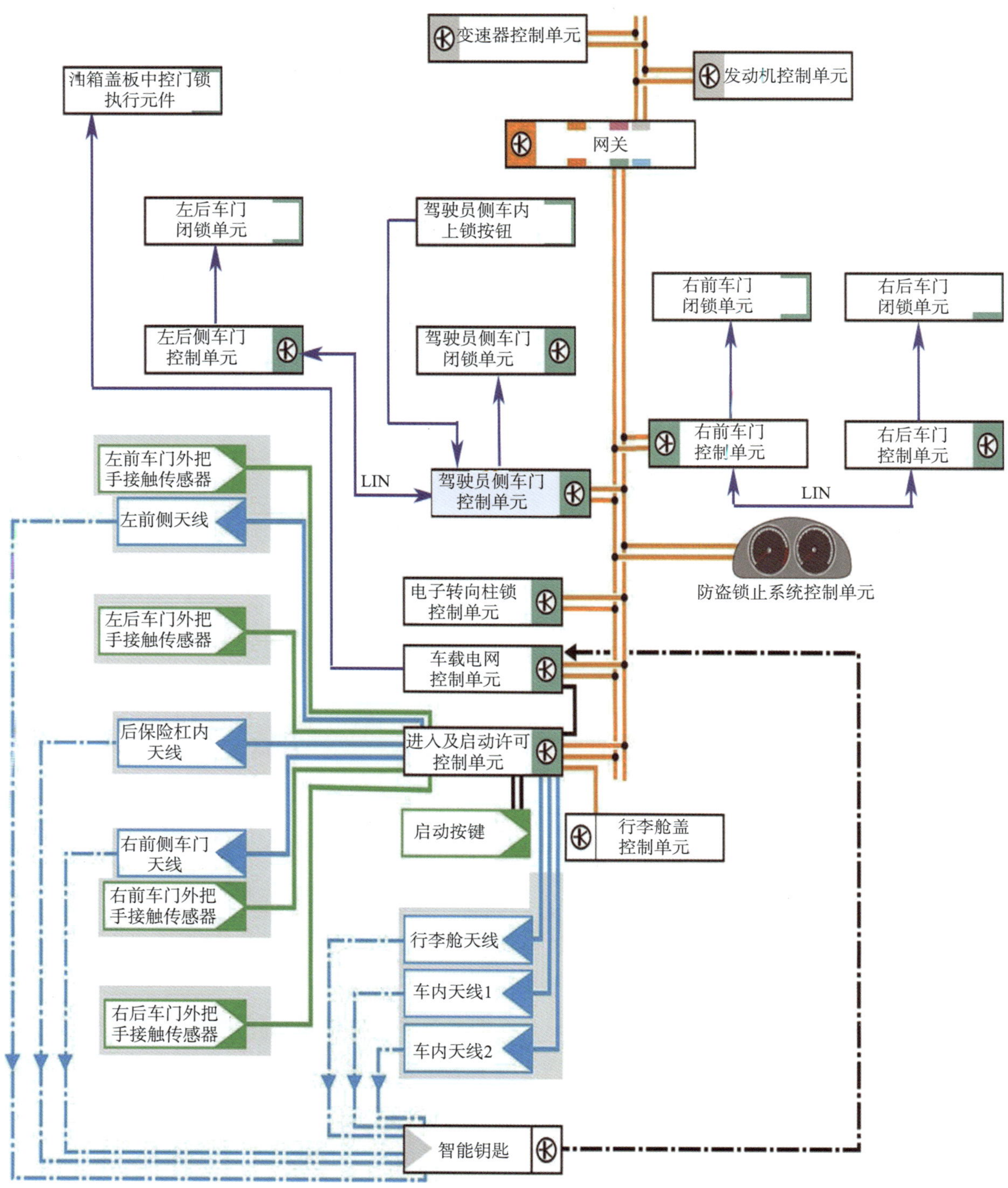

图 13-2　电控中央门锁控制系统组成

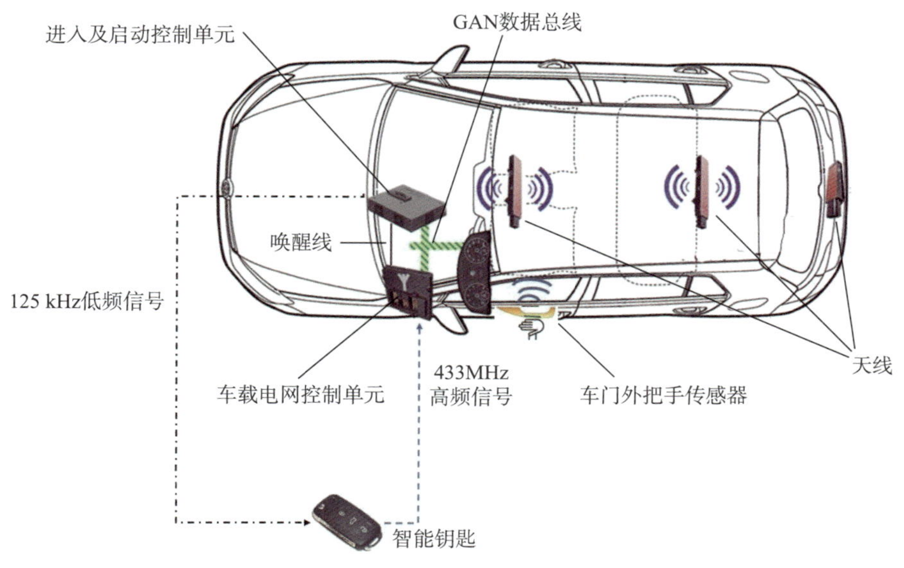

图 13-3　电控中央门锁控制系统工作原理示意图

1）车门外把手接触传感器

配置无钥匙进入系统车辆，每个车门均安装车门把手接触传感器，其集成在车门外把手上，分“解锁”传感器区域和“锁止”传感器区域，如图 13-4 所示，它由进入及启动系统天线、带电子系统的印刷电路板等组成。

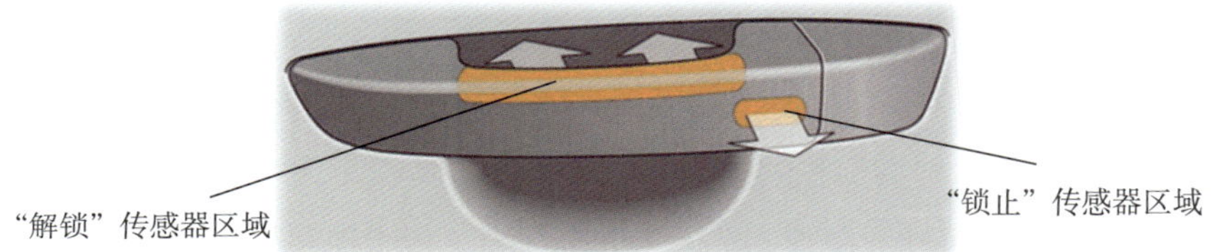

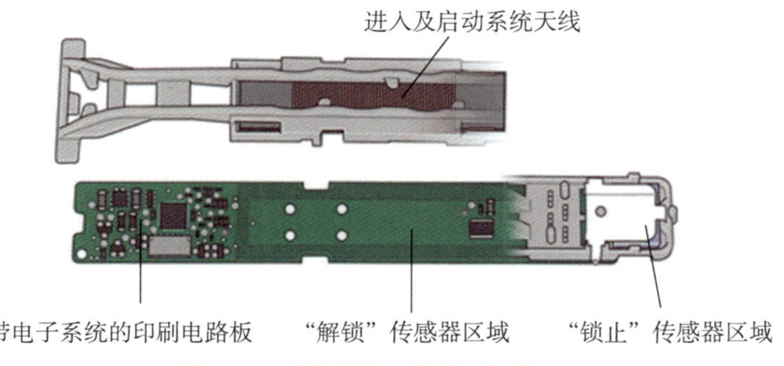

图 13-4　车门外把手传感器组成

车门外把手传感器电路原理如图 13-5 所示，当人手靠近汽车门把手后，车门外把手传感器向进入及启动控制单元发出一个感应脉冲，然后进入及启动控制单元驱动低频天线向外发送请求信号，遥控钥匙接收到此信号并对进入及启动控制单元响应识别身份的射频信号，身份识别完成后，最后由车门控制单元控制车门自动解锁。

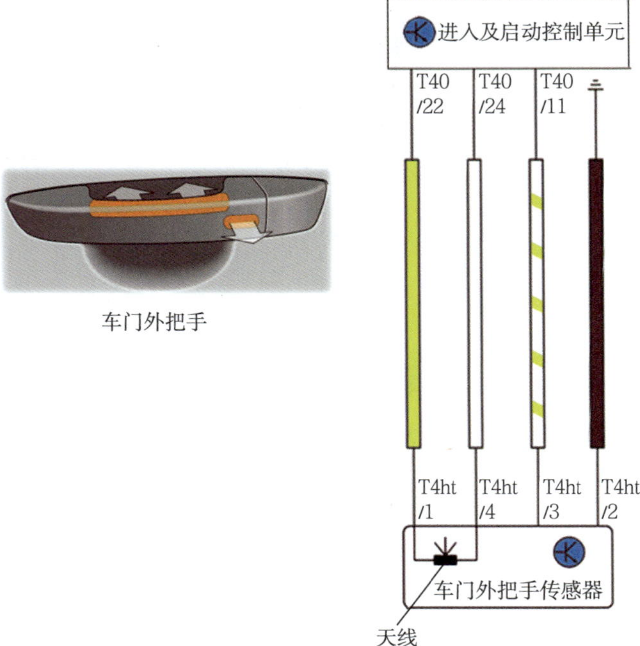

图 13–5　车门外把手传感器电路原理

2）进入及启动系统控制单元

进入及启动系统控制单元是电控中央门锁控制系统的核心部件，安装在仪表板横梁靠近转向管柱右侧，如图 13–6 所示，它负责处理信号、唤醒舒适系统数据总线并查询防盗锁止系统控制单元，决定是否允许接通电源。当进入及启动系统控制单元读取车门把手传感器和行李舱门开启按钮信息，通过低频天线向智能钥匙发出低频信号，合法的智能钥匙接收到低频信号后，向车载电网控制单元发送高频信号，在防盗控制单元确认钥匙合法后，激活整个无钥匙进入及启动系统，并向车门控制单元传输车门解锁信号；如果防盗器识别出是非合法钥匙时，无钥匙进入过程立刻停止。

为确定车内是否有授权钥匙，进入及启动系统控制单元针对已匹配的钥匙通过车内天线发送一个查询码（125 kHz 低频信号）。授权钥匙识别到其信号编码并向车载电网控制单元发送一个 433 MHz 的高频信号。车载电网控制单元将应答器数据转发给防盗锁止系统控制单元。防盗锁止系统控制单元检查高频信号。如果为授权钥匙，则防盗锁止系统控制单元通过舒适系统 CAN 数据总线向电子转向柱锁控制单元发送一个电子转向柱解锁指令。

进入及启动控制系统控制单元通过车外天线，判断智能钥匙是否在有效范围内，用于开启车门，通过车内天线，判断钥匙是否在车内，用于启动车辆。

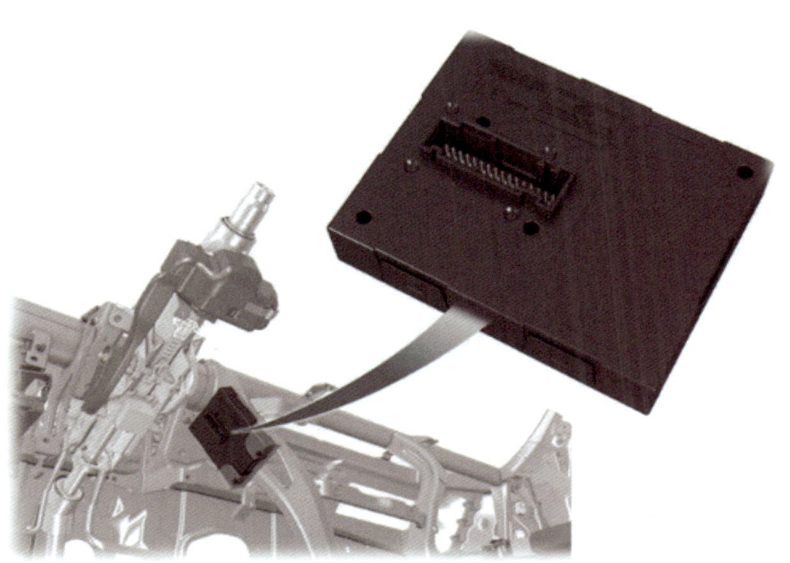

图 13-6　进入及启动控制单元安装位置示意图

（4）电控中央门锁控制系统工作过程

门锁的控制可分为车内控制和车外控制两种方式。车内控制可通过车门上门锁按钮来执行，车外控制可以通过“无钥匙进入（视车辆配置）”“遥控器”或“车门锁孔中控开关”来执行。

1）无钥匙开闭

如图 13-2 所示，触摸其中一个车门把手接触传感器（有的车型只有驾驶员侧门把手能开启所有车门，有的车型两前门均可以开启所有车门，其他车门门把手只能开启自身车门，有的车型四个车门均可以开启所有车门），即可唤醒进入及启动系统控制单元，进入及启动系统控制单元被唤醒后，一方面通过唤醒线唤醒车载电网控制单元（车载电网控制单元持续向唤醒信号线提供蓄电池电压、进入及启动系统控制单元短时间拉低唤醒线的高电平），另一方面进入及启动系统控制单元向该侧车门室外天线发送 125 kHz 低频信号（包括钥匙唤醒信息、ID 码询问信息等）；已授权的钥匙被唤醒后指示灯会闪烁，并验证 ID 码，若合法，则发出 433 MHz 的高频信息（含钥匙 ID 码、钥匙接收到的天线信息），车载电网控制单元通过内置高频天线接收钥匙信息，验证钥匙 ID 码，若合法，则唤醒舒适系统 CAN 数据总线，同时通过网关进一步唤醒动力 CAN 总线。

闭锁时，其工作过程基本相似，只是车辆反应略有不同。

2）遥控钥匙开闭

在车辆天线识别信息范围内，轻按智能钥匙上的解锁按钮，智能钥匙向防盗控制单元发送高频识别信号和中控门锁解锁请求；防盗控制单元通过天线，接收到识别信号和中控门锁解锁请求，确认识别信号来自合法钥匙后，车载电网控制单元向各车门控制单元传输中控门锁解锁指令，各车门控制单元执行机构解开门锁，车门控制单元向车载电网控制单元反馈中控门锁状态；解锁和闭锁车辆时，所有转向信号灯会闪亮（闪亮次数因车型不同而有所差异）。

3）行李舱盖控制

行李舱盖控制有车内控制和车外控制两种方式，车内控制主要通过开启按钮来执行，车外控制可以通过遥控器钥匙开锁和无钥匙进入及启动系统开锁。

如图 13-7 所示，行李舱盖通过无钥匙进入及启动系统开锁，开锁人员在车后中部，在保险杠下面抬起一只脚，快速做出伸入和撤出动作，从而使脚部进入和离开电容传感器的检测区域，行李舱盖控制单元识别到这一信号，通过 LIN 总线向进入及启动系统控制单元发出信息，进入及启动系统控制单元通过后保险杠内用于进入及启动系统的天线（125 kHz 的低频信号），检查在车尾区域是否至少存在一个遥控钥匙，如果系统检测到，则在高位制动灯（位于后窗玻璃上部区域）亮起后，打开行李舱盖。

图 13-7　行李舱无钥匙开锁示意图

（5）电控中央门锁控制系统检查内容及方法

检查时，确保车辆处于无线控制功能可以工作的区域内。

1）检查定制参数

定制参数通常可以用故障诊断仪和多功能显示屏两种方法进行设定。

使用故障诊断仪进行定制参数检查。将故障诊断仪连接到诊断接口，打开点火开关，打开故障诊断仪，进入 Customize Setting / Wireless Door Lock 菜单。根据定制参数参考表 13-1 进行选择设定。

表 13-1　定制参数参考表

检测仪显示	说明	默认	设定
Wireless Control	该功能用于打开或关闭无线门锁控制系统	ON	0：关闭，1：打开
Hazard Answer Back	通过无线操作锁止车门时，该功能使危急警告灯闪烁一次，通过无线操作开锁车门时，该功能使危急警告灯闪烁两次	ON	0：关闭，1：打开
Unlock 2 Operation	按下电子钥匙发射器分总成上的开锁开关一次时，该功能开锁驾驶员车门，按下两次时开锁所有车门。如果此设定为 OFF，则按下开锁开关一次将开锁所有车门	OFF	0：关闭，1：打开
Trunk Lid Operation	该功能改变使用电子钥匙发射器分总成打开行李舱门的操作方法 1tim ON：按下行李舱门开启开关一次 2tim ON：按下行李舱门开启开关两次 Long1：按住行李舱门开启开关 0.8 s Long2：按住行李舱门开启开关 1.6 s Prohibit：无线行李舱门开启功能关闭	Long1	000：1tim ON， 001：2tim ON， 010：Long1， 011：Long2， 111：Prohibit
Auto Lock Time	该功能调整车门开锁和自动重新锁止的间隔时间	30 s	00：30 s， 01：60 s，10：120 s

使用多功能显示屏进行定制，打开发动机点火开关，进入 MENU / Setup / Vehicle / Vehicle customization / Door lock settings 菜单。根据定制参数参考表 13-2 进行选择设定。

表 13-2　定制参数参考表

检测仪显示	说明	默认	设定
Remote 2-press unlock	按下电子钥匙发射器分总成上的开锁开关一次时，该功能开锁驾驶员侧车门，按下两次时开锁所有车门。如果此设定为 OFF，则按下开锁开关一次将开锁所有车门	OFF	ON 或 OFF
Auto relock timer	该功能调整车门开锁和自动重新锁止的间隔时间	30 s	30 s、60 s 或 120 s
Lock/unlock feedback lights	通过无线操作锁止车门时，该功能使危急警告灯闪烁一次，通过无线操作开锁车门时，该功能使危急警告灯闪烁两次	ON	ON 或 OFF

2）检查基本功能

按住各开关 5 s 时，检查并确认电子钥匙发射器分总成 LED 亮起并熄灭 3 次。

提示：

如果按住开关 5 s 或更长时间，发射器 LED 亮起一次或两次但第三次不亮，则可能是电池电量不足。

按下锁止开关时，检查并确认所有车门锁止。按下开锁开关时，检查并确认所有车门开锁。按下行李舱门开启开关并保持 0.8 s 或更长时间时，检查并确认行李舱门打开。

3）检查防抖动功能

按住电子钥匙发射器分总成上的锁止或开锁开关，检查并确认在按住开关时相应操作只进行一次，不会连续重复操作。然后以 1 s 的间隔反复按下开关，检查并确认执行相应操作。

4）检查开关操作失效保护功能

检查并确认操作未注册的电子钥匙发射器分总成上的开关时，车门不能锁止或开锁，而操作已注册的电子钥匙发射器分总成上的开关时车门可以锁止或开锁。

5）检查重复功能

检查并确认驾驶员车门控制旋钮保持在开锁位置时，按下锁止开关 1 s 后，所有车门尝试自动锁止。

6）检查自动锁止功能

检查并确认如果在按下开锁开关开锁所有车门后约 30 s 内尚未打开任一车门或未锁止所有车门，则车门会自动锁止。

检查并确认按下开锁开关开锁车门后约 30 s 内打开任一车门时，自动锁止功能不工作。

检查并确认按下开锁开关开锁车门后约 30 s 内手动锁止所有车门时（如使用钥匙联动操作或按下锁止开关），自动锁止功能不工作。

7）检测应答（危急警告灯）功能

按下锁止开关时，检查并确认所有车门锁止的同时，危急警告灯闪烁一次。按下开锁开关时，检查并确认所有车门开锁的同时，危急警告灯闪烁两次。

8）车门打开或微开时，检查车门锁止停止功能。

车门打开或微开，检查并确认操作锁止开关能不能锁止车门。

2. 技能操作

（1）操作准备

准备技能操作所需的物料，见表 13–3。

表 13-3　物料准备

类别	所需物料
教学车辆 / 平台	实训整车
设备、仪器、工具、资料	故障诊断仪、万用表、电源插座、车辆维修手册

（2）电控中央门锁控制系统检查

对电控中央门锁控制系统（进入及启动系统工作情况）进行检查，将检查结果记录在表 13-4 中。

表 13-4　电控中央门锁控制系统检查记录表

序号	设定或检查项目	检查结果
1	基本功能检查	
2	发动机启动式智能钥匙所在区域设定	
3	解锁模式设定	
4	门锁传感器接触时间设定	
5	行李舱开启模式设定	
6	智能钥匙低电量警示提醒	
7	检查开关操作失效保护功能	
8	检查自动锁止功能	

（二）电控中央门锁控制系统故障诊断与排除

1. 知识学习

（1）门锁电动机控制原理

门锁电动机控制原理如图 13-8 所示，车门控制单元通过 T20/13 至门锁电动机的 T8t/7 之间的线路连接到电动机的一个碳刷，同时通过 T20/11 至门锁电动机的 T8t/6 之间的线路连接到电动机的另一个碳刷。车门控制单元给门锁电动机输送正向电压时，电动机正转，当车门控制单元给门锁电动机输送反向电压时，电动机实现反转，从而带动机械机构闭锁或开启车门锁止机构。

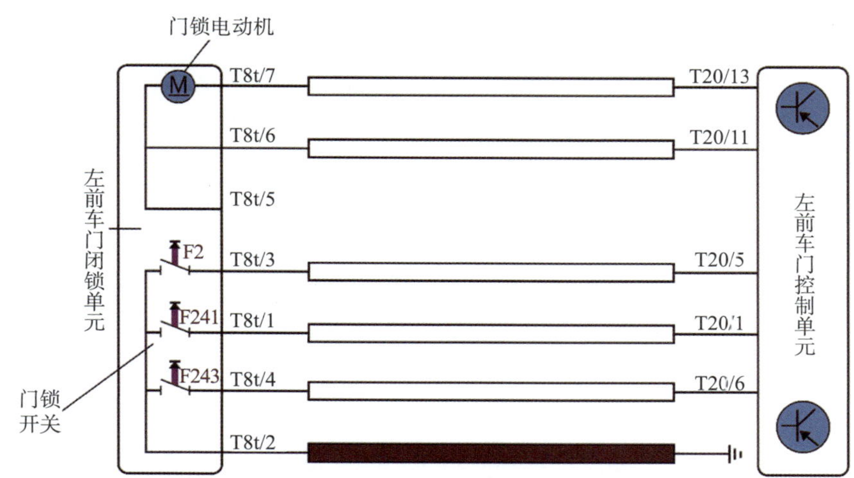

图 13-8　门锁电动机控制原理

（2）电控中央门锁控制系统故障现象及故障原因分析

电控中央门锁电机控制典型的故障现象主要有所有车门不能闭锁，所有车门不能开锁，所有车门不能开锁和闭锁，单个或多个车门不能闭锁，单个或多个车门不能开锁，行李舱门不能开锁，行李舱门不能闭锁，油箱盖不能闭锁。

按压遥控器上的开锁、闭锁和行李舱锁按键，观察车辆外部警告灯闪烁是否正常。如果车辆外部警告灯在开锁和闭锁时都闪烁异常，则存在以下故障：遥控钥匙电池电量不足；遥控钥匙损坏；遥控钥匙和车辆不匹配；进入控制系统有故障（电源、通信）；车载电网控制单元有故障（电源、通信）；系统天线有故障和存在电磁干扰。如果车辆外部警告灯只在开锁或闭锁时闪烁异常，则遥控钥匙对应的功能按键、内部线路板故障。

检查时仔细倾听在按压遥控器上的开锁或闭锁按键时，是否听到门锁电动机动作的声音。同时在开锁时，所有车门应能拉开；在闭锁时，所有车门应不能拉开。如果在开锁或闭锁时外部灯闪烁、无门锁电动机动作的声音，且车门无法拉开或锁止，则车载电网控制单元存在故障和舒适系统 CAN 数据总线故障。如果在开锁或闭锁时只是个别车门无法闭锁或解锁，则存在以下故障。

1）某车门控制单元的电源、通信、本身故障。

2）某车门门锁电动机的控制、开关信号故障。

3）左右车门 LIN 总线故障。

4）左右前车门之间舒适系统 CAN 数据总线故障。

使用机械钥匙，通过驾驶员侧车门把手上的锁芯打开中央门锁时，驾驶员侧车门应能正常打开，其他车门无法打开；闭锁时，所有车门应能锁止，无法打开。如果无法打开驾驶员侧车门，则存在以下故障。

1）驾驶员侧车门锁机械机构故障。

2）机械钥匙不匹配。

3）锁芯出现故障。

如果无法锁止所有车门，则存在以下故障。

1）驾驶员侧车门门锁电动机的控制、开关信号故障。

2）驾驶员侧车门控制单元故障。

3）舒适系统 CAN 数据总线故障。

如果在闭锁时只是个别车门无法锁止，则存在以下故障。

1）某车门控制单元故障。

2）某车门门锁电动机的控制、开关信号故障。

3）车门 LIN 总线故障。

4）舒适系统 CAN 数据总线故障。

按压遥控器上的行李舱锁按键，行李舱应能正常打开，如果行李舱不能打开，则存在以下故障。

1）行李舱锁执行元件控制及本身存在故障。

2）车载电网控制单元故障。

3）遥控器出现故障。

4）行李舱盖控制单元有故障。

打开车门，拉动驾驶员侧车门上的行李舱开锁按钮，行李舱应能正常打开，如果行李舱不能打开，则存在以下故障。

1）行李舱开锁按钮本身及线路有故障。

2）行李舱锁执行元件控制及本身有故障。

3）驾驶员侧车门控制单元有故障。

4）车载电网控制单元有故障。

打开车门，一名操作人员入座驾驶员座椅后，关闭所有车门，按压驾驶员侧车门上的闭锁键，从内部应能打开所有车门，另一名操作人员在外部应无法打开所有车门；按压驾驶员侧车门的上锁按钮上的开锁键，从内部应能打开所有车门，另一名操作人员在外部也能打开所有车门。如果无法锁止或解锁所有车门，则存在以下故障。

1）闭锁按钮本身或线路有故障。

2）驾驶员侧车门控制单元有故障。

如果只是无法锁止或解锁所有车门（单一功能失效），则可能为闭锁按钮 E308 中解锁或闭锁按键、内部电路板故障；如果在开锁或闭锁时只是个别车门无法锁止或解锁，则存在以下故障。

1）某车门控制单元有故障。

2）某车门门锁电动机的控制、开关信号故障。

3）车门 LIN 总线有故障。

情境三

4）车门舒适系统 CAN 数据总线有故障。

按压油箱盖，油箱盖应能正常打开。如果油箱盖无法打开，则油箱盖板中的中央门锁执行元件有故障。

(3) 电控中央门锁控制系统故障诊断流程

如果电控中央门锁出现异常，应根据其结构和工作原理以及故障码、数据流，通过电路图进行综合分析诊断，重点检查相关信号、部件电源、保险、线路以及部件本身，诊断流程如图 13-9 所示。

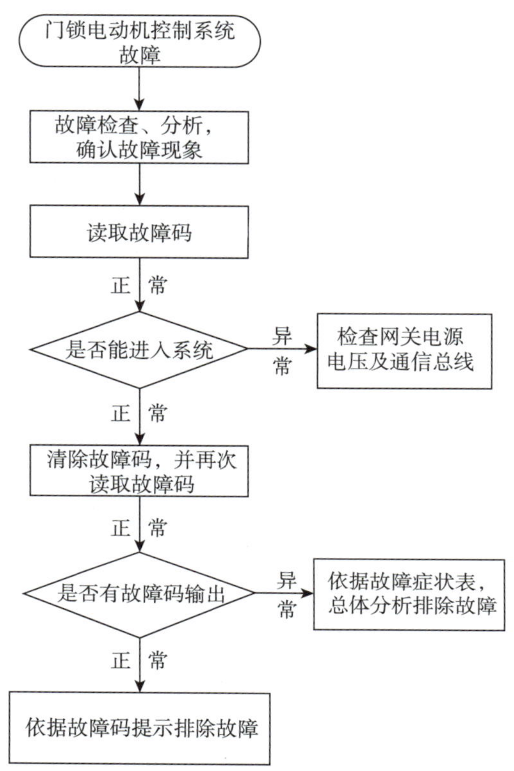

图 13-9　电控中央门锁控制系统故障诊断流程

(4) 左前车门锁电动机控制故障诊断示例（以某大众车型为例）

故障现象：在遥控钥匙模式下和无钥匙进入模式下，均无法解锁左前侧车门，但其他车门能解锁；操作左前车门联锁开关，还是无法解锁左前车门，而其他车门的门锁机构工作正常；进行解锁和闭锁操作时，左前侧车门的门锁机构无任何反应，左前车门其他功能正常。由于左前车门其他功能工作正常，证明左前车门控制单元的供电和通信正常，因在遥控钥匙模式和无钥匙进入模式下均无法解锁左前侧车门，而其他车门锁机构工作正常，则说明车载电网控制单元和网关工作正常。由图 13-8 可知，引起该故障可能的原因包括左前车门的门锁电动机损坏、左前车门的门锁电动机控制电路有故障，诊断步骤如下。

1）连接故障诊断仪。

2）打开点火开关，读取相关模块故障码和数据流。

3）利用故障诊断仪进行部件动作测试，缩小故障范围。

4）测量门锁电动机线路 T8t/6 端子与 T8t/7 之间的波形；按压左前车门联锁按键上的开锁按钮或闭锁按钮，门锁电动机两端控制电路会出现瞬间的相反的电压差，否则说明存在故障。

注意：由于施加在门锁电动机上的驱动电压时间较短，而万用表反应时间较慢，不能准确测量驱动电压，所以须用示波器进行检测。

测量门锁电动机驱动电压时，应先连接示波器，设置好参数，然后再操作中控门锁开关。

5）测量车门控制单元端 T20/11 和 T20/13 之间的波形。

6）检测门锁电动机控制电路的导通性。

7）检查门锁电动机电阻。

关闭点火开关，断开门锁电动机插接器，实测门锁电动机端子 T8t/6 与 T8t/7 之间的电阻，标准值应为 16 Ω，该线路与车身之间的电阻应为无穷大。

2. 技能操作

（1）操作准备

准备技能操作所需的物料，见表 13–5。

表 13–5　物料准备

类别	所需物料
教学车辆 / 实训平台	实训车或电控中央门锁控制系统实训平台
设备、仪器、工具、资料	故障诊断仪、示波器、万用表、车辆维修手册

（2）电控中央门锁控制系统故障诊断与排除操作

1）读取故障码及数据流

读取实训车辆整车及电控中央门锁控制系统故障码及数据流，并进行动作测试，将故障相关信息填写在表 13–6 中。

表 13–6　电控中央门锁控制系统故障码及数据流

序号	故障码及数据流名称	故障码及数据流参数
1		
2		
3		
4		
5		

续表

序号	故障码及数据流名称	故障码及数据流参数
6		
7		
8		
9		

2、拆画电路图

查阅所维修车型的电路图、车辆维修手册，拆画实训车辆电控中央门锁控制系统电路图，画在图 13-10 中。

图 13-10　实训车辆电控中央门锁控制系统电路图

3）电控中央门锁控制系统电路检测

对电控中央门锁控制系统电路进行检测，将检测结果填写在表 13–7 中。

表 13–7　电控中央门锁控制系统电路检测记录

序号	项目	检测条件	标准值	实测值	是否正常
1	蓄电池电压				是□　否□
2	门锁动作测试	打开点火开关			是□　否□
3	检查电子钥匙天线（驾驶员侧车门）	将电子钥匙发射器分总成带到前门外把手总成（驾驶员车门）0.7～1 m	组合仪表总成蜂鸣器鸣响		是□　否□
4	检查电波环境	将电子钥匙发射器分总成带到电子钥匙和轮胎压力警告 ECU 和接收器附近，并执行无线操作两次或多次	操作无线功能时，交替使用频道 1 和频道 2。如果第一次无线操作成功而第二次失败，则其中一个频道可能存在电波干扰		是□　否□
5	通信线路波形测试				是□　否□
6	检测各控制单元供电电压	打开点火开关			是□　否□
7	检测各控制单元供电接地情况	断开插头	电阻小于 5 Ω		是□　否□
8	检测各开关功能	通电测试			是□　否□
9	检测执行元件功能	通电测试	功能正常		是□　否□
10	检测各电气线路与车身的绝缘性	断开插头	电阻无穷大		是□　否□
11	检测各线路导通性	断开线路两端插头	电阻小于 5 Ω		是□　否□
12	检查连接器	关闭点火开关	电阻小于 5 Ω		是□　否□

情境三

检查评估

对本任务的学习情况进行检查，并将相关内容填写在表 13-8 中。

表 13-8　检查表

检查项目	检查结果	结果点评
电控中央门锁控制系统检查		
是否完成定制参数设定	是□　否□	
是否完成功能检查	是□　否□	
是否完成动作测试	是□　否□	
电控中央门锁功能是否正常	是□　否□	
电控中央门锁控制系统故障诊断与排除		
故障码读取及数据流分析是否正确	是□　否□	
故障诊断过程是否规范	是□　否□	
故障排除结果是否验证	是□　否□	
电控中央门锁功能是否恢复正常	是□　否□	
工作页记录是否完整	是□　否□	
现场管理		
工具设备是否整理并放至指定位置	是□　否□	
实训工位是否打扫干净	是□　否□	

任务小结

本任务小结如图 13-11 所示。

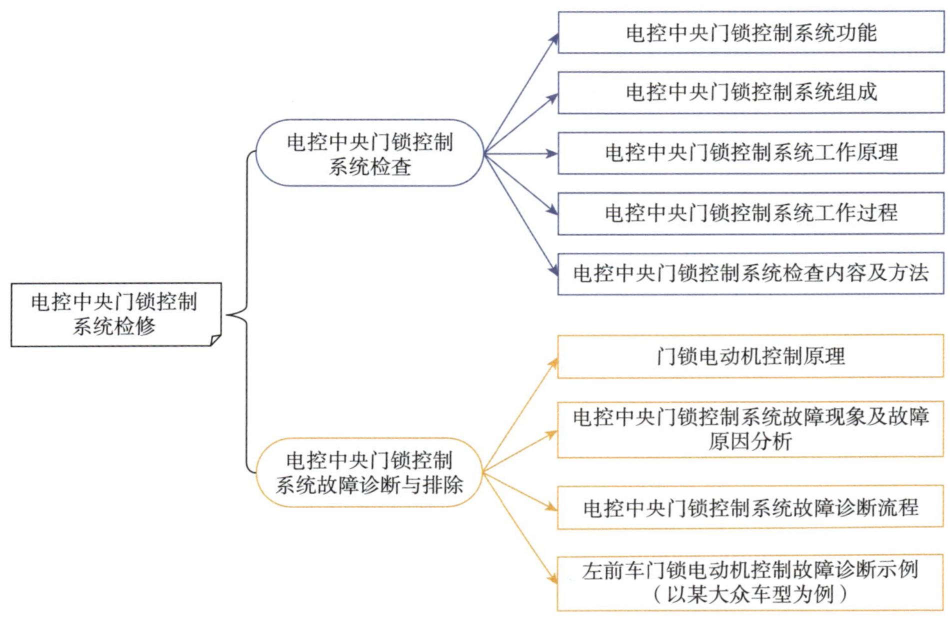

图 13-11 本任务小结

任务十四 电控防盗系统检修

任务导入

场景： 某国产智能网联汽车售后维修中心

人物： 车主赵先生、维修技师王师傅

情节： 某天早晨，赵先生驾车上班，在启动车辆时，车辆无法正常启动，于是联系售后维修中心寻求帮助，将车辆托运回维修中心后维修技师王师傅拟对该车进行故障诊断与排除。如果你是维修技师王师傅，如何规范、高效地排除该车故障？

任务目标

- 能运用车辆防盗系统组成及工作原理，完成车辆电控防盗系统检测。
- 能根据故障现象、电路图、故障码及数据流分析，完成车辆电控防盗系统故障范围确定。
- 能正确使用诊断、检测设备，规范作业流程，完成电控防盗系统故障诊断与排除。

任务实施

（一）车辆电控防盗系统检测

1. 知识学习

（1）车辆防盗系统功能

车辆防盗系统是指防止汽车本身或车上的物品被盗所设置的系统。当把自动门锁开关置于 LOCK 位置时，关闭车门，系统进入防盗准备状态。如果有人打开车门或由行李舱拉出锁销，防盗电路就会启

动，扬声器发出声响，尾灯、顶灯、外灯等发光；同时接通中断供电电路，阻止发动机启动。

车辆防盗系统一般由防盗和门锁控制 ECU、感应传感器、门控开关、报警和遥控器等组成，各主要装置在车上的位置如图 14–1 所示。

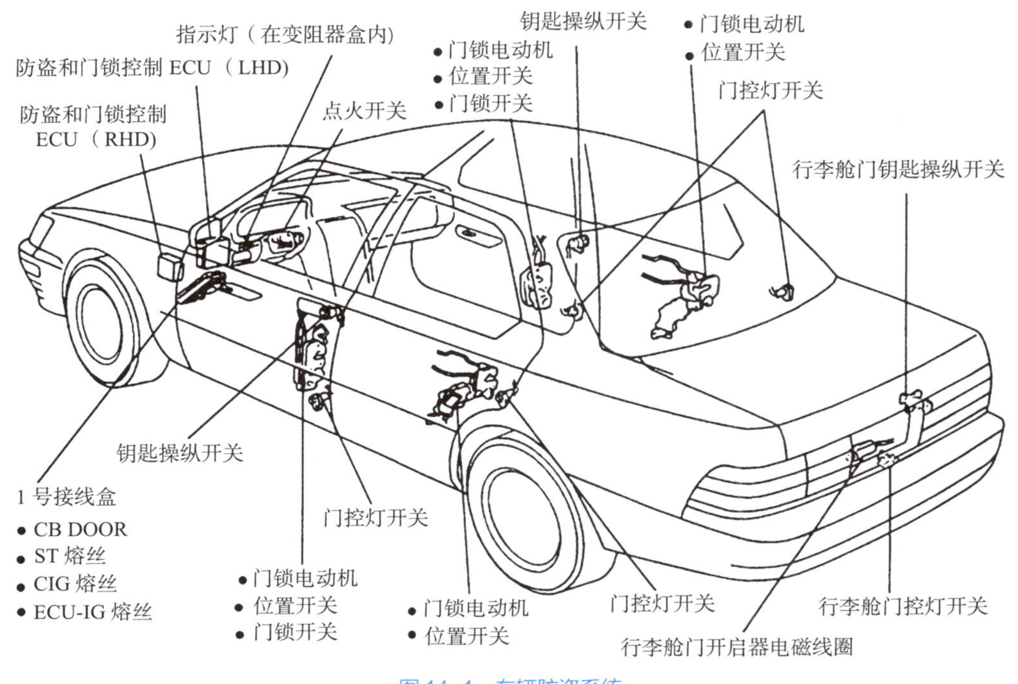

图 14–1 车辆防盗系统

（2）车辆防盗系统类型

目前车辆防盗系统大致可分为三大类：阻止进入 / 移动车辆防盗系统，机械防盗锁和中控门锁防盗报警系统；阻止启动发动机防盗系统，发动机防盗锁止系统和无钥匙进入防盗系统；网络式卫星定位跟踪防盗系统。

1）机械防盗锁

如图 14–2 所示，机械防盗锁是最传统的防盗装置，常见的机械防盗锁有转向柱锁、转向盘锁、变速杆锁和轮胎锁等。但应用得较多的主要有转向柱锁和转向盘锁两种。由于机械防盗锁安全性差，在车辆防盗系统中只起辅助作用。

点火开关标识说明如下。

LOCK 挡（或 0 挡）：锁止挡——点火钥匙转到该挡时，转向盘被锁定，只有该位置才能取下点火钥匙。

ACC 挡（或 I 挡）：附件挡——点火钥匙转到该挡时，只有音响、点烟器等部分用电设备能使用（注：也有点火开关该挡标识为 OFF 挡）。

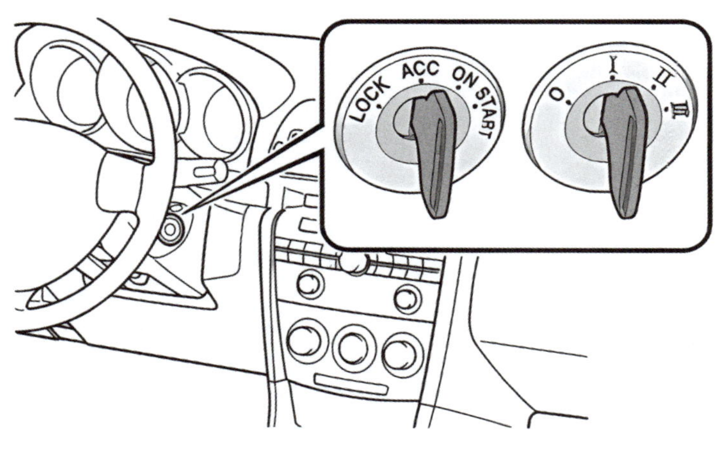

图 14–2　机械锁示意图

ON 挡（或Ⅱ挡）：接通挡——正常的行车位置。点火钥匙位于该挡时，除起动机外的其他所有用电设备均能使用。

START 挡（或Ⅲ挡）：启动挡——用于启动发动机。发动机启动后松开点火钥匙，点火钥匙会自动回到 ON 位置。在此位置时 ACC 挡的用电设备断电，以保证有足够的电量启动发动机。

2）中控门锁防盗报警系统

中控门锁防盗报警系统是在遥控式中控门锁的基础上加设了防盗系统的控制电路，以控制汽车的启动或移动，并同时具有报警功能，其由主机、振动传感器、报警喇叭和遥控器组成。

如图 14–3 所示，具有报警功能的中控门锁防盗报警系统，在车内装有如振动传感器、超声波传感器、倾斜传感器等多个传感器，用于感受车辆不同部分的状况。如果有人企图移动车辆或强行打开车门、敲碎玻璃等进入车内时，系统的报警装置（喇叭、转向灯和大灯）立即发出刺耳的声响和反复闪亮灯光，以提醒他人。但由于传感器的灵敏度难于准确设定，因此这种防盗系统容易出现误报警或漏报警。

具有报警功能和切断启动（点火）电路功能的中控门锁防盗报警系统，是在具有报警功能的中控门锁系统基础上增加切断启动电路 / 点火电路功能，当防盗系统被触发后，该系统除了报警装置立即发出声响和闪光外，还自动切断发动机的启动电路（点火）电路，使盗贼不能启动发动机，从而增加了车辆被盗的难度。图 14–4 所示为采用了切断发动机启动电路的防盗方式，当然也可以采取同时切断发动机启动电路和点火电路的防盗方式。

近年来，现代汽车广泛采用的是遥控中控门锁防盗报警系统与发动机防盗锁止系统结合的双重防盗系统，从而极大提高了汽车防盗系统的安全性和可靠性。

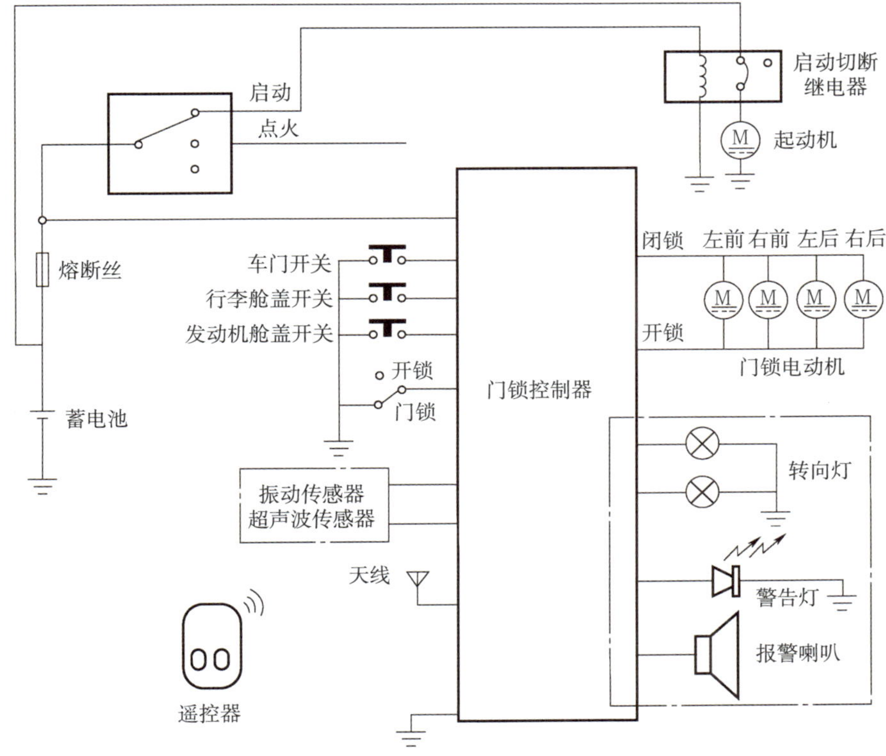

图 14-3 具有报警功能的中控门锁防盗报警系统示意图

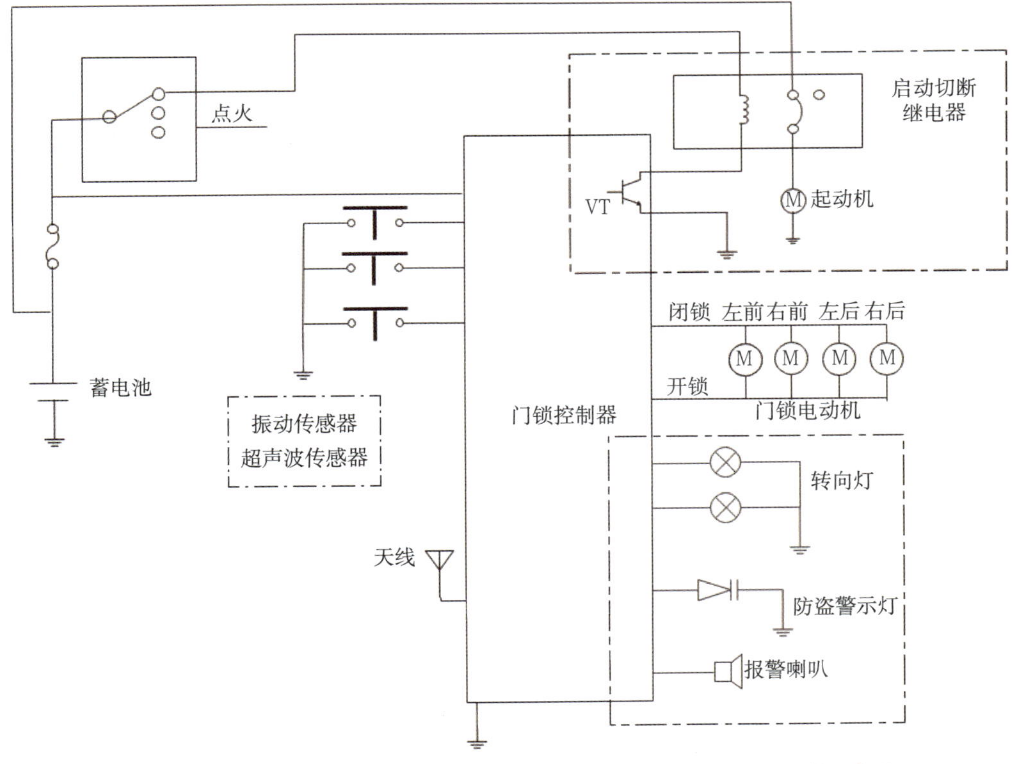

图 14-4 具有报警功能和切断启动（点火）电路功能的中控门锁防盗报警示意图

3）发动机防盗锁止系统

发动机防盗锁止系统是目前使用最多的汽车防盗技术。发动机防盗锁止系统是通过电子应答来判断用户使用的钥匙是否合法，并由此确定是否允许发动机 ECU 工作。若钥匙密码信号不符或盗贼破坏车门车窗非法进入车辆内时，发动机 ECU 通过以下一个或数个装置使盗贼不能启动发动机或制止车辆行驶：切断点火电路，使火花塞不能跳火；切断供油电路，使喷油器或油泵不喷油或不泵油；切断启动电路，使起动机无法转动；锁止转向机构，使汽车无法转向；锁止变速杆，使汽车无法挂挡；锁止制动器，使汽车无法行驶。

与此同时，防盗报警装置进入报警状态：喇叭或蜂鸣器断续发出鸣叫声，可持续 3 min。外部可见的前照灯、转向灯等忽明忽暗地反复闪亮。

发动机防盗锁止系统示意图如图 14–5 所示，点火钥匙带有转发器（发射器），点火开关带有识读线圈（收发线圈），承担防盗 ECU 与转发器之间的数据信息传递。防盗 ECU 在点火开关接通时，用于系统密码运算与比较，并控制整个防盗系统的通信，以便对防盗系统进行故障诊断、系统匹配、钥匙匹配、读取和清除故障码等操作。防盗指示灯通过不同的闪烁频率表示防盗系统的工作状态。

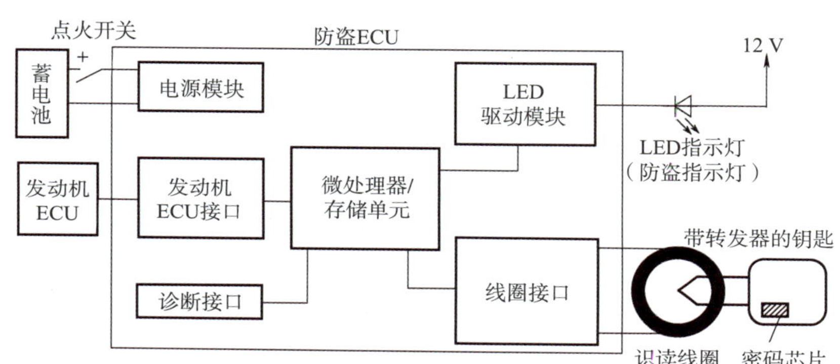

图 14–5 发动机防盗锁止系统示意图

发动机防盗锁止系统的基本工作过程如下。

点火钥匙发射钥匙密码信号。点火钥匙插入点火开关锁心后，识读线圈产生变化的磁场，点火钥匙内置芯片内的电感小线圈感应电场，其感应的电场能被芯片内电容储存起来，点火钥匙内的芯片就利用这一电能将钥匙密码以电磁脉冲信号发射出去。点火钥匙发射钥匙密码信号如图 14–6 所示。

点火钥匙与防盗 ECU 匹配。点火钥匙密码的电磁脉冲信号被识读线圈天线感应接收，识读线圈将钥匙密码脉冲信号经点火开关后端的信号放大器放大后送至防盗 ECU 内的钥匙密码比较电路，比较电路将接收到的钥匙密码与预先储存在防盗 ECU 的钥匙密码（首次匹配钥匙时储存）进行比较，如果相同则进入下一步。

防盗 ECU 与发动机 ECU 匹配。发动机 ECU 向防盗 ECU 发出一个联络代码，防盗 ECU 经过辨认识别（匹配）后，如果密码正确，就发出一个允许发动机正常启动的指令信号给发动机 ECU，发动机 ECU 接收该指令信号，使正常的喷油、点火程序继续执行，发动机正常启动、工作，如图 14–7 所示。发动机 ECU 如果接收不到防盗 ECU 的指令代码信号，将会自动切断喷油、点火程序，发动机自动熄火。

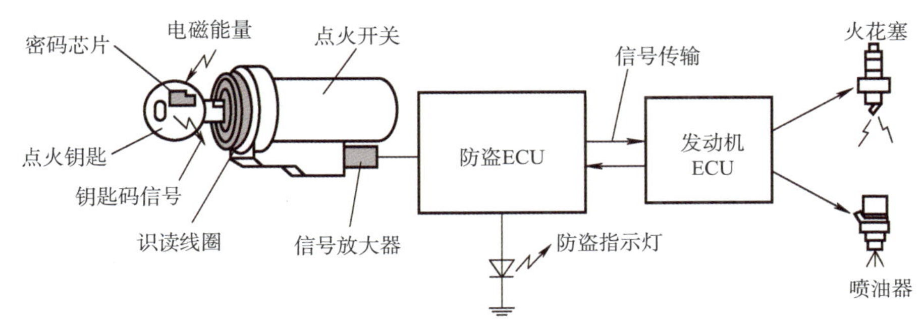

图 14–6　点火钥匙发射钥匙密码信号示意图

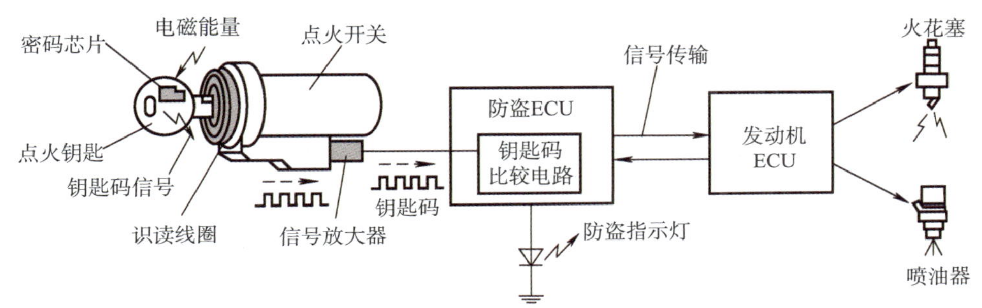

图 14–7　点火钥匙与防盗 ECU 匹配示意图

4）无钥匙进入防盗系统

无钥匙进入系统是在发动机防盗锁止系统基础上增加了身份识别系统，从而提高了车辆的安全性，并为用户提供操作和使用的便利性。

一般装备无钥匙进入系统的车辆，其车门把手上有感应装置（点），如图 14–8 所示。当车主进入指定范围时（通常是距车辆 1.5~2 m 时），该系统自动识别判断“车主的身份”，如果是“合法授权的车主”，门锁会自动打开并解除防盗。当车主进入车内时，车内的检测系统会马上识别车主身上的钥匙，经过确认后车辆才会进入工作状态，这时轻轻按动仪表盘上的启动按钮（或者转动启动旋钮），即可正常启动发动机。

当车主离开车辆 3~5 m 时，门锁会自动锁上并进入防盗状态，同时电动车窗和电动天窗会自动关闭。如果车主离开时有一个车门未关好，车辆会发出提示报警声。

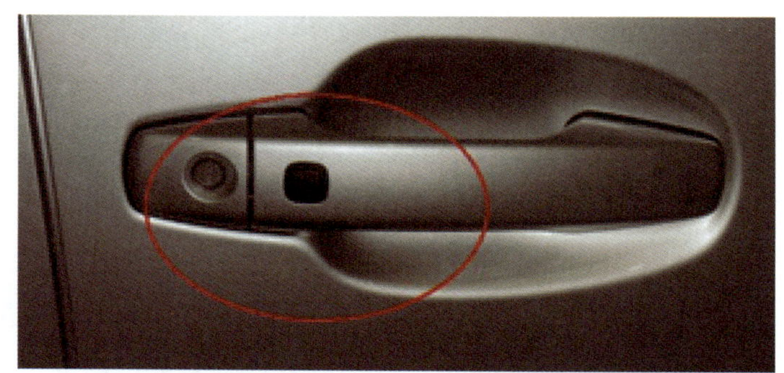

图 14-8 无钥匙进入感应装置（点）示意图

（3）车辆防盗系统主要部件

1）主机

主机即遥控防盗系统控制单元，它是防盗系统的核心和控制中心。

2）感应传感器

感应传感器由传感器或探头组成，其功能是当防盗系统工作时，传感器检测汽车有无异常情况发生。当汽车被移动或车门被打开时，传感器将检测到的信号传送给防盗 ECU，防盗 ECU 根据其内部储存的数据进行比较，判断汽车是否正在被盗。如汽车被盗，防盗 ECU 输出信号，控制报警装置发出声光报警信号，阻止汽车启动，切断燃油供给。

感应传感器主要有以下 4 种类型。

① 热释电式红外线传感器

热释电式红外线传感器（又称红外探头）一般安装在汽车内驾驶员位置附近，通过红外辐射的变化来探测是否有人侵入车内，其上有 3 根导线，一根为电源线用英文字母 D 表示，另一根为信号线用英文字母 S 表示，最后一根为搭铁线用英文字母 E 表示。

② 超声波传感器

超声波是频率在人耳可听音频范围以上（约 20 kHz 以上）的声波，是对汽车门窗和车身的破损及车内的状态改变进行监控的装置，一般由超声波发射器和超声波接收器组成。

图 14-9 和图 14-10 所示分别为超声波防盗原理图和超声波传感器原理图。

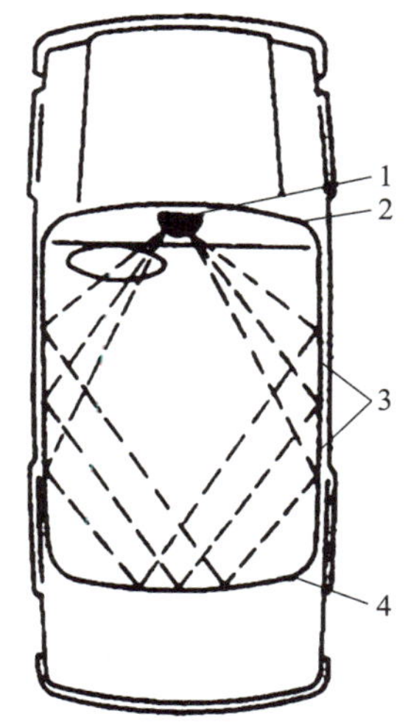

图 14-9 超声波防盗原理图

1—超声波传感器 2、4—前、后风窗玻璃 3—车门玻璃

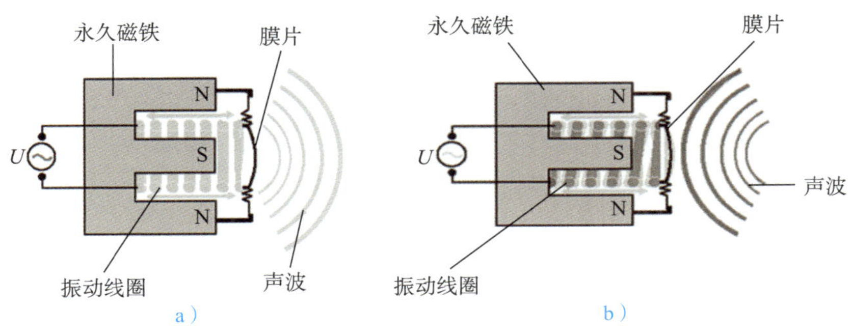

图 14-10　超声波传感器原理图
a）发射原理　b）接收原理

③ 振动传感器

振动传感器的作用是检测汽车受到的冲击。

④ 玻璃破碎传感器

玻璃破碎传感器用来接收玻璃受撞击和破碎时产生的振动波，然后转换为电信号输送给防盗ECU。它与防盗 ECU 一般有两根线连接，一根是传感器的搭铁线（黑色），另一根是用于传输的信号线（白色）。

3）门控开关

门控开关包括发动机舱盖开关、车门开关及行李舱开关等。它的功能是当所有车门、发动机舱盖及行李舱关闭时，车主通过报警装置（解除装置）使所有的车门锁止，汽车防盗系统进入预警状态。

4）报警装置

报警装置由扬声器和前照灯组成。

5）遥控装置

遥控装置由遥控发射器与接收器组成，包括按键和指示灯。它利用手持遥控发射器在远离车辆的地方将密码发送给遥控接收器，进行车门的解锁或闭锁。遥控信号一般采用红外线、无线电波的形式发送。

汽车遥控防盗系统使用的遥控发射器由密码信号发生器、键盘输入电路、无线发射电路等组成，其工作频率为 256~320 MHz，典型值为 315~318 MHz，工作电源为 12 V，遥控距离为 30~50 m。

（4）车辆防盗系统的工作原理

一般防盗系统的工作原理如图 14-11 所示。

1）安全防盗系统组成及工作原理

安全防盗系统主要由车门未关开关、行李舱盖未关开关、发动机舱盖未关开关、遥控钥匙、车身控制模块（BCM）、遥控门锁接收器模块（RFA）、挡风玻璃下安全指示灯、仪表安全指示灯等组成。

遥控钥匙主要用来进行锁车或解锁操作。在点火开关处于 OFF 挡、所有车门均正常关闭的情况下按下锁车键即进入锁止状态。此时位于挡风玻璃下的安全指示灯进入闪烁状态，标志着安全防盗系统已经开始工作。如果此时发动机舱、车门或者行李舱盖开关检测到意外打开信号，则触发安全防盗动作，如喇叭鸣响、灯光闪烁，并且点亮仪表上的安全指示灯。特别要说明的是，如果遥控钥匙电池电量不够而不能遥控解锁车门，则通过机械钥匙打开车辆时也会触发安全防盗警报。此时需要将钥匙插入点火开关进行点火，通过发动机防盗系统来确认钥匙的合法性从而解除防盗警报。

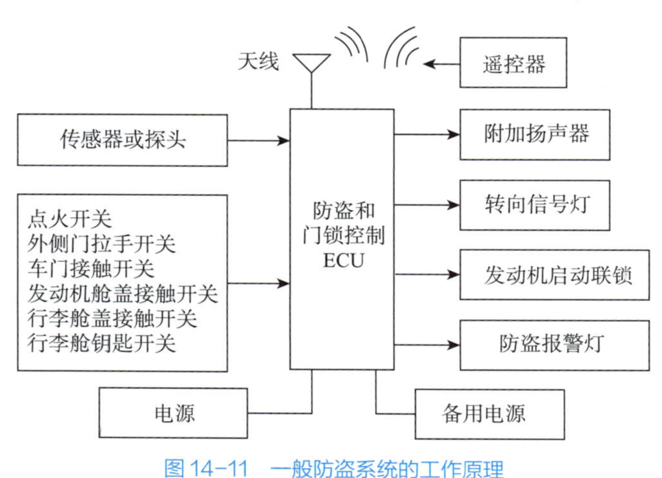

图 14-11　一般防盗系统的工作原理

正常情况下，可以通过遥控钥匙来进行解锁。当按下遥控钥匙的解锁按键时，钥匙会发射一组密码信号至车身控制模块，车身控制模块进行密码识别后即可开锁。为防止遥控钥匙在开锁的瞬间密码信号被非法截获、复制，钥匙发送的密码信号采用了滚动编码技术，以保证每次发送的密码均不相同。

2）发动机防盗系统组成及工作原理

发动机防盗系统组成由车身控制模块（BCM）、发动机控制模块（ECM）和存储和报告环境识别符的控制模块（电子制动控制模块、变速器控制模块等）组成。将钥匙插入点火开关锁芯并且置于 ON 挡位置时，钥匙中的无线电频率收发器将通过环绕点火开关锁芯的安全防盗系统线圈的电磁感应而通电。此安全防盗系统线圈是安全防盗系统控制模块的一部分。无线电频率收发器发射一个包含其特征值的信号，该信号由车身控制模块通过安全防盗系统线圈接收。然后，车身控制模块将该值与存储器中存储的值进行比较。车身控制模块也监测各种控制模块以决定存储的环境识别符是否匹配。环境识别符是指车辆出厂时设置在各控制模块内的密码匹配信息，即使是相同的硬件设备环境识别符也不同，这样可以保证专车专用，防止更换硬件进行车辆盗取。

如果环境识别符和从无线电频率收发器接收的值均匹配，则车身控制模块将通过串行数据发送预解除密码至发动机控制模块。如果编码特征值不正确或环境识别符不匹配，则车身控制模块将发送燃油禁用信息至发动机控制模块。

当发动机控制模块接收到车身控制模块预解除密码时即校验该密码。发动机控制模块通过串行数据将校验口令发送至车身控制模块。发动机控制模块和车身控制模块对此校验口令进行计算。如果车身控制模块计算的响应校验口令结果与发动机控制模块计算的结果匹配，则发动机控制模块将允许车辆启动。

2. 技能操作

（1）操作准备

准备技能操作所需的物料，见表 14–1。

表 14–1　物料准备

类别	所需物料
教学车辆 / 平台	实训整车或防盗系统实训台
设备、仪器、工具、资料	故障诊断仪、万用表、电源插座、车辆维修手册

（2）车辆防盗系统检测

触发防盗系统且车辆无法启动的故障排查，根据车辆防盗系统的类型和工作原理，对车辆防盗系统进行检测，将检测相关数据填入表 14–2 中，并填写分析结果。

表 14–2　车辆防盗系统检测数据记录表

检测数据		
序号	数据名称	具体数值及意义
1		
2		
3		
4		
5		
6		
7		
8		
9		
10		

（二）车辆电控防盗系统故障诊断与排除

1. 知识学习

（1）车辆防盗系统的组成及控制过程

1）车辆防盗系统组成（以迈腾 B8 车型为例）

迈腾 B8 车型防盗锁止系统的组成如图 14–12 所示，主要包括启动装置按钮 E378、进入及启动许可控制单元 J965、组合仪表中的控制单元 J285（内设防盗锁止系统控制单元）、电子转向柱锁止装置控制单元 J764、数据总线诊断接口 J533（网关）、车载电网控制单元 J519、发动机控制单元 J623、双离合变速箱机电装置控制单元 J743 等。

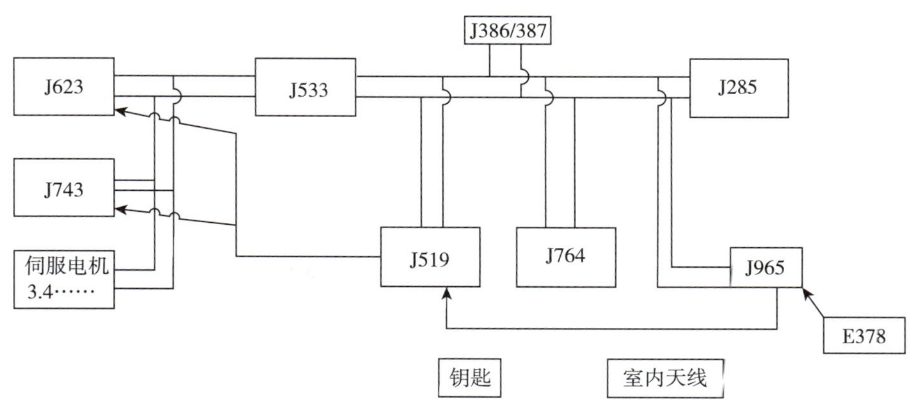

图 14–12　迈腾 B8 车型防盗锁止系统的组成

2）迈腾 B8 轿车启动防盗系统控制过程

按下一键启动按钮 E378，进入及启动许可控制单元 J965 开始处理信号并唤醒 J519 及舒适 CAN 总线系统，并通过舒适系统 CAN 数据总线查询防盗锁止系统控制单元（J285 内部）是否允许接通电源。防盗锁止系统控制单元（J285 内部）会查询车内是否有授权钥匙，进入及启动许可控制单元 J965 通过车内天线发送一个查询码（125 kHz 低频信号）给已匹配的钥匙，授权钥匙识别到该信号后进行编码并向 J519 返回一个应答器数据（433 MHz 高频信号），J519 将该数据经舒适系统 CAN 数据总线转发给防盗锁止系统控制单元（J285 内部），防盗锁止系统控制单元（J285 内部）通过比对确认是否为已授权钥匙。如果为授权钥匙，则防盗锁止系统控制单元（J285 内部）通过舒适系统 CAN 数据总线向电子转向柱锁上控制单元 J764 发送一个解锁命令，以打开电子转向柱（方向盘可以转动），防盗锁止系统控制单元（J285 内部）收到方向盘解锁信号后，向 J965 发出允许接通 15 电的信息，J965 收到信息后，再通过其端子 T40/40 至 J519 的 T73a/54 端子的线路，向 J519 发送 S 触点信号，通过其端子 T40/35 至 J519 的 T73a/47 端子的线路和 T40/27 至 J519 的 T73a/44 端子的线路，J519 发出 15 请求信号，J519 收到信号后，一方面通过 CAN 总线点亮仪表等，另一方面向 J329 继电器电磁线圈提供电源，使 J329 继电器工作为部分用电设备提供电源，第三方面向 J623 和 J743 等驱动系统控制单元提供 15 信号，J623 控制单元收到

15 信号后会通过驱动 CAN 总线、J533、舒适系统 CAN 数据总线和 J285 内的防盗锁止系统控制单元进行身份信息交换和验证，验证通过后 J623 就会进入工作状态，仪表上的 EPC 灯会点亮，J743 控制单元收到 15 信号后会通过驱动 CAN 总线、J533、舒适系统 CAN 数据总线和 J285 内的防盗锁止系统控制单元进行身份信息交换和验证，验证通过后 J743 就会进入工作状态，仪表上的制动指示灯会点亮。

（2）车辆防盗系统常见故障现象及故障原因分析

车辆防盗系统常见故障现象及故障原因分析见表 14–3。

表 14–3 车辆防盗系统常见故障现象及故障原因分析

常见故障现象	故障原因分析
车辆设定防盗状态之后，每当大型车辆或重型车辆经过，都会引起报警扬声器鸣叫	振动传感器太灵敏所致，只需调整降低其灵敏度即可，调整旋钮一般都安装在振动传感器上或是主机盒内，在调整安装在主机盒内的调整旋钮时，不必拆开主机（一般都留有调整孔）
车辆设定防盗状态之后，没有任何振动，过一段时间，报警扬声器自动鸣叫	该现象多是因为车门没关好、门灯开关性能不良或连线短路所致。首先应重新关闭车门，如果故障消失，则是先前车门没关好；如果故障依旧，则需把室内门控灯开关置于开门灯亮挡位，然后把门关好，看室内灯是否还亮，如亮则说明门控灯开关及其线路有短路故障，或是主机盒内有故障，需进一步检查维修。断开防盗器主机上灯开关的连线，关好车门，此时如室内灯熄灭，则是防盗器主机内故障；如室内灯不灭，则是某一门灯开关或门灯开关线路短路，应进一步查找检修。另外，制动灯与主机间的连线有问题时，也会出现此种现象，可采用断路的方法进行判定
报警触发时扬声器不鸣	首先应检查防盗器是否处于静音防盗状态，如不是则需用万用表 10 V 直流电压挡检测。当报警触发时，看报警扬声器正极线上是否有波动的电压，如有则是报警扬声器本身有故障；如没有则需检查主机至报警扬声器之间的线路是否断路。如果线路正常，则是主机内部故障
起动机正常，但是发动机不着车	此故障如伴随有报警扬声器鸣叫，则可能是主机自动进入了防盗状态。可断开点火开关，重新设置防盗器，使其处于解除状态，并在 1 min 内打开点火开关。如果启动车辆能正常运转，则上述现象是因防盗系统中的防误动作功能起作用
遥控中央门锁不动作	当出现遥控中央门锁不动作时，应先用钥匙试一下，在不用遥控器时，中央门锁是否有动作。若无动作，则应检查原中央门锁熔断器或控制盒以及相关线路是否有问题；若有动作，则需检查遥控部分的熔断器或接线是否断路

（3）车辆防盗系统故障诊断流程

防盗系统是否有故障可通过读取车辆故障码和数据流进行综合分析诊断，诊断流程见表 14–4。

表 14–4　车辆防盗系统故障诊断流程

步骤	工作内容
1	车辆进入维修车间
2	车辆基本信息确认
3	预查 （1）测量蓄电池电压，标准电压：11~14 V （2）检查保险丝和继电器 （3）检查连接器连接和端子以确保无诸如连接松动、变形等异常情况
4	故障验证
5	检查 CAN 通信系统功能 可读取故障码，根据故障码进行维修，无法读取故障码，继续诊断过程
6	按照以下顺序依次进行系统检查，直到查明故障原因为止 （1）检查电动门锁控制系统 （2）检查无线门锁控制系统 （3）检查智能进入和启动系统（进入功能） （4）检查智能进入和启动系统（启动功能） （5）检查行李厢门开启器系统 （6）检查喇叭系统
7	按照流程完成故障诊断后，规范进行维修或部件更换
8	维修结果检验
9	工作完成

2. 技能操作

（1）操作准备

准备技能操作所需的物料，见表 14–5。

表 14–5　物料准备

类别	所需物料
教学车辆 / 实训平台	实训车辆或防盗系统实训平台
设备、仪器、工具、资料	故障诊断仪、示波器、万用表、车辆维修手册

（2）车辆防盗系统故障诊断与排除操作

1）读取故障码及数据流

读取实训车辆整车及防盗系统故障码及数据流，将防盗系统故障相关信息填写在表 14–6 中。

表 14-6 车辆防盗系统故障码及数据流

序号	故障码及数据流名称	故障码及数据流参数
1		
2		
3		
4		
5		
6		

2）拆画电路图

查阅所维修车型的电路图、车辆维修手册，拆画实训车辆防盗系统电路图，画在图 14-13 中。

图 14-13 实训车辆防盗系统电路图

3）车辆防盗系统电路检测

对车辆防盗系统电路进行检测，排除因车辆防盗系统原因导致的起动机正常工作但发动机不能启动的故障，将检测结果填写在表 14-7 中。

表 14-7　车辆防盗系统电路检测记录表

序号	项目	检测条件	标准值	实测值	是否正常
1					是□　否□
2					是□　否□
3					是□　否□
4					是□　否□
5					是□　否□
6					是□　否□
7					是□　否□
8					是□　否□
9					是□　否□
10					是□　否□

检查评估

对本任务的学习情况进行检查，并将相关内容填写在表 14-8 中。

表 14-8　检查表

检查项目	检查结果	结果点评
车辆电控防盗系统检测		
是否完成车辆防盗系统检测	是□　否□	
车辆防盗系统功能是否正常	是□　否□	
车辆电控防盗系统故障诊断与排除		
故障码读取及数据流分析是否正确	是□　否□	
故障诊断过程是否规范	是□　否□	
故障排除结果是否验证	是□　否□	
车辆电控防盗系统功能是否恢复正常	是□　否□	

续表

检查项目	检查结果	结果点评
车辆电控防盗系统故障诊断与排除		
工作页记录是否完整	是□ 否□	
现场管理		
工具设备是否整理并放至指定位置	是□ 否□	
实训工位是否打扫干净	是□ 否□	

任务小结

本任务小结如图 14–14 所示。

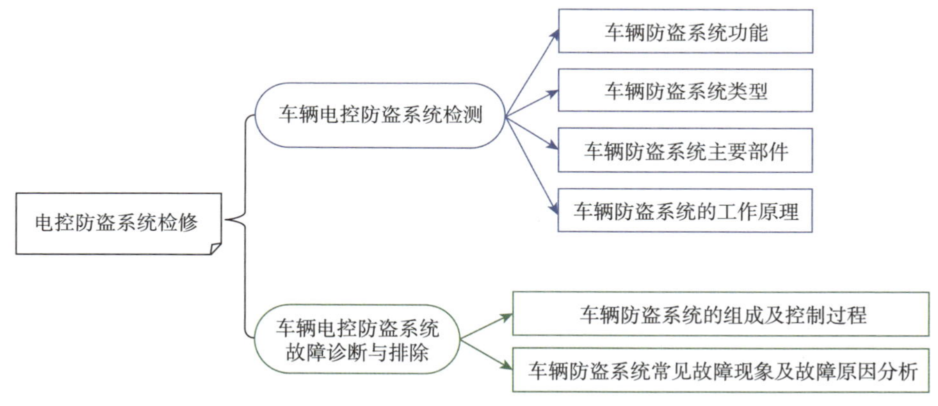

图 14–14 本任务小结

情境四
先进驾驶辅助系统（ADAS）电控系统检修

情境介绍

先进驾驶辅助系统（ADAS）是智能网联汽车的重要组成部分之一，它是一种在车辆行驶过程中通过警告或控制等方式全程辅助驾驶员执行驾驶任务，或主动避免（减轻）碰撞危害的主动安全辅助系统。它除了帮助驾驶员持续改进驾驶过程中的安全性和舒适性以外，同时也在不断实现驾驶行为的最优化，如经济驾驶和智能化车流控制。随着先进驾驶辅助系统（ADAS）技术的不断发展，其控制技术将越来越成熟，将帮助车辆逐步实现自动化驾驶。本情境主要针对自主控制类和预警类先进驾驶辅助系统（ADAS）电控系统的故障检修进行详细讲解。

本情境包含自适应巡航控制系统检修、碰撞预警系统检修两个工作任务，具体内容主要包括自适应巡航控制系统、碰撞预警系统的功能、组成及控制原理，以及其故障现象及故障原因分析、故障诊断思路及故障排除流程与方法等。

▸ 能根据碰撞预警系统的类型、系统组成及工作原理，结合车辆故障现象、电路图、故障码及数据流分析，确定故障范围，运用故障诊断思路及检修方法，正确使用诊断设备及检修工具，规范完成碰撞预警系统故障检修。

▸ 能根据自适应巡航控制系统的组成及工作原理，结合故障现象、电路图、故障码和数据流分析，确定故障范围，运用故障诊断思路及检修方法，正确使用诊断设备及检修工具，规范完成自适应巡航控制系统故障检修。

任务十五 自适应巡航控制系统（ACC）检修

任务导入

场景： 某国产智能网联汽车售后维修中心

人物： 客户王先生、维修技师张师傅

情节： 客户王先生反映，其驾驶的车辆发生道路交通事故后自适应巡航控制系统不起作用，仪表报警，自适应巡航控制系统已停用。维修技师张师傅拟对该车自适应巡航控制系统进行故障诊断与排除。如果你是维修技师张师傅，如何规范、高效地排除该车故障？

任务目标

- 能运用自适应巡航控制系统的作用及组成，完成自适应巡航控制系统传感器校准调节。
- 能依据故障现象、电路图、故障码及数据流，完成自适应巡航控制系统功能失效故障范围确定。
- 能正确使用相关检测设备，规范作业流程，完成自适应巡航控制系统故障诊断与排除。

任务实施

（一）自适应巡航控制系统传感器校准调节

1. 知识学习

（1）自适应巡航控制系统概述

如图 15-1 所示，汽车自适应巡航控制系统（ACC）又称为智能巡航控制系统，它是一种智能化的自动控制系统，是在早已存在的定速巡航控制技术的基础上发展而来的。在车辆行驶过程中，安装在车辆前部的车距传感器（雷达）持续扫描车辆前方道路，同时轮速传感器采集车速信号。当与前车之间的距离过小时，ACC 控制单元可以通过与防抱死制动系统、发动机控制系统协调动作，使车轮适当制动，并使发动机的输出功率下降，以使车辆与前方车辆始终保持有效的安全距离。自适应巡航控制系统在控制车辆制动时，通常会将制动减速度限制在不影响舒适的程度，当需要更大的减速度时，ACC 控制单元会发出声光信号通知驾驶者主动采取制动措施。当与前车之间的距离增加到安全距离时，ACC 控制单元控制车辆按照设定的车速行驶。

1）通过车距传感器的反馈信号，ACC 控制单元可以根据靠近车辆物体的移动速度判断道路情况，并控制车辆的行驶状态；通过反馈式加速踏板感知的驾驶者施加在踏板上的力，ACC 控制单元可以决定是否执行巡航控制，以减轻驾驶者的疲劳。

2）自适应巡航控制系统一般在车速大于 25 km/h 时才会起作用，而当车速降低到 25 km/h 以下时，就需要驾驶者进行人工控制。通过系统软件的升级，自适应巡航控制系统可以实现“停车 / 起步”功能，以应对在城市中行驶时频繁的停车和起步情况。自适应巡航控制系统的这种扩展功能，可以使汽车在非常低的车速时也能与前车保持预设的距离。当前方车辆起步后，自适应巡航控制系统会提醒驾驶者，驾驶者通过踩油门踏板或按下按钮发出信号，车辆就可以起步行驶。

3）自适应巡航控制系统使车辆的编队行驶更加轻松。ACC 控制单元可以设定自动跟随的车辆，当本车跟随前车行驶时，ACC 控制单元可以将车速调整为与前车相同，同时保持稳定的车距，而且这个车距可以通过多功能转向盘或转向盘附近控制杆上的设置按钮进行选择。

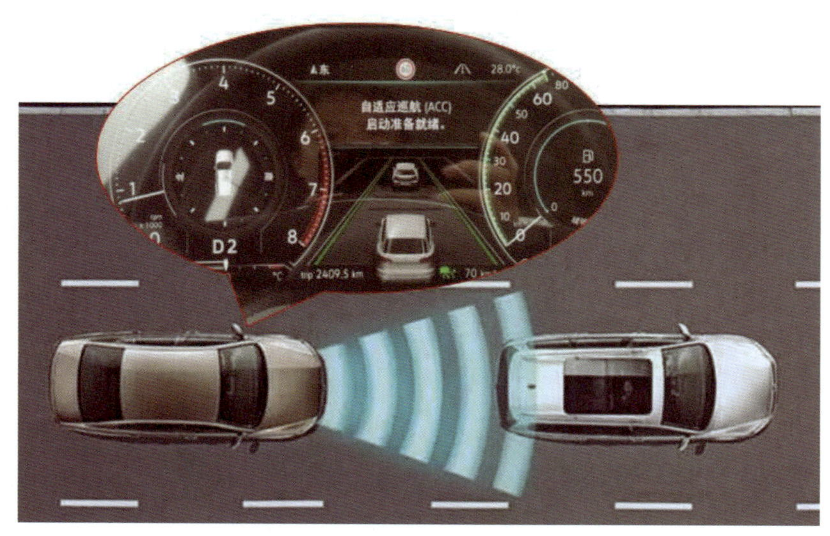

图 15-1　汽车自适应巡航控制系统

（2）自适应巡航与定速巡航的区别

自适应巡航是指车辆在一定的速度内，并不是固定一个速度，自适应巡航会自动对车速进行相应的调整。定速巡航是指速度固定的，驾驶者设置了一个固定的速度之后，车辆就会以这个速度匀速前进，不能调整。

自适应巡航的作用是可以让车辆纵向行驶，保持一定的车距，这样避免出现碰撞的危险，如果有危险车辆会自动甚至是主动干预车辆驾驶。定速巡航只是让车辆稳定行驶，如果有紧急情况需要提醒驾驶者主动解除定速巡航系统。

自适应巡航可以按照设定的车速前进，也可以在特定条件下降低车速，或者是车辆自动制动。定速巡航，使用了精准的电子控制，摒除了拉线式定速巡航器的机械控制，这样避免出现机械故障。

自适应巡航是对定速巡航的完善，在定速功能的基础上加入了雷达监测、车距判断、主动制动、智能控速、电子影像以及碰撞预警等辅助安全配置。

（3）自适应巡航控制系统的组成

自适应巡航控制系统主要由测距传感器、电子控制单元（ECU）ACC模块、发动机控制模块、制动控制模块、执行器、仪表、转向盘按键等组成，如图15–2所示。

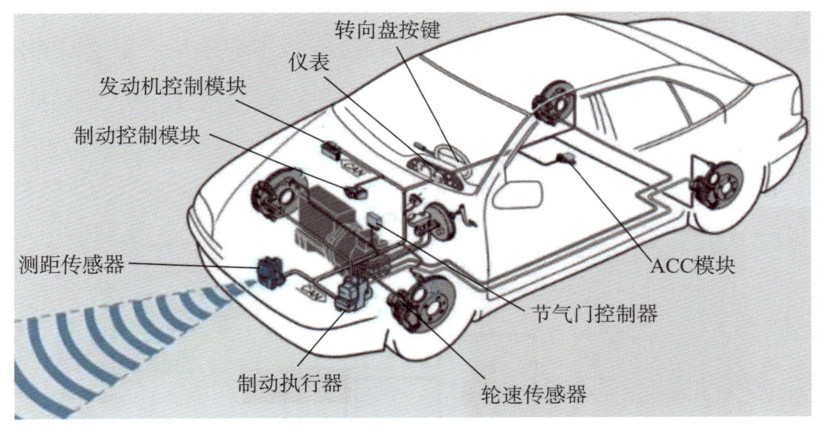

图15–2 自适应巡航控制系统的组成

1）测距传感器（测距雷达）

在ACC系统中测距雷达如图15–3所示，用于测量本车与前方车辆的相对距离、相对速度、相对加速度，是自适应巡航控制系统的关键设备之一，它包括发射天线、接收天线和DSP（数字信号处理）处理单元、数据线总成几部分。目前，测距雷达的研究主要集中在毫米波雷达和激光雷达上。

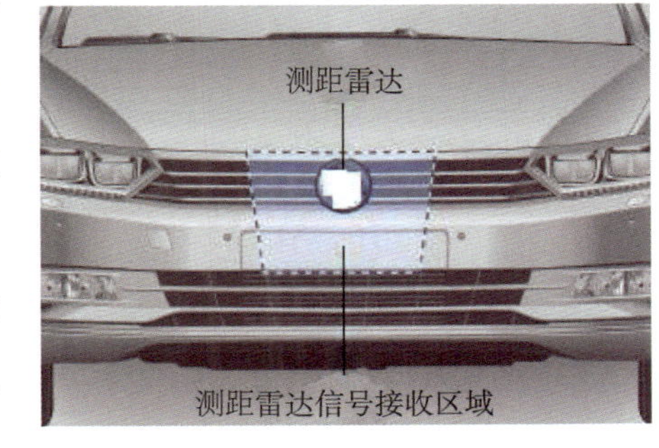

图15–3 测距雷达

ACC系统对雷达的基本要求为外形体积（特别是天线）较小，适于在汽车上安装，测距范围大于100 m，测量精度小于1 m，接近速度在100 km/h以上，可利用汽车的电源，且消耗功率较小。

2）电子控制单元（ECU）

电子控制单元（ECU）是 ACC 系统的中央处理器，属于系统的核心部分。主要由 ACC 模块、发动机控制模块、制动控制模块等组成。

ACC 模块的主要功能是处理雷达信息并判断附近是否存在前方车辆。当 ACC 系统处于“时间间隙控制状态”时，它会发出信息到发动机控制模块和制动器控制模块，以控制 ACC 车辆和目标车辆之间的时间间隙。

发动机控制模块的主要功能是接收来自 ACC 模块和仪表盘的信息，并据此调整车速。发动机控制模块通过调整发动机油门调整车速。

制动控制模块的主要功能是在 ACC 控制模块的要求下通过对每个车轮进行制动从而降低车速。

3）执行器

节气门和制动器的组合在 ACC 中被称为作动器。作为执行机构，控制器 ECU 计算出汽车的加速度，再将控制命令传递到节气门和制动器，实现汽车的加速或减速，如图 15–4 所示。执行器包括节气门开度控制和制动控制。以满足控制的要求。执行器在接到 ECU 指令后，负责对车辆进行加速或者制动等控制，通过调节汽车的加速度，令其能始终与前车保持安全的行驶距离，或保持车辆按预设的速度行驶。由 ABS 系统对车轮实施制动或变速箱采用降挡的方法，将车速降低。

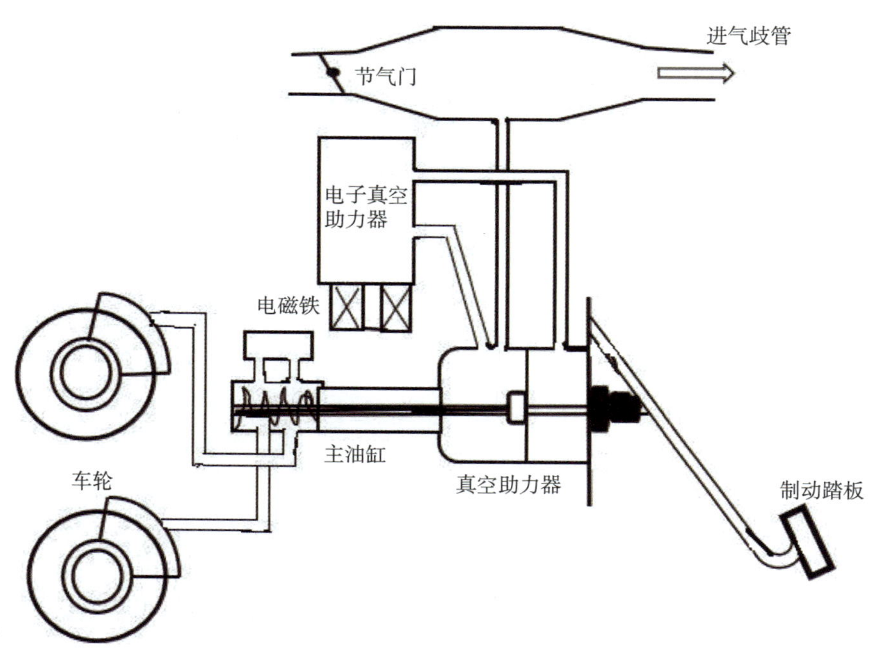

图 15–4　执行器结构组成

4）仪表

在 ACC 系统中仪表的主要功能是处理巡航开关，并将它们的信息发送至 ACC 系统和发动机控制模块。同时，仪表也将显示出信息，以便于驾驶员了解 ACC 系统的运行状态，如图 15–5 所示。

图 15-5　仪表显示

5）转向盘按键

如图 15-6 所示，自适应巡航的转向盘按键与定速巡航相似，但是增加了一个车距选择按钮，驾驶员可根据需要设定巡航速度和巡航跟车间距。

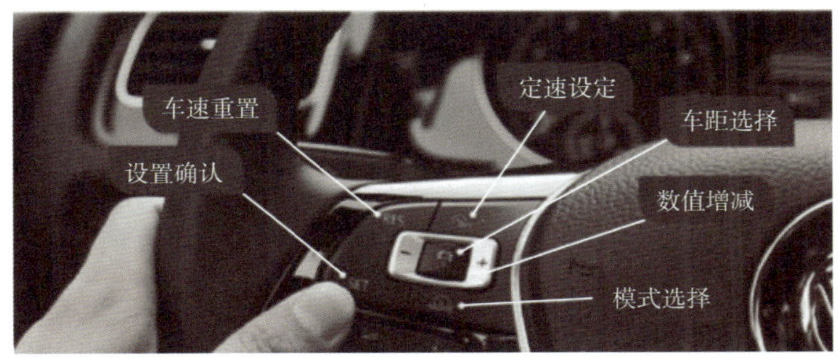

图 15-6　转向盘按键

（4）自适应巡航控制系统的控制原理

根据车间距传感器检测的信息，以及本车车速传感器和横摆角速度传感器检测确定的本车行驶路线信息，来判断在本车的同一条车道上前方有无车辆行驶。车间距离传感器采用毫米波雷达或距离雷达。

ACC 系统将实时检测在本车前进道路上是否存在速度更慢的车辆，若存在，ACC 系统将降低车速并控制与前方车辆之间的安全距离；若系统检测到前方车辆并不在本车行驶道路上时，ACC 系统将加快本车速度以使之恢复到之前所设定的巡航速度，从而实现无人干预下的自主减速或加速，以适应道路交通状况的变化，并保证不与前方车辆发生碰撞，其控制原理如图 15-7 所示。

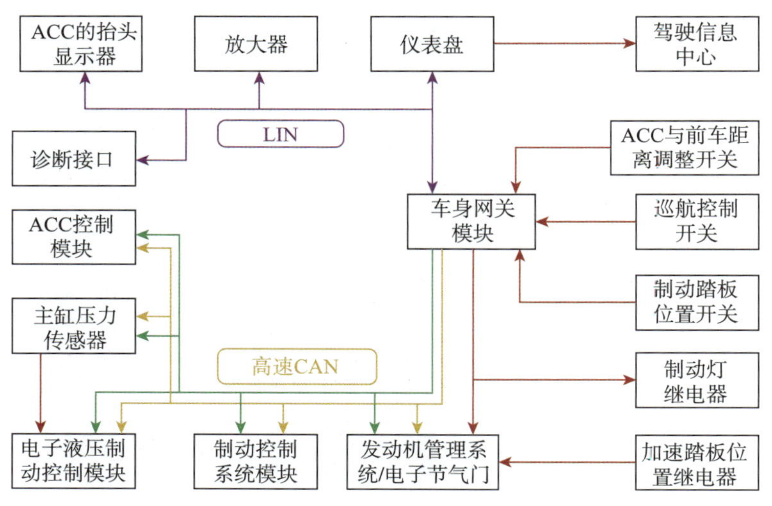

图 15-7 自适应巡航控制系统的控制原理

(5)自适应巡航控制系统(ACC)传感器校准调节方法

1)当出现以下情况时，必须对传感器进行校准调节。

① 调整或改变后桥的轮距。

② 拆装过 ACC 控制模块。

③ 拆装过前保险杠。

④ 前保险杠因受较大外力而造成损伤。

⑤ 水平失调角超过 ±0.8° 。

在配备有两个 ACC 控制模块的车辆中，进行校准时应先调节主控传感器，再调节从控传感器。进行调节前，应保证车距调节传感器和控制单元上的双头螺栓的长度正确。

2)校准要求

① 将前轮置于直线行驶位置。

② 将诊断设备导线通过打开的车窗连接到车辆。

③ 车辆外部照明已关闭。

④ 车辆所有车门已关闭。

⑤ ACC 反光镜安装位置距车标之间 120 cm ± 2.5 cm。

⑥ 检查水平仪和校准条的位置(依据四轮定位数据显示)。

3)校准流程

连接诊断设备后，选择引导功能，根据提示进行操作即可。

① 打开点火开关选择品牌。

② 选择对应车型、选择功能部件。

③ 读取失调角度。

④ 选择要调整的控制单元进行调整。

⑤ 控制单元调整（调整调节螺钉如图 15-8 所示）。

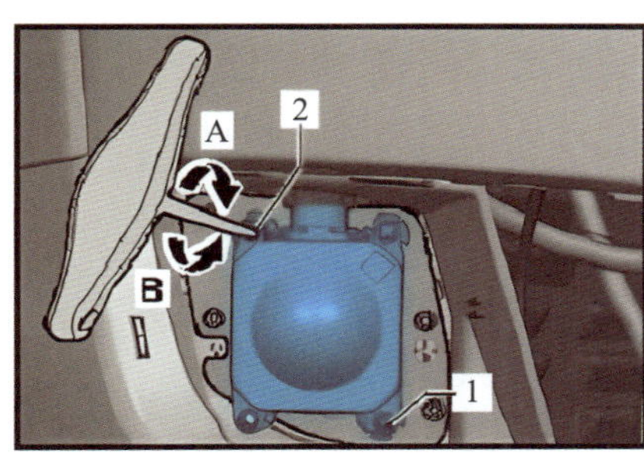

▶ 调整调节螺钉：

底部左侧螺钉1，顶部右侧螺钉2。

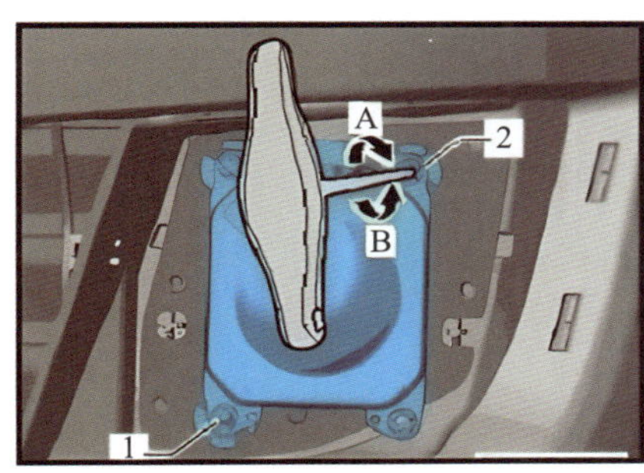

▶ 旋转方向：

右侧为顺时针（图中A），左侧为逆时针（图中B）。

图 15-8　调整调节螺钉

2. 技能操作

（1）操作准备

准备技能操作所需的物料，见表 15-1。

表 15-1　物料准备

类别	所需物料
教学车辆 / 平台	实训整车
设备、仪器、工具、资料	诊断仪、ACC 调校装置、激光测距仪、ACC 反射镜、四轮定位仪、车辆维修手册

（2）自适应巡航控制系统（ACC）传感器校准调节

对自适应巡航控制系统（ACC）传感器进行校准调节，将检查结果记录在表 15-2 中。

表 15-2　自适应巡航控制系统（ACC）传感器校准调节记录

序号	操作要求	操作结果
1	前轮置于直线行驶位置	是□　否□
2	诊断设备导线连接到车辆	是□　否□
3	车辆外部照明已关闭	是□　否□
4	车辆所有车门已关闭	是□　否□

续表

序号	操作要求	操作结果
5	ACC 反光镜安装位置距车标之间 120 cm ± 2.5 cm	是□　否□
6	检查水平仪和校准条的位置	是□　否□

（二）自适应巡航控制系统故障诊断与排除

1. 知识学习

（1）自适应巡航控制系统的工作过程

当在同一车道中前面无车辆时，系统保持车辆以设置速度行驶。如果系统检测到前面有一辆速度比本车慢的车辆时，关闭节气门减速。如果还要减速，则向下换挡减速。如果必须更进一步减速，系统控制制动器进行制动，以便完成减速。然后系统保持已经设置好的车距。如果因前面车辆或自己车辆换道，而在设置的车距之内前面没有车辆时，则该系统慢慢地加速到达设定速度并以设定速度行驶，自适应巡航控制系统的工作过程如图 15-9 所示。

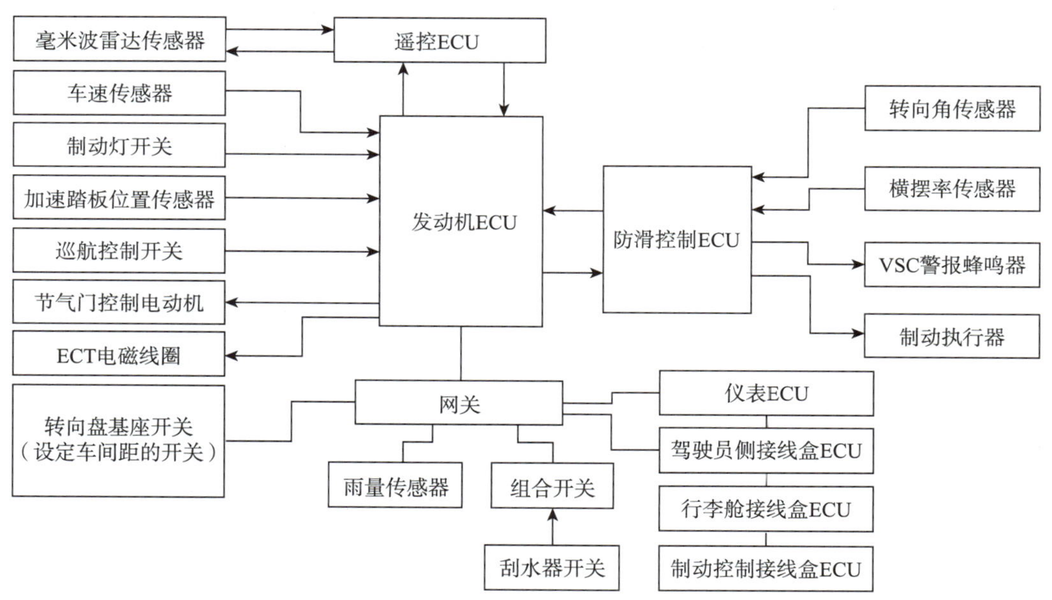

图 15-9　自适应巡航控制系统的工作过程

汽车自适应巡航控制过程根据不同的环境条件，共有 4 种典型的控制过程，如图 15-10 所示，即巡航 / 定速控制、减速控制、跟随控制、加速控制。图 15-10 中假设当前车辆设定车速为 100 km/h，目标车辆行驶速度为 80 km/h。

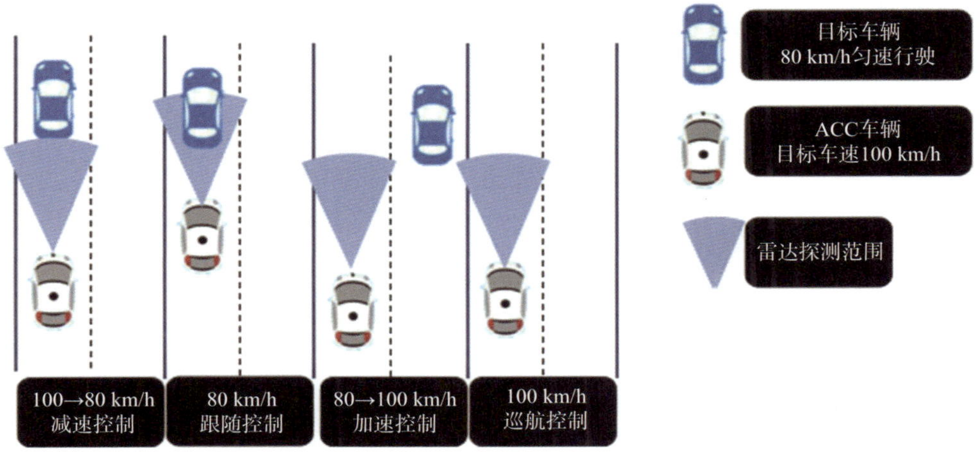

图 15-10　4 种典型自适应巡航控制过程

1）巡航控制

在巡航控制模式中，由发动机 ECU 按照与常规型巡航控制系统中相同的方法实施等速控制。在车间距控制模式中，由毫米波雷达传感器和距离控制 ECU 来实施等速控制。

毫米波雷达传感器将前方车辆相关的信息传送给距离控制 ECU，同时也将毫米波雷达传感器运行信号传送到发动机 ECU。距离控制 ECU 将此信号传送到发动机 ECU。发动机 ECU 比较设定车速和实际车速，并通过调节节气门开度来实现等速控制，以获得设定车速。

2）减速控制

距离控制 ECU 根据来自毫米波雷达传感器的信号计算目标减速率，并将减速请求信号传送给发动机 ECU。在接收到此信号后，发动机 ECU 关闭节气门，从而使车辆减速。如果存在停放车辆或目标，或低于可设定车速的范围，则不能实现此控制。

如果距离控制 ECU 确定需要进一步减速，则其将制动请求信号传送给发动机 ECU。在接收到此信号后，发动机 ECU 将制动请求信号传送给防滑控制 ECU，然后防滑控制 ECU 将控制动执行器来施加制动。此时，如果减速率高于预定值，防滑控制 ECU 将制动灯照明请求信号输出给制动灯控制继电器，以便通知车辆后方的相关人员。

如果在制动灯照明后仍需要进一步减速，防滑控制 ECU 将根据距离控制 ECU 的请求信号启动 VSC 警报蜂鸣器，以便提醒驾驶员需要踩下制动踏板。

3）跟随控制

在实现减速控制后，距离控制 ECU 将请求信号传送到发动机 ECU，这样车辆根据车速保持适当车距的同时跟随在前方车辆后面。接收到此信号后，发动机 ECU 调节节气门，以便实现跟随控制。可以通过操作距离控制开关来选择车距的 3 种方式（长距离、中距离和短距离）。

4）加速控制

如果距离控制 ECU 探测出（根据毫米波雷达传感器）前方车辆或自身车辆已经更改车道，则加速请求信号将被传送到发动机 ECU，以便达到设定车速。在接收到此信号后，发动机 ECU 调节节气门，从而实现加速控制。

（2）自适应巡航控制系统控制方法

1）跟车行驶控制

当 ACC 控制车辆前方有其他车辆时，ACC 会进入前车跟随控制逻辑。前车跟随控制主要根据雷达采集到的相对速度和相对距离进行距离控制和速度控制，ACC 跟车示意图如图 15-11 所示。

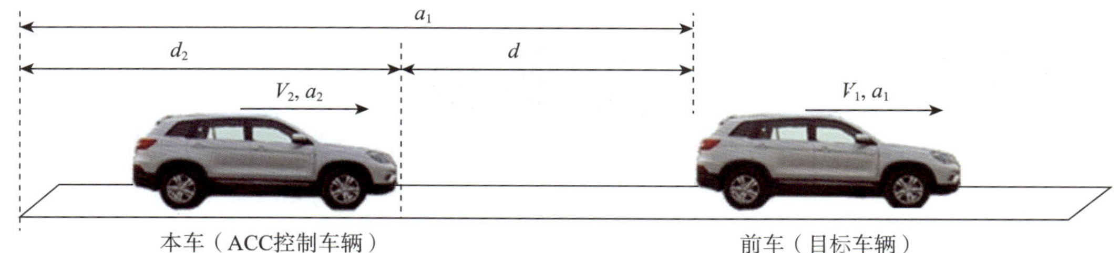

图 15-11　ACC 跟车示意图

当相对距离大于设定距离时，进行距离控制，通过控制器得到需要的加速度和转矩偏差，结合基准转矩，将目标转矩平滑过渡后传送至 EMS 系统。当相对距离小于设定距离时，会自主进行速度控制，由相对距离和相对速度得到目标减速度。基于轮胎模型，得到所需的制动压力，平滑过渡后传送至 ESP 系统，跟车行为控制逻辑如图 15-12 所示。

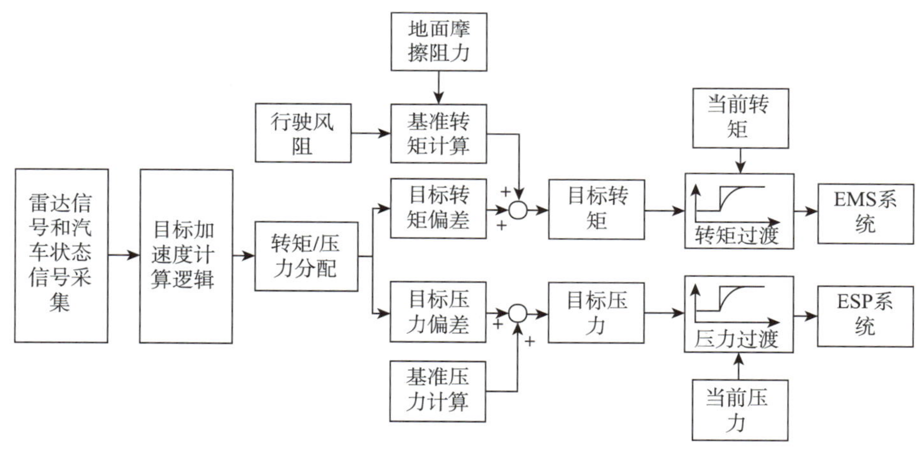

图 15-12　跟车行为控制逻辑

2）启停功能控制

当车速低于 30 km/h 时，进入 ACC 的启停控制逻辑，实现在交通拥挤路况下的车辆启停功能。此时 ACC 控制的最大减速度变为 –6 m/s 。

当 ACC 监测到前方车辆处于静止状态时，根据雷达信号和预设的常量偏置距离计算出所需的制动压力，通过 ESP 系统实现平缓停车。当停车时间超过门限值时，触发 EPB 控制。当监测到前方车辆起动时，若此时处于 EPB 控制阶段，发送 EPB 释放信号，若只是短暂停车，对轮缸制动压力泄压。根据前车车速和距离，计算出平缓起步所需的转矩。同时启停功能在启动车辆时考虑到道路坡度的影响，会合理分配发动机转矩，并且在坡度较大时退出 ACC 功能，启停控制逻辑如图 15-13 所示。

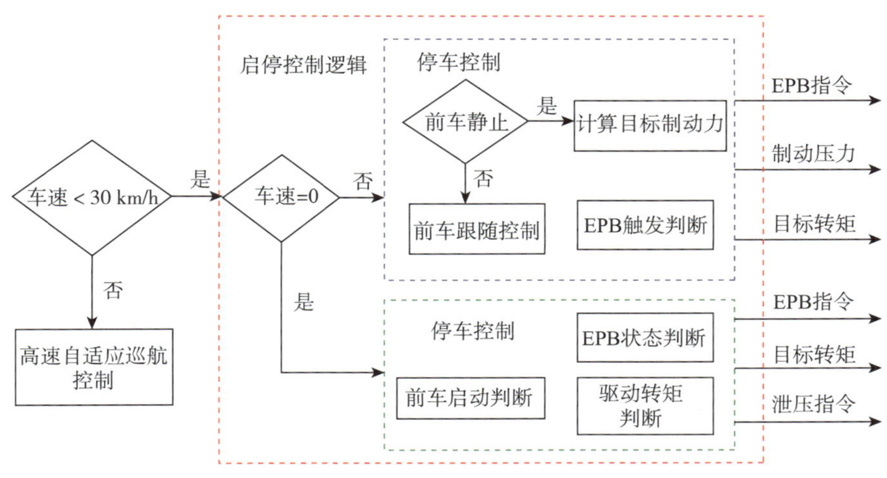

图 15-13　启停控制逻辑

3）前碰撞预警控制

ACC 系统集成了前碰撞预警系统，当出现即将发生碰撞的危险时，预警系统通过报警信号，提醒驾驶员进行制动操作，此时 ACC 进入预增压模式，便于驾驶员能够实现最大制动力。若驾驶员没有响应预警，进行人为制动，则 ACC 控制器进行允许的最大制动力制动，并持续对驾驶员进行报警提醒，前碰撞预警功能控制逻辑如图 15-14 所示。

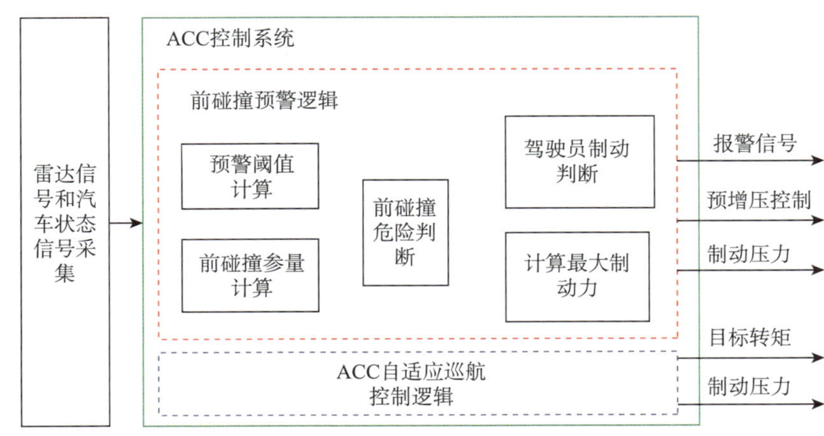

图 15-14　前碰撞预警功能控制逻辑

（3）自适应巡航控制系统故障现象及故障原因分析

如果在车辆处于巡航控制（等速控制模式 A 模式或车间距控制模式 B 模式）时出现表 15-3 中任一情况，则将取消巡航控制。随后多信息显示屏上显示警告信息、主警告灯点亮、蜂鸣器鸣响，巡航主指示灯闪烁，同时故障被作为 DTC 进行储存。

表 15-3　自动取消巡航控制故障表

模式	故障说明	警告
A 模式和 B 模式	如果出现以下任何一种情况，发动机 ECU 将清除设定车速并取消巡航控制 （1）车速信号故障 （2）ETCS-i 中出现故障 （3）制动灯开关开路或短路。巡航控制被禁止，直至故障被清除，或通过巡航控制开关上的 ON-OFF 按钮关闭并再次开启巡航控制系统后	1）“CHECK CRUISE SYSTEM”（检查巡航系统） 2）点亮 3）鸣响一次 4）闪烁
	车速下降到低于低速极限（大约 40 km/h），发动机 ECU 将取消巡航控制，同时将设定的车辆车速进行保存	
A 模式	如果车速下降到比设定车速低 16 km/h 或更多，发动机 ECU 将取消巡航控制	
B 模式	如果出现以下任何一种情况，发动机 ECU 将清除设定车速并取消巡航控制 （1）毫米波雷达传感器出现故障 （2）毫米波雷达传感器的轴发生位移 （3）动态雷达巡航控制系统中出现故障	1）“CHECK CRUISE SYSTEM”（检查巡航系统） 2）点亮 3）鸣响一次 4）闪烁
	如果出现以下任何一种情况，发动机 ECU 将取消巡航控制，同时将设定的车辆速度进行保存 （1）毫米波雷达传感器有脏污 （2）巡航控制被禁止，直至故障被清除，或巡航控制开关上的 ON-OFF 按钮被开启	1）“CLEAN RADAR SENSOR”（清洁雷达传感器） 2）点亮 3）鸣响一次 4）闪烁
	如果出现以下任何一种情况，发动机 ECU 将取消巡航控制，同时将设定的车辆速度进行保存 （1）刮水器在 H1 速度下运行（包括 AUTO 模式） （2）由于不良的天气状况导致测量非常不稳定。巡航控制被禁止，直至故障被清除，或通过巡航控制开关上的 ON-OFF 按钮关闭，并再次启动巡航控制系统后	1）“CRUISENOTAVAILABLE”（巡航不可用） 2）点亮 3）鸣响一次 4）闪烁

（4）自适应巡航控制系统故障诊断流程

自适应巡航控制系统是否有故障，可结合自适应巡航控制系统显示信息，利用自适应巡航控制系统自诊断功能，读取自适应巡航控制系统故障码及发动机控制系统、制动控制系统的故障码及数据流，检测车辆执行机构本身、感知系统或 ACC 控制系统，进行综合分析诊断，其诊断流程如图 15–15 所示。

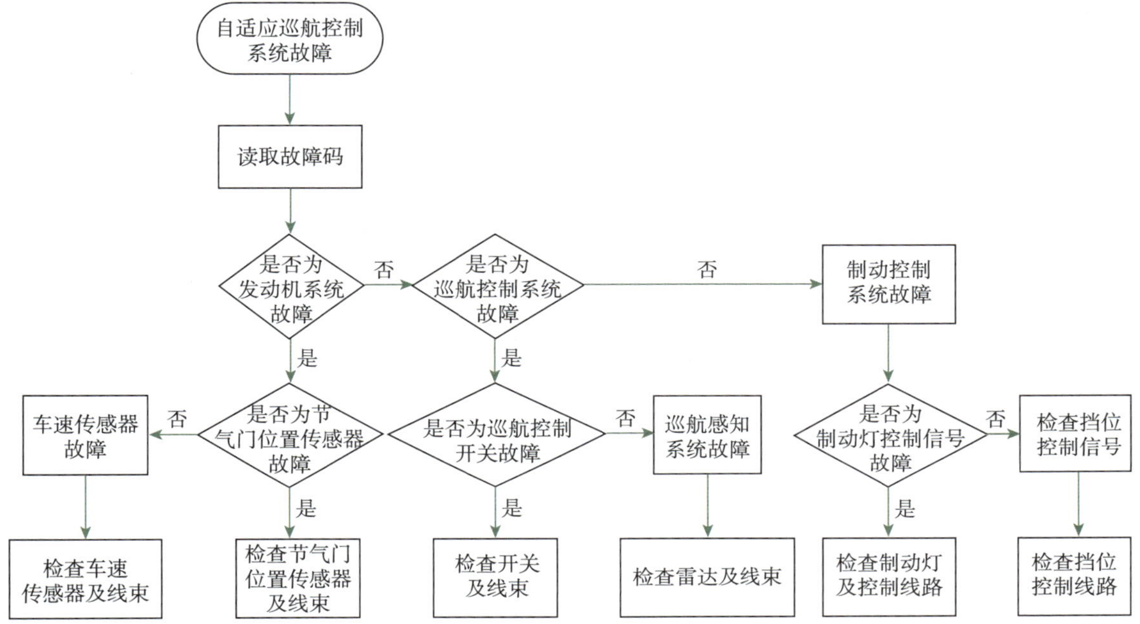

图 15–15　自适应巡航控制系统故障诊断流程

2. 技能操作

（1）操作准备

准备技能操作所需的物料，见表 15–4。

表 15–4　物料准备

类别	所需物料
教学车辆 / 平台	实训整车
设备、仪器、工具、资料	诊断仪、示波器、万用表、车辆维修手册

（2）自适应巡航控制系统故障诊断与排除操作

1）读取发动机、制动控制系统故障信息

读取实训车辆整车发动机、制动控制系统故障信息，将发动机、制动控制系统故障相关信息填写在表 15–5 中。

表 15-5　发动机、制动控制系统故障信息记录

序号	发动机故障信息	制动控制系统故障信息
1		
2		
3		
4		
5		
6		

2）拆画电路图

查阅所维修车型的电路图、车辆维修手册，拆画实训车辆自适应巡航控制系统电路图，画在图 15-16 中。

图 15-16　实训车辆自适应巡航控制系统电路图

3）雷达及控制电路检查

对雷达及控制电路进行检查，将检查结果填写在表 15-6 中。

表 15-6　雷达及控制电路检查记录

序号	检查项目	检查结果
1	雷达外观检查是否脏污	是□　否□
2	雷达线束是否虚接	是□　否□

4）自适应巡航控制系统电路检测

对自适应巡航控制系统电路进行检测，将检测结果填写在表 15-7 中。

表 15-7　自适应巡航控制系统电路检测记录

序号	检测项目	检测结果
1	读取故障码	故障码：
2	读取数据流	数据流：
3	供电电压	
4	搭铁电压	
5	信号电压	

检查评估

对本任务的学习情况进行检查，并将相关内容填写在表 15-8 中。

表 15-8　检查表

检查项目	检查结果	结果点评
自适应巡航控制系统校准调节		
是否完成自适应巡航控制系统校准调节	是□　否□	
自适应巡航控制系统功能是否正常	是□　否□	
自适应巡航控制系统故障诊断		
故障码读取及数据流分析是否正确	是□　否□	
故障诊断过程是否规范	是□　否□	
故障排除结果是否验证	是□　否□	
自适应巡航控制系统功能是否恢复正常	是□　否□	
工作页记录是否完整	是□　否□	

续表

检查项目	检查结果	结果点评
现场管理		
工具设备是否整理并放至指定位置	是□　否□	
实训工位是否打扫干净	是□　否□	

任务小结

本任务小结如图 15-17 所示。

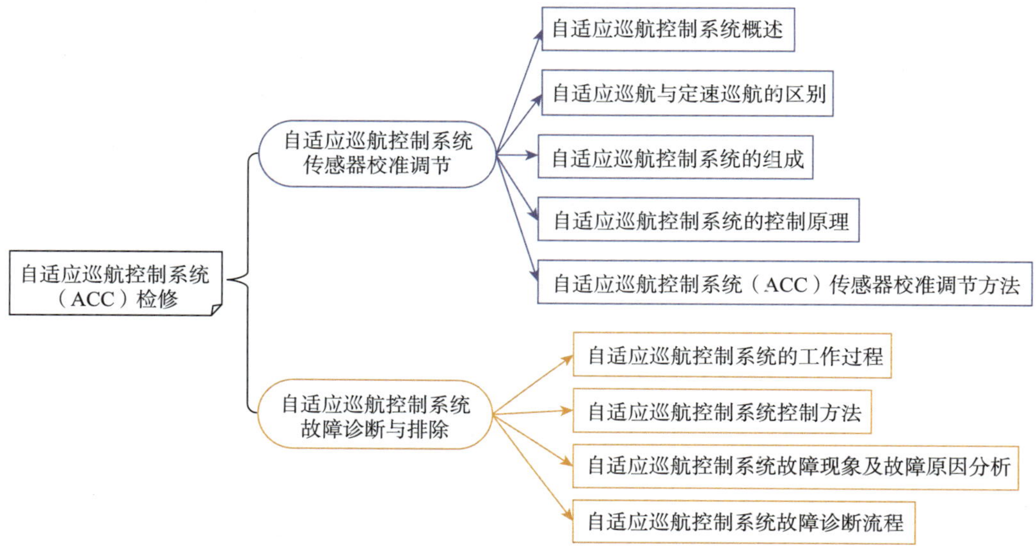

图 15-17　本任务小结

任务十六
碰撞预警系统检修

任务导入

场景： 某国产智能网联汽车售后维修中心

人物： 车主崔女士、维修技师胡师傅

情节： 车主崔女士准备开车上班时，发现防碰撞报警灯亮起，于是打电话向售后维修中心寻求帮助，维修技师胡师傅拟对该车进行故障诊断与排除。如果你是维修技师胡师傅，如何规范、高效地排除该车故障？

任务目标

▸ 能运用碰撞预警系统的作用及工作原理，根据检查内容及方法，完成碰撞预警系统检查工作。

▸ 能够依据故障现象、电路图、故障码及数据流分析，完成碰撞预警系统功能失效故障范围确定。

▸ 能正确使用相关检测设备，规范作业流程，完成碰撞预警系统故障诊断与排除。

任务实施

（一）碰撞预警系统检查

1. 知识学习

（1）碰撞预警系统的功能

汽车碰撞预警系统主要用于协助驾驶员避免高速、低速追尾，高速中无意识偏离车道，与行人碰撞等重大交通事故。像第三只眼一样帮助驾驶员，持续不断检测车辆前方道路状况，可识别判断各种潜在的危险情况，并通过不同的声音和视觉提醒，以帮助驾驶员避免或减缓碰撞事故。

一般而言，碰撞预警系统能预测到行车危险并在碰撞危险发生前 3 s 向驾驶员发出警报，预防交通事故发生。碰撞预警系统有以下三大功能。

1）前碰撞预警

系统可以在发生碰撞危险前 3 s 发出警报，提醒驾驶员进行制动操作，同时车尾灯不停闪烁，提醒后车注意，避免发生追尾事故。

2）车道偏离预警

系统能在无意识发生车道偏离前 0.5 s 发出警报，提醒驾驶员注意保持在原车道上安全行驶。

3）车距的监控和预警

能让驾驶员始终保持安全的行车距离，并能在车距存在危险时发出警报。

（2）碰撞预警系统的特点

对道路交通情况进行实时监测并能主动采取警示提醒甚至制动来进行动态处理，避免和减少碰撞，降低事故率，并增加驾驶员安全系数，提高出行可靠性和安全性，在预警和提醒过程中，帮助驾驶员培养出对道路交通状况变化的敏锐感觉。

由于干扰因素众多，如道路状况不良、天气状况不佳、传感器精度与车载 ECU 计算时长以及识别障碍物准确度不够成熟，都可能导致不必要的无效警告或不准时的遗漏警告。如急弯或爬陡坡时，黑暗（照明条件差）或能见度差（因大雨、大雪、浓雾等造成）时；强光（如迎面而来的车辆前照灯灯光或直射的阳光）妨碍摄像头视野时；挡风玻璃阻挡摄像头的视野时（水雾、尘土或贴纸遮挡等）；雷达、摄像头受限时；有逆行车辆或车速大于一定的速度时；诸如此类的情况下，都可能导致碰撞预警系统无法及时发现行人或障碍物来避免碰撞，目前很多系统设置 FCW 在车速低于 40 km/h 时是不运行的，也有一些相反的，只在车速低于 30 km/h 时运行。

（3）碰撞预警系统的分类

碰撞预警系统分类有很多，主要分为前向碰撞预警系统（FCW）、后向碰撞预警系统（RCW）、变道碰撞预警系统（LCW）、车门开启预警系统（DOW）；也可以按照是否能自动采取制动，分为主动式防碰撞预警系统与非主动式防碰撞预警系统。

如图 16–1 所示，前向碰撞预警系统是针对前方车辆的实时状态，利用雷达系统进行监测，判断车辆与前车之间的距离、相对位置和速度，当经过计算判断后发现有潜在碰撞危险时，对驾驶员进行警告。

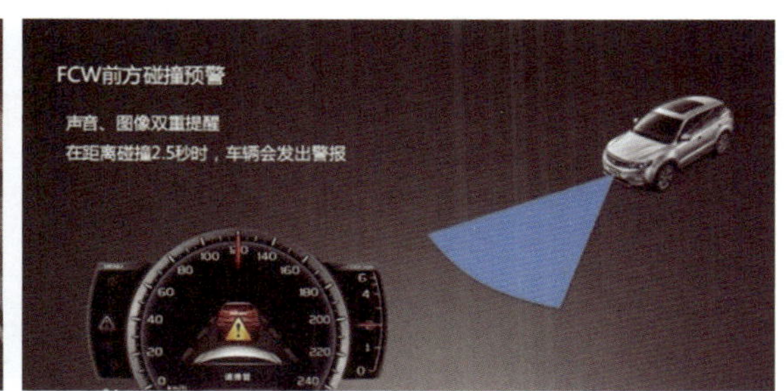

图 16-1　前向碰撞预警系统

前向碰撞预警系统在具有前向碰撞风险时，通过声光电甚至振动等不同形式途径来提醒和警示驾驶员，如果配置了自动制动功能，那么预警系统除了提醒驾驶员在合理的时间内施加制动解除碰撞风险以外，系统也会控制车辆自动进行制动。

前向碰撞预警是一个辅助功能，无法在所有情况下帮助驾驶员，最多只能通过尝试降低行驶速度来最大程度减少正面碰撞的冲击，并且系统的设计是尽量晚启动，避免没有必要的介入，切勿依赖前向碰撞预警来代替驾驶员应做出的应对，如图 16–2 所示。

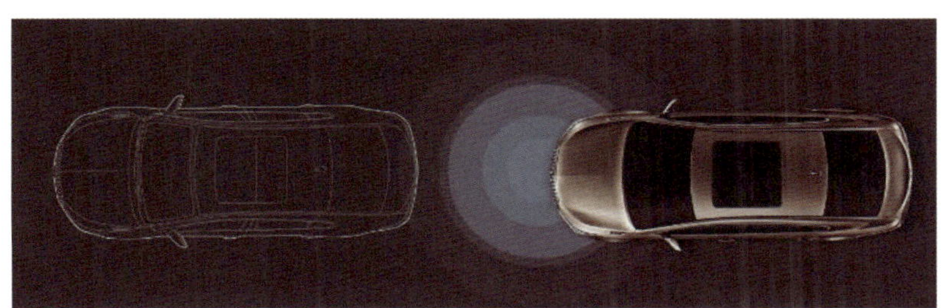

图 16-2　FCW 检测前车距离

一般来说，如果因障碍物或突发情况导致前面车辆的突然减速甚至停车，而后方车辆速度很快难以在短时间内减速至安全状态，同时大部分驾驶员也很难及时准确判断前车制动的变化并快速做出反应，进行相应的减速制动操作，就会导致追尾或碰撞事故的发生；行车时如果没有注意保持安全车距，前后两车相距过近，没有足够的制动距离，也容易发生追尾事故；如果前车在未打转向灯的情况下，突然减速转弯，而后车驾驶员没有预料且未保留足够的安全行车距离时，也会导致追尾或碰撞事故的发生。想要更好规避追尾等事故，对所配备的碰撞预警系统就会有更高的要求，因此也会出现比如“预测性前车碰撞预警 PFCW”这样更加先进的碰撞预警系统，来更好地预防前车急刹带来的追尾事故，如图 16–3 所示。

图 16-3　预测性前车碰撞预警 PFCW

（4）碰撞预警系统的组成

如图 16–4 所示，一般而言，碰撞预警系统主要由信息采集单元、电子控制单元和人机交互单元组成，主要包括激光雷达、控制单元、操纵机构等部件。

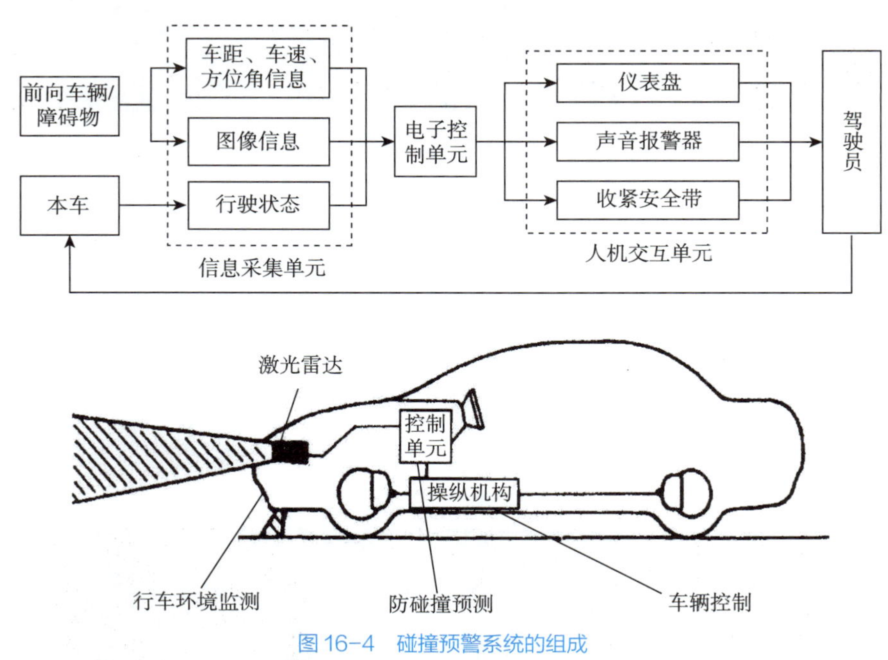

图 16–4　碰撞预警系统的组成

1）信息采集单元

采用各类先进传感器如影像识别、毫米波雷达（见图 16–5）、超声波雷达（见图 16–6）、激光雷达等，对本车速度与周边环境中车辆速度、距离等信息进行监测，受到成本制约，目前各类车型普遍选择毫米波雷达为主，因为相较于红外、激光、摄像头等光学技术和超声波探测等方式来说，虽然光学技术价格低廉且技术简单，但全天候工作效果不好，而超声波同样会受天气状态影响，只适合于短距离的探测，普遍用于倒车保护，而毫米波雷达能克服上述探测方式的缺点，对环境的适应性好，性能稳定。

同时，毫米波雷达结构简单、发射功率低、分辨率和灵敏度高、天线部件尺寸小，不仅可测量目标距离，还可测量目标物体的相对速度及方位角等参数，也是未来无人自动驾驶的必选传感器。此外，交通运输部发出关于贯彻落实交通运输行业标准《营运客车安全技术条件》（JT/T 1094—2016）的通知中，技术要求第 4.1.5 条明确规定：9M 以上的营运客车要求加装车道偏离预警系统（LDWS）以及符合标准的前碰撞预警（FCW）功能，这两项功能的核心就是防撞雷达，市场上能够达到防撞性能指标的就是毫米波雷达，所以它的应用目前来说最为普及。

不同传感器装置的功效对比见表 16–1。

图 16-5　毫米波雷达

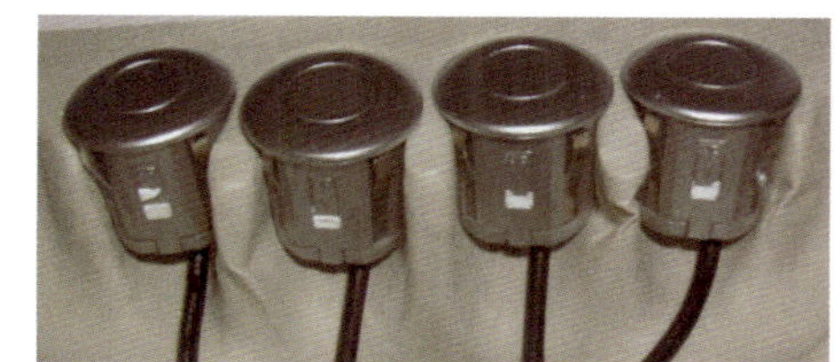

图 16-6　超声波雷达

表 16-1　不同传感器装置的功效对比

形式 汽车碰撞预警系统传感器比较	超声波	摄像头	红外线	激光	毫米波
远距离探测能力	弱	强	一般	强	强
夜间工作能力	强	弱	强	强	强
全天候工作能力	弱	弱	弱	弱	强
受气候影响	小	大	大	大	小
烟雾环境工作能力	一般	弱	弱	弱	强
雨雪环境工作能力	强	一般	弱	一般	强
温度稳定度	弱	强	一般	强	强

2）数据处理模块

计算机芯片处理和计算出车辆与交通环境的相对距离与瞬时相对速度后，进而判断相对安全距离，根据当下距离发出指令。

3）显示模块

能显示当前车速，能显示车前、车后最具危险障碍物的距离，并以“嘀嘀”声和仪表图像进行预警。

4）执行制动机构

负责按照接收到的指令做出反应动作，当预警后，如驾驶员没有采取制动措施，执行机构将进行制动减速或紧急制动操作。

5）前方碰撞预警模块

它通过前方雷达信号采集模块和计算在行驶过程中车辆与前方车辆的距离信息来判断潜在的碰撞风险，并立即发出警示。

6）车距监控模块

汽车在行驶过程中，系统会显示本车车速和检测到本车与前方车辆或障碍物的距离。

7）后方车辆防追尾警示模块

通过后方雷达信号采集模块和计算在行驶过程中后方车辆与前方车辆的碰撞信息来判断潜在的碰撞风险，并立即发出强光警示。

8）温度感应模块

自动感应车外环境温度，当低于 0 ℃时，针对未配置 ABS 车辆，不制动只预警，避免结冰路滑导致安全事故。

（5）碰撞预警系统的工作原理

如图 16–7 所示，碰撞预警系统采用毫米波、超声波或光学技术传感器对本车行驶前方目标车辆或后方障碍物进行精确探测，将探测距离传递给中央处理器，通过计算机编码程序，进行运算识别和处理，再根据处理要求，报警系统以语音的形式向驾驶员发出提醒，根据危险级别及时通过报警显示系统进行，并在未检测到驾驶员采取制动等措施进而将发生碰撞时，执行制动指令减速制动防止碰撞事故发生，如图 16–8 所示。

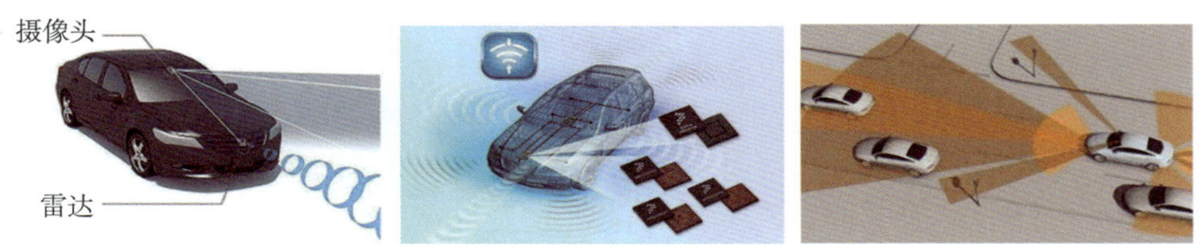

图 16–7　前车碰撞预警 FCW 的基本构成

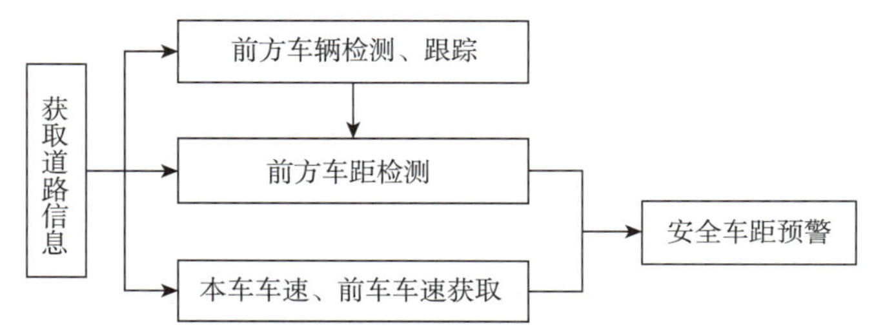

图 16–8　碰撞预警系统的工作原理

简而言之，碰撞预警系统的工作主要是利用雷达、图像等传感器来进行监测，一般对本车行驶轨迹内的最近障碍车辆进行预警，并且不受在非本车行驶轨迹内的前方更近障碍物等的影响，在正确识别有效目标的基础上，结合本车当前行驶状况与有效目标运动情况进行决策分析，最终以适时、适当的方式提醒驾驶员采取规避措施，而如上功能则是通过三大模块加以实现：信息感知、决策算法、预警信息发布，如图 16–9 所示。

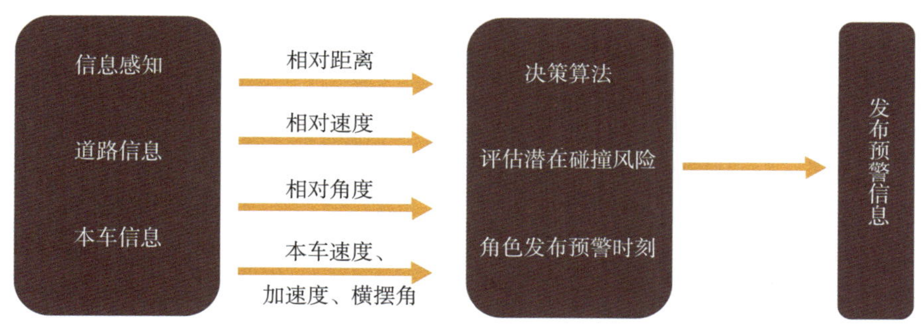

图 16-9　碰撞预警系统的三大模块功能示意图

（6）碰撞预警系统的检查内容及方法（以某丰田车型为例）

1）检查蓄电池供电电压。

测量蓄电池电压，标准电压为 11~14 V，如果电压低于 11 V，则在进到下一步前对蓄电池进行充电或更换蓄电池。

2）检查碰撞预警系统 ECU 端子。

① 检查毫米波雷达传感器总成。

毫米波雷达传感器总成如图 16-10 所示。

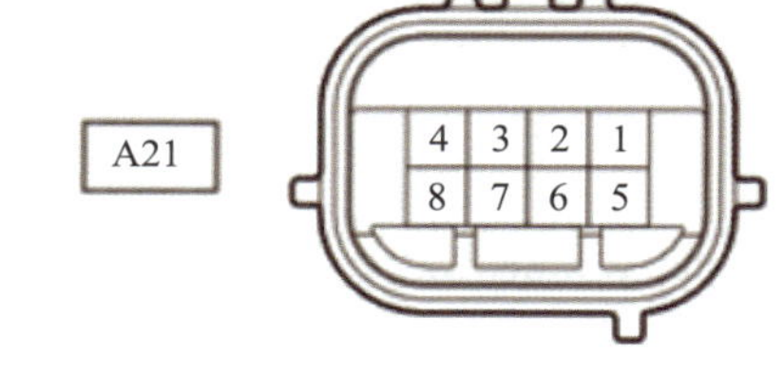

图 16-10　毫米波雷达传感器总成

a）根据表 16-2 中的值测量电压和电阻。

表 16-2　毫米波雷达检测标准

端子编号（符号）	接线颜色	端子说明	条件	规定状态
A21-8(IGB)-A21-1 (SGND)	SB-W-B	电源	发动机开关转到 ON (IG)	10.5 ~ 16 V
A21-1(SGND)- 车身接地	W-B- 车身接地	接地	始终	小于 1 Ω

b）根据表 16-3 中的值，检查脉冲。

如果波形与图 16-11、图 16-12 中所示不相似，则 CAN 总线、终端电阻器或毫米波雷达传感器总成可能存在故障。

表 16-3　毫米波雷达线路波形测试标准

端子编号（符号）	接线颜色	端子说明	条件	规定状态
A21-3(CA2H)-A21-1 (SGND)	R-W-B	CAN 通信信号	发动机开关转到 ON (IG)	脉冲发生（参见波形 1）
A21-2(CA2L)-A21-1 (SGND)	W-W-B	CAN 通信信号	发动机开关转到 ON (IG)	脉冲发生（参见波形 2）
A21-5(CA1P)-A21-1 (SGND)	G-W-B	CAN 通信信号	发动机开关转到 ON (IG)	脉冲发生（参见波形 1）
A21-6(CA1N)-A21-1 (SGND)	W-W-B	CAN 通信信号	发动机开关转到 ON (IG)	脉冲发生（参见波形 2）

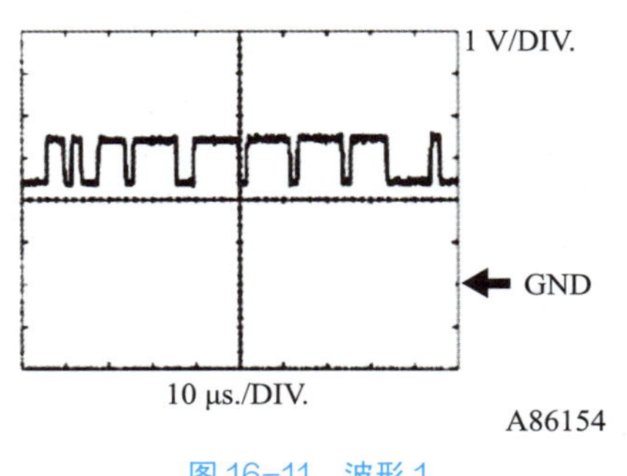

图 16-11 波形 1

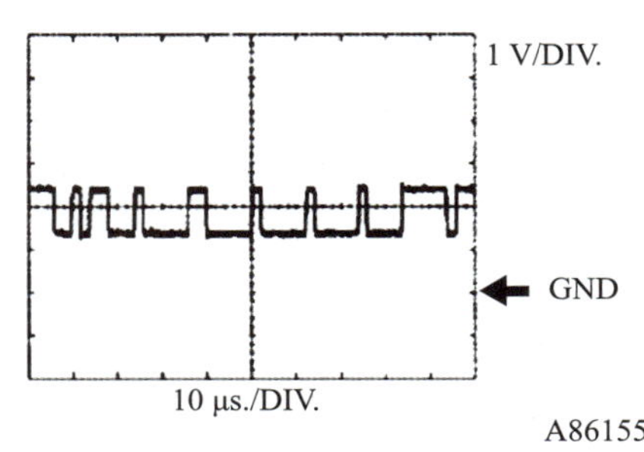

图 16-12 波形 2

② 检查前向识别摄像机

注意事项：检查过程中连接器断开时可能存储故障码，因此，检查一旦完成务必使用故障诊断仪清除故障码；前向识别摄像机连接器 K3 各针脚序号如图 16-13 所示，拆装时不要对前向识别摄像机连接器 K3 施加过大的力，以防损坏。

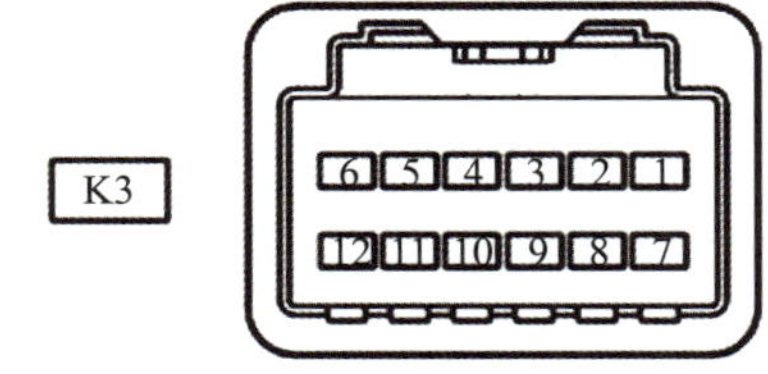

图 16-13 前向识别摄像机连接器 K3 各针脚序号

根据表 16-4 中的值测量电压和电阻。

表 16-4 前向识别摄像机线路测试标准

端子编号（符号）	接线颜色	端子说明	条件	规定状态
K3-7 (IGB)-K3-10 (GND)	LA-P - LA	电源	发动机开关转到 ON (IG)	10.5 ~ 16 V
			发动机开关转到 OFF	低于 1 V
K3-10 (GND) - 车身接地	LA - 车身接地	接地	始终	小于 1 Ω

根据表 16-5 的值检查前向识别摄像机线路脉冲信号，其波形如图 16-14 所示。如果波形与图 16-14 中所示不相似，则 CAN 总线、终端电阻器或前向识别摄像机可能存在故障。

表 16-5 前向识别摄像机线路信号测试标准

端子编号（符号）	接线颜色	端子说明	条件	规定状态
K3-5 (CA1P) - K3-10 (GND)	L - LA	CAN 通信信号	发动机开关转到 ON (IG)	脉冲发生（参见波形 1）
K3-11 (CA1N) - K3-10 (GND)	W - LA	CAN 通信信号	发动机开关转到 ON (IG)	脉冲发生（参见波形 2）
K3-6 (CANH) - K3-10 (GND)	G - LA	CAN 通信信号	发动机开关转到 ON (IG)	脉冲发生（参见波形 1）
K3-12 (CANL) - K3-10 (GND)	W - LA	CAN 通信信号	发动机开关转到 ON (IG)	脉冲发生（参见波形 2）

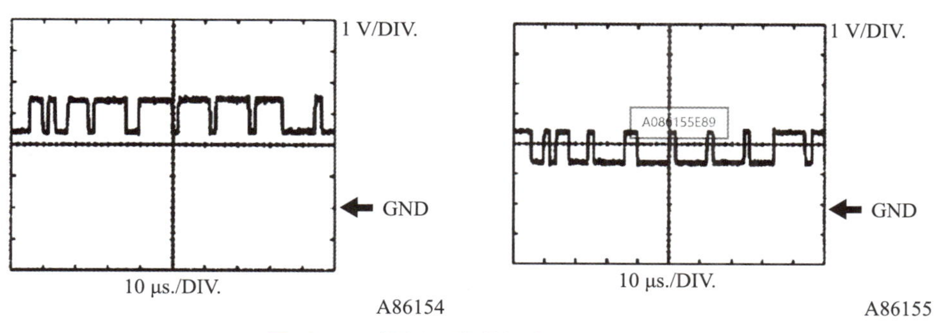

图 16-14　前向识别摄像机波形 1 和波形 2

2. 技能操作

（1）操作准备

准备技能操作所需的物料，见表 16-6。

表 16-6　物料准备

类别	所需物料
教学车辆 / 平台	实训整车或碰撞预警系统实训台
设备、仪器、工具、资料	故障诊断仪、万用表、电源插座、车辆维修手册

（2）碰撞预警系统检查

对碰撞预警系统进行检查，将检查结果记录在表 16-7 中。

表 16-7　碰撞预警系统检查数据记录

序号	数据名称	数据值	是否正常
1	蓄电池电压		
2	A21-1 (SGND) - 车身接地		
3			
4	K3-7 (IGB) - K3-10 (GND)		
5			

情境四

（二）碰撞预警系统故障诊断与排除

1. 知识学习

（1）碰撞预警系统故障诊断流程

如图 16–15 所示，按照以下流程对碰撞预警系统进行故障排除。

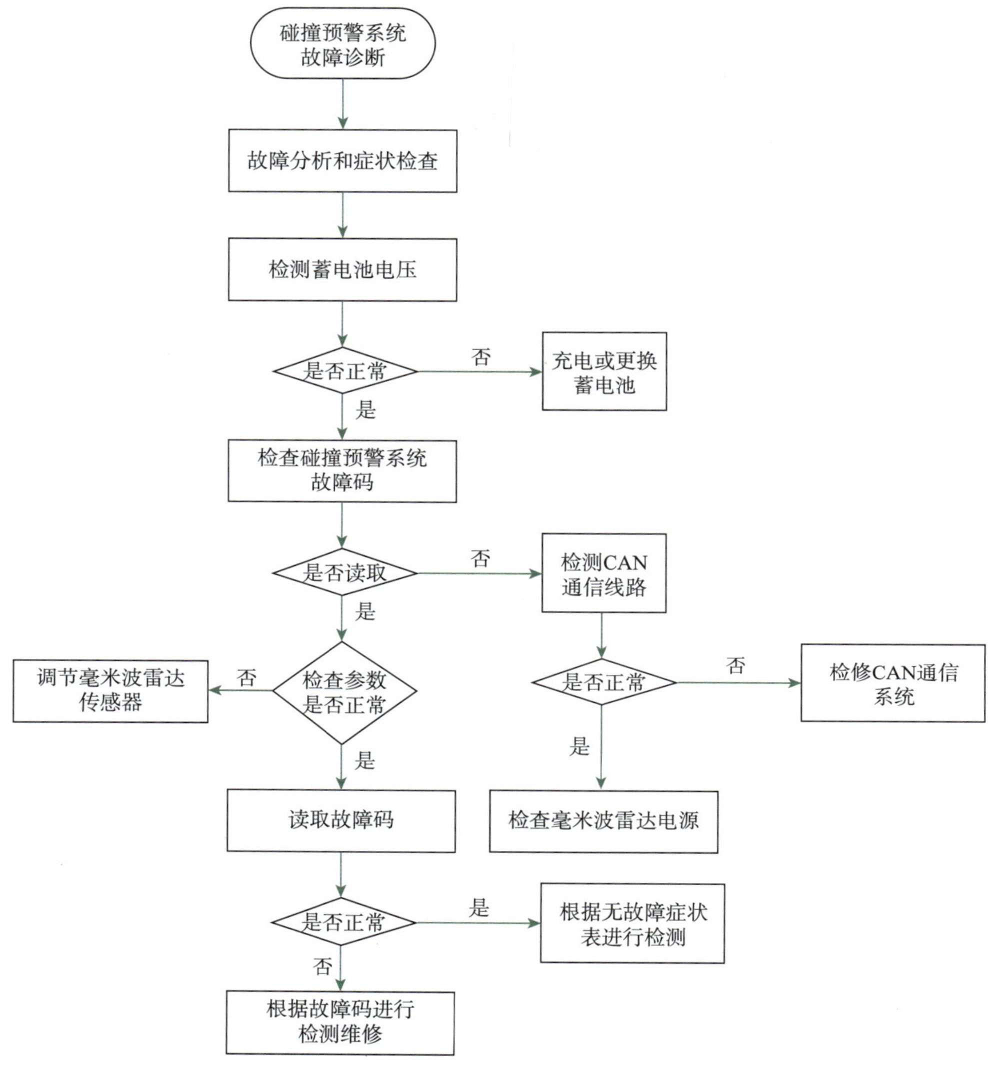

图 16–15 碰撞预警系统故障诊断流程

（2）碰撞预警系统故障码含义

根据客户描述和碰撞预警警告灯亮起状态，其发生条件见表 16–8，将故障诊断仪连接到相应接口，将发动机点火开关打开，打开故障诊断仪进入以下菜单 Body Electrical / Pre–Collision 2 / Trouble Codes，检查 DTC（车身电气 > 碰撞预警 2> 故障码）。

表 16-8 碰撞预警警告灯亮起状态与发生条件

碰撞预警警告灯		发生条件
闪烁	ON：0.5 s/OFF：1.5 s	碰撞预警系统故障（存储 DTC）
亮起		碰撞预警系统暂时禁用
		碰撞预警系统禁用
		VSC 系统禁用
不亮		其他

（3）碰撞预警系统故障排除方法

故障诊断仪清除故障码后，仍检测得到该车辆的 DTC 代码为 U1002，则表示毫米波雷达传感器总成无法接收来自前向识别摄像机时存储故障码 U1002，其发生条件及故障部位见表 16–9。

表 16-9 U1002 故障码发生条件及故障部位

故障代码	检测项目	故障码发生条件	故障部位
U1002	与网关模块失去通信	发动机点火开关打开后，毫米波雷达传感器总成和前向识别摄像机之间的通信异常 2 s 或更长时间	CAN 总线或连接器 前向识别摄像机 毫米波雷达传感器总成

碰撞预警系统电路图如图 16–16 所示。

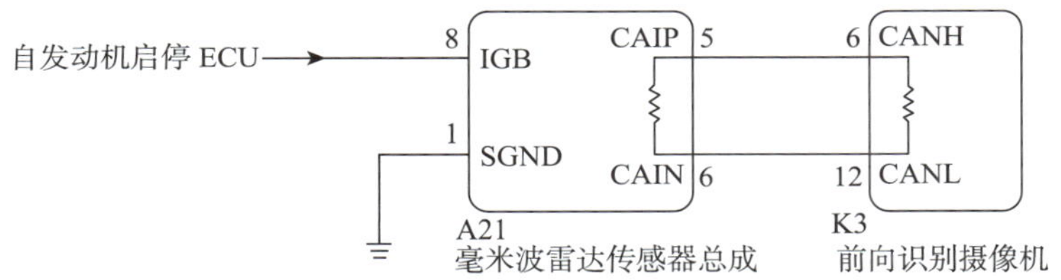

图 16–16 碰撞预警系统电路图

根据检测的 DTC 故障码，排查故障前要注意，由于毫米波雷达传感器总成由发动机启停 ECU 供电，因此，执行下列检查步骤前，先确保启停系统无故障。

测量 CAN 总线电阻前，将发动机开关转到 OFF 并使车辆静置 1 min 或更长时间，不要操作钥匙、任何开关或打开或关闭车门，然后在测量电阻前，从蓄电池负极端子上断开电缆并使车辆静置 1 min 或更长时间；将发动机开关转到 OFF 后，从蓄电池负极端子上断开电缆前需要等待时间，因此，开始工作前，确保阅读从蓄电池负极端子上断开电缆的注意事项；更换前向识别摄像机时，用新的更换，如果使用了安装在另一车辆上的前向识别摄像机，则前向识别摄像机内存储的信息与车辆信息不匹配，因此，可能存储 DTC；如果用新的前向识别摄像机更换，则确保执行前向识别摄像机调节；更换毫米波雷达传感器总成时，务必用新的更换。如果使用了安装在另一车辆上的毫米波雷达传感器总成，则毫米波雷达传感器总成内存储的信息将与车辆信息不匹配，因此，可能存储 DTC；如果已更换毫米波雷达传感器总成，则确保执行毫米波雷达传感器总成调节。

按以下步骤进行故障排除。

断开相关连接器进行检查前，推动各连接器以检查连接器是否松动或断开，断开连接器时，检查并确认端子和连接器未破裂、变形或腐蚀。

1）检查 CAN 总线（故障确认）

将发动机开关转到 OFF；从蓄电池负极端子上断开电缆。连接线束的组件（毫米波雷达传感器总成）如图 16-17 所示，并依据表 16-10 检测相关线路。

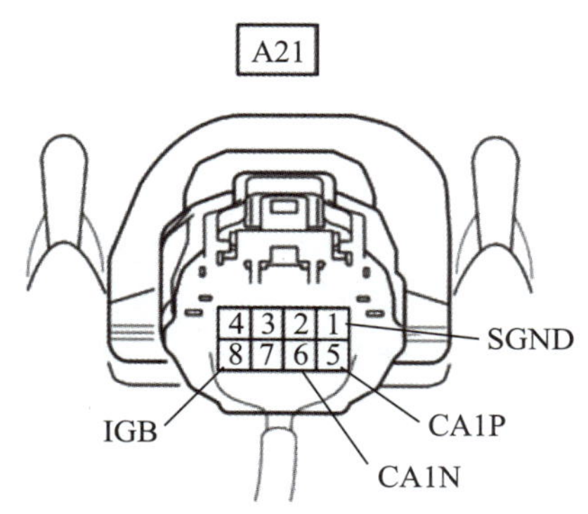

图 16-17　连接线束的组件（毫米波雷达传感器总成）

表 16-10　毫米波雷达传感器线路检测表

检测仪连接	条件	规定状态	结果
A21-5(CA1P)-A21-6 (CA1N)	从蓄电池负极端子上断开电缆	54~69 Ω	小于 54 Ω：CAN 总线间短路
			70 Ω 或更大：CAN 总线开路
A21-5(CA1P)-A21-1 (SGND)	从蓄电池负极端子上断开电缆	200 Ω 或更大	小于 200 Ω：接地短路
A21-6(CA1N)-A21-1 (SGND)	从蓄电池负极端子上断开电缆	200 Ω 或更大	小于 200 Ω：接地短路
A21-5(CA1P)-A21-8 (IGB)	从蓄电池负极端子上断开电缆	6 kΩ 或更大	小于 6 kΩ：+B 短路
A21-6(CA1N)-A21-8 (IGB)	从蓄电池负极端子上断开电缆	6 kΩ 或更大	小于 6 kΩ：+B 短路

2）检查碰撞预警系统故障码

打开发动机点火开关，进入碰撞系统，清除系统存储的故障，等待 2 s 或更长时间后，重新进入碰撞系统读取故障码。如果未输出故障码 U1002，则使用模拟方法来检查。如果输出故障码 U1002，则更换毫米波雷达传感器总成。

3）检查毫米波雷达传感器总成与前向识别摄像机之间的 CAN 总线

断开前向识别摄像机连接器 K3；断开毫米波雷达传感器总成连接器 A21；根据表 16–11 中的值测量电阻；连接毫米波雷达传感器总成连接器 A21；连接前向识别摄像机连接器 K3。如果结果正常则检查 CAN 总线是否开路（前向识别摄像机），如果结果异常，维修或更换 CAN 总线或连接器（毫米波雷达传感器总成 – 前向识别摄像机）。

表 16–11　毫米波雷达传感器总成与前向识别摄像机之间的 CAN 总线电阻值

检测仪连接	条件	规定状态
K3–6 (CANH) – A21–5 (CA1P)	从蓄电池负极端子上断开电缆	小于 1 Ω
K3–12 (CANL) – A21–6 (CA1N)	从蓄电池负极端子上断开电缆	小于 1 Ω

4）检查前向识别摄像机 CAN 总线是否开路

断开前向识别摄像机连接器 K3；依据表 16–12 所示条件测量 K3–6（CANH）– K3–12（CANL）之间的电阻，规定值应为 108~132 Ω；如果结果正常，则更换前向识别摄像机，如果结果异常，则更换毫米波雷达传感器总成。线束连接器前视图（至前向识别摄像机）如图 16–18 所示。

表 16–12　前向识别摄像机 CANH 与 CANL 之间电阻值

检测仪连接	测试条件	规定状态
K3–6 (CANH) – K3–12 (CANL)	从蓄电池负极端子上断开电缆	108 ~ 132 Ω

5）检查前向识别摄像机 CAN 总线间是否短路

从蓄电池负极端子上断开电缆，断开前向识别摄像机连接器 K3；测量 K3–6（CANH）– K3–12（CANL）之间的电阻，规定值为 108~132 Ω；如果结果正常则更换前向识别摄像机，否则检查 CAN 总线间是否短路（毫米波雷达传感器总成）。

6）检查毫米波雷达传感器总成 CAN 总线间是否短路

毫米波雷达传感器总成线束连接器前视图如图 16–19 所示。

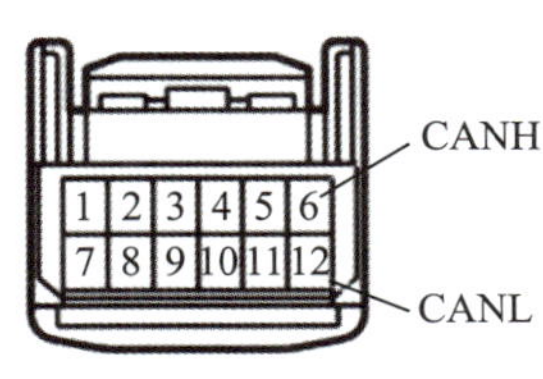

图 16–18　线束连接器前视图（至前向识别摄像机）

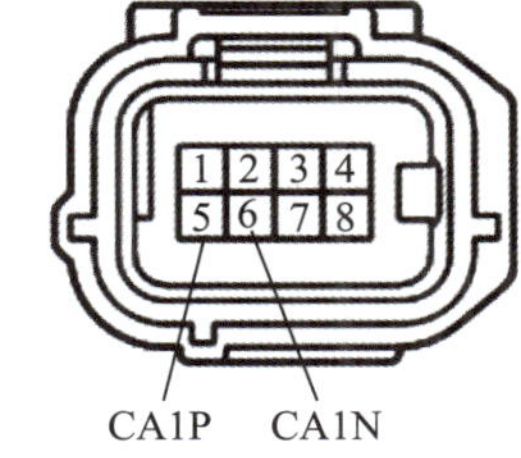

图 16–19　毫米波雷达传感器总成线束连接器前视图

情境四

断开毫米波雷达传感器总成连接器；测量各端子见的电阻，规定值应大于 10 kΩ；否则维修或更换毫米波雷达传感器总成与前向识别摄像机之间的 CAN 总线或连接器。

7）检查前向识别摄像机 CAN 总线间是否短路

断开前向识别摄像机连接器，依据图 16–20 和图 16–21 所示及表 16–13，测量各线路间的电阻。

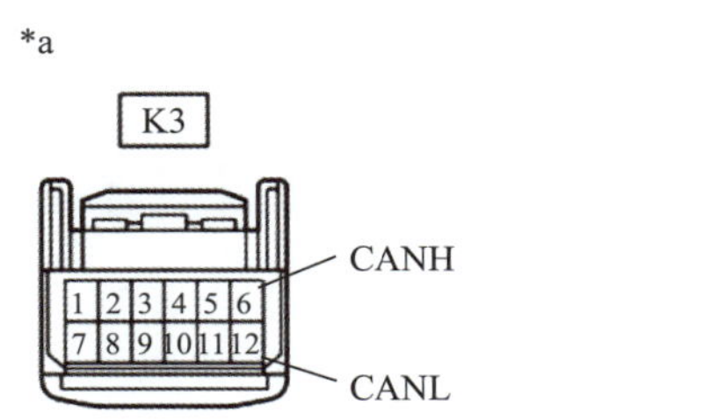

图 16–20　线束连接器前视图（至前向识别摄像机）

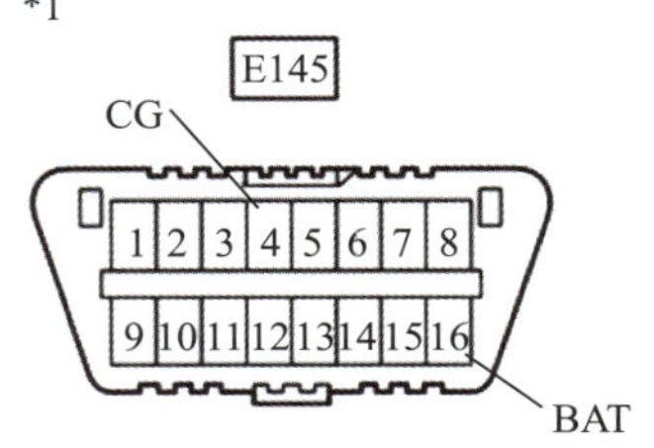

图 16–21　连接 DLC3

表 16–13　前向识别摄像机 CAN 总线短路检测

检测仪连接	条件	规定状态
K3–6 (CANH) – E145–4 (CG)	从蓄电池负极端子上断开电缆	200 Ω 或更大
K3–12 (CANL) – E145–4 (CG)	从蓄电池负极端子上断开电缆	200 Ω 或更大
K3–6 (CANH) – E145–16 (BAT)	从蓄电池负极端子上断开电缆	6 kΩ 或更大
K3–12 (CANL) – E145–16 (BAT)	从蓄电池负极端子上断开电缆	6 kΩ 或更大

如果结果异常，则检修或更换毫米波雷达传感器总成 CAN 总线。

2. 技能操作

（1）操作准备

准备技能操作所需的物料，见表 16–14。

表 16–4　准备物料

类别	所需物料
教学车辆 / 平台	实训车或具有碰撞预警系统的实训平台
设备、仪器、工具、资料	故障诊断仪、万用表、车辆维修手册

（2）碰撞预警系统故障诊断与排除操作

1）读取故障码及数据流

读取实训车辆整车及碰撞预警系统故障码及数据流，将碰撞预警系统故障相关信息填写在表 16–15 中。

表 16-15　碰撞预警系统故障相关故障码及数据流

序号	故障码及数据流名称	故障码及数据流参数
1		
2		
3		
4		
5		
6		

2）拆画电路图

查阅所维修车型的电路图、车辆维修手册，拆画实训车辆碰撞预警控制系统电路图，画在图 16-22 中。

图 16-22　实训车辆碰撞预警控制系统电路图

3）碰撞预警系统控制电路检测

对碰撞预警系统控制电路进行检测，将检测结果填写在表 16–16 中。

表 16–16 碰撞预警系统控制电路检测记录表

序号	项目	检测条件	检测类型	标准值	实测值	是否正常
1	蓄电池电压					是□ 否□
2						是□ 否□
3						是□ 否□
4						是□ 否□
5						是□ 否□
6						是□ 否□
7						是□ 否□
8						是□ 否□
9	A21–6 (CA1N) – E145–16 (BAT)	从蓄电池负极端子上断开电缆		6 kΩ 或更大		是□ 否□
10						是□ 否□

检查评估

对本任务的学习情况进行检查，并将相关内容填写在表 16–17 中。

表 16–17 检查表

检查项目	检查结果	结果点评
碰撞预警系统检测		
是否完成碰撞预警系统检测	是□ 否□	
碰撞预警系统功能是否正常	是□ 否□	
碰撞预警系统故障诊断与排除		
故障码读取及数据流分析是否正确	是□ 否□	
碰撞预警系统控制电路检测项目是否正确	是□ 否□	
故障诊断过程是否规范	是□ 否□	

续表

检查项目	检查结果	结果点评
碰撞预警系统故障诊断与排除		
故障排除结果是否验证	是□　否□	
碰撞预警系统功能是否恢复正常	是□　否□	
工作页记录是否完整	是□　否□	
现场管理		
工具设备是否整理并放至指定位置	是□　否□	
实训工位是否打扫干净	是□　否□	

任务小结

本任务小结如图 16–23 所示。

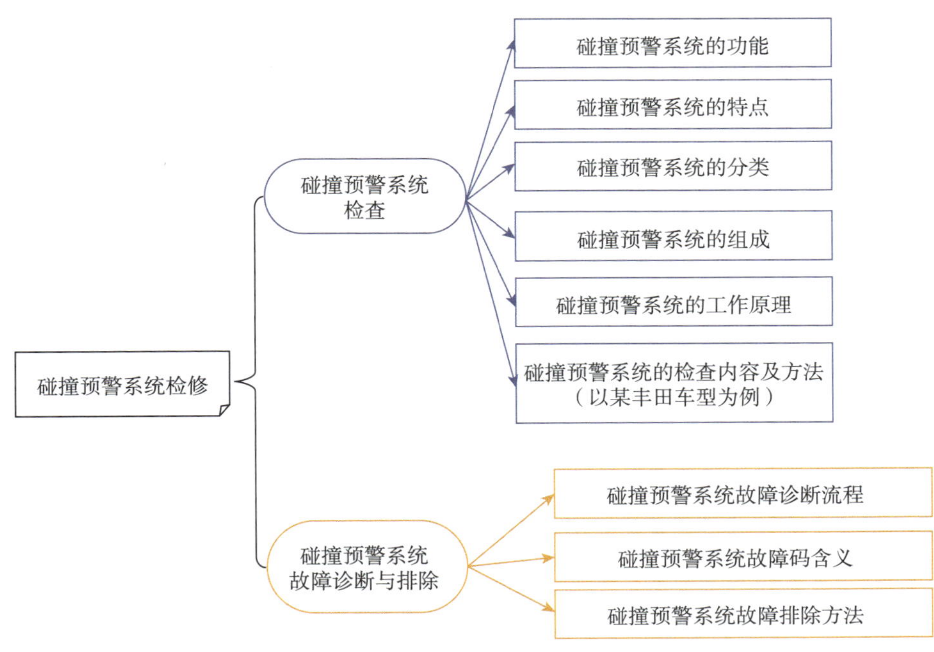

图 16–23　本任务小结

情境四